SINCERO

**CIP-BRASIL. CATALOGAÇÃO NA FONTE
SINDICATO NACIONAL DOS EDITORES DE LIVROS, RJ**

S379s

Schmieder, Jürgen, 1979-
   Sincero : a história real e bem-humorada de um homem que tentou viver
sem mentir / Jürgen Schmieder ; tradução Petê Rissatti. - Campinas, SP : Verus,
2011.
   21 cm

   Tradução de: Du sollst nicht lügen!
   ISBN 978-85-7686-130-0

   1. Veracidade e falsidade 2. Comportamento humano. I. Título.

11-1999
                                    CDD: 177.3
                                    CDU: 177.3

JÜRGEN SCHMIEDER

SINCERO

A história real e
bem-humorada
de um homem
que tentou viver
sem mentir

Tradução
Petê Rissatti

Título original
Du sollst nicht lügen!
Von einem, der auszog, ehrlich zu sein

Editora
Raïssa Castro

Coordenadora Editorial
Ana Paula Gomes

Copidesque
Anna Carolina G. de Souza

Revisão
Ana Paula Gomes

Capa e Projeto Gráfico
André S. Tavares da Silva

Diagramação
Daiane Avelino

Imagem da capa
David Ritter / SXC

© Jürgen Schmieder, 2010

Tradução © Verus Editora, 2011

Direitos reservados em língua portuguesa, no Brasil, por Verus Editora.
Nenhuma parte desta obra pode ser reproduzida ou transmitida por qualquer forma
e/ou quaisquer meios (eletrônico ou mecânico, incluindo fotocópia e gravação) ou
arquivada em qualquer sistema ou banco de dados sem permissão escrita da editora.

VERUS EDITORA LTDA.
Rua Benedicto Aristides Ribeiro, 55
Jd. Santa Genebra II - 13084-753
Campinas/SP - Brasil
Fone/Fax: (19) 3249-0001
verus@veruseditora.com.br
www.veruseditora.com.br

Para Hanni e Finn

Sumário

1. 1º dia – Ser sincero pela primeira vez..................... 9
2. Ainda no 1º dia – O que é ser sincero de verdade?............ 24
3. 3º dia – Sinceridade machuca............................. 41
4. 5º dia – Seja sincero com sinceridade..................... 55
5. 8º dia – Ser sincero custa caro 63
6. 9º dia – Lidar com a sinceridade......................... 76
7. 12º dia – Desespero sincero.............................. 89
8. 14º dia – Ser sincero traz solidão 109
9. 17º dia – Sinceridade não é legal........................ 120
10. 19º dia – A sinceridade é uma arte....................... 131
11. 21º dia – A sinceridade no Livro dos Livros.............. 138
12. 24º dia – A sinceridade liberta.......................... 152
13. 25º dia – Sinceridade na jogatina........................ 159
14. 28º dia – Olhar sinceramente o decote alheio 175
15. 29º dia – A pessoa mais sincera do mundo................. 187

16. 30º dia – "Não seja idiota" 194

17. 32º dia – Verdade e trabalho 206

18. 33º dia – "Claro que é sério!" 221

19. 35º dia – A sinceridade não é perfeita 238

20. 38º dia – A verdade no sexo e no amor 248

21. 39º dia – A sinceridade consigo mesmo 268

22. Depois de 40 dias – Sinceridade e mentira 285

1

1º dia

SER SINCERO
PELA PRIMEIRA VEZ

Eu deveria chamá-la de *puta sem-vergonha*? *De piranha descarada?* Ou *vaca idiota* era suficiente?

Sei lá.

Era a minha primeira vez, e eu não queria cometer um erro logo de cara. Ninguém quer cometer erros na primeira vez, mesmo que, olhando para trás, seja um dos acontecimentos mais sem importância de sua vida, porque não dá para prever. Por isso, a primeira vez precisa ser no mínimo tão planejada quanto o lançamento de um foguete ou a ceia de Natal na casa dos meus pais.

As palavras que eu estava prestes a dizer precisavam ser convincentes, eu tinha de acertar na mosca, não podia me dar ao luxo de errar – e essas foram as primeiras três ofensas que me vieram à cabeça. Minha educação não serve como exemplo para nenhum manual de boas maneiras, porém eu me proibia de xingar e ofender em excesso. Meus pais me ensinaram, nos raros momentos em que permiti que me educassem de fato, no máximo quinze dos cerca de trezentos palavrões que me passam diariamente pela cabeça, incluindo no máximo cinco que costumam ser ouvidos por aí.

De qualquer forma, minha educação era o de menos, pois eu tinha objetivos maiores.

Era Quarta-Feira de Cinzas. O saguão da estação de trem de Munique cheirava a álcool e hambúrguer vomitado. O chão estava grudento, e cada passo podia ser ouvido, como se alguém colasse e descolasse um fecho de velcro. Tentei imaginar quando o chão havia sido limpo pela última vez e quantos germes ficavam grudados nas solas do meu sapato e iam direto para a minha casa, iniciando ali uma animada comunidade, já que sou preguiçoso demais para fazer faxina. Em todo o lugar se espalhavam serpentinas, garrafas de cerveja e embalagens de hambúrguer. Aqui e ali alguém arrotava. Eu sempre me pergunto por que as pessoas jogam tudo no chão nas grandes metrópoles. Lançam pontas de cigarro nas ruas, deixam papel voar pela janela entreaberta do carro com emissão reduzida de CO_2, na verdade lançam tudo que passe por ela – o que pode ser muita coisa, se estiver realmente bem amassado. Talvez elas acreditem que, como há muita gente por ali, logo alguém vai limpar a sujeira. De qualquer forma, de onde eu venho, uma cidadezinha duas horas ao norte de Munique, não há tanto lixo nas ruas. Talvez as pessoas por ali não tenham tanta coisa assim para jogar no chão, ou haja um outro motivo qualquer.

Naquela manhã encontrei nove pessoas fantasiadas na estação, das quais no mínimo sete pareciam orgulhosas do teor alcoólico no sangue que as impossibilitava de dirigir ou mesmo de caminhar. Três se seguravam umas nas outras e se escoravam como um castelo de cartas humano. A cada parada uma delas arrotava, como se tapinhas tivessem sido dados nas costas de um bebê. As outras duas achavam graça e aplaudiam. Dois dos bêbados agarravam-se com vontade. Em princípio não tenho nada contra bêbados que se agarram para não cair, mas naquela manhã precisei dar a meu cérebro uns trinta segundos para aceitar a situação. Afinal, é algo para o qual um cara casado e com quase 30 anos não está preparado em uma Quarta-Feira de Cinzas.

Finalmente cheguei à fila do guichê. A Deutsche Bahn, a companhia ferroviária da Alemanha, havia começado a cobrar uma taxa de serviço de 2,50 euros pelo atendimento no guichê, para obrigar os clientes a se comunicar com uma máquina em vez de com outro ser humano para comprar passagens – e com isso poder demitir todos os atendentes, pois obviamente uma máquina custa menos do que um ser humano. Acho que isso serve mais para alimentar os argumentos dos pessimistas e daqueles que afirmam que antigamente até o futuro era melhor. Só quando os cidadãos protestaram com fervor e a própria chanceler, Angela Merkel, telefonou para Hartmut Mehdorn, ex-CEO da empresa, a Deutsche Bahn cancelou a cobrança adicional mais sem sentido desde o aumento absurdo no preço do ingresso para os jogos dos melhores times do futebol alemão.

Fiquei na fila, já que duas máquinas estavam quebradas, e na terceira a fila era maior que nos guichês – além disso, as pessoas tateavam desesperadamente a tela, pois, para aumentar o faturamento com a cobrança da taxa de serviço nos guichês, as máquinas foram programadas para ser difíceis de operar. E, claro, também fiz isso para comprovar a visão dos pessimistas, que consideram computadores e internet a antessala do inferno.

Eu estava na estação central porque a empresa onde trabalho havia me mandado para Stuttgart, e quando viajamos podemos utilizar apenas o transporte público – o que pouco tem a ver com o meio ambiente, mas com as possibilidades de economia das passagens promocionais. Os funcionários não recebem o cartão fidelidade da Deutsche Bahn, pois esse cartão serve para incentivar as viagens – e nós podemos viajar apenas e tão somente em casos emergenciais. Assim, fui obrigado a ficar em pé na fila do guichê bem cedo, ainda que eu precisasse estar em Stuttgart apenas às seis da tarde. Eu queria pegar a promoção de dezenove ou 29 euros, sem cartão fidelidade.

Eram seis da manhã, o que claramente limitava minhas capacidades físicas e psíquicas. Estou mais para morcego do que para galo: meus melhores e mais brilhantes momentos acontecem à noite. Chegou minha vez. Pedi uma passagem promocional para Stuttgart.

– Um momento, por favor – disse a mulher no guichê.

Aguardei. Ela martelava o teclado como só o pessoal da Lufthansa consegue fazer. Pensei rapidamente com que velocidade seria possível um treinamento em ferrovia para o pessoal da empresa aérea, quando ela respondeu:

— Senhor, as promoções estão esgotadas.

Não posso dizer que fiquei furioso. Na verdade, fiquei desiludido — como se tivessem me dito que choveria no churrasco do meu aniversário.

— O que eu faço, então?

— Aguarde um momento, senhor.

Ela martelava o teclado. Fiquei admirado com seu penteado alto, o cabelo dava três voltas no topo cabeça e estava bem preso por uma borboleta dourada que tinha o tamanho de um prato. Fiquei muito surpreso, pois não saberia como descrever um penteado desses a um cabeleireiro. É bem provável que ela tenha apontado para a capa de uma revista dos anos 50. Além do mais, fico espantado com a vontade e a persistência de passar uma hora no banheiro toda manhã para enrolar o cabelo na cabeça. Resumindo, simpatizei com a moça, mesmo que ela não conseguisse uma passagem promocional para mim.

— Encontrei algo para o senhor: primeiro compre um Baviera Ticket,* e então siga até Stuttgart com o expresso regional. Custa apenas 41 euros, e a viagem dura quatro horas e meia.

Ao ouvir que a viagem duraria o dobro do que um trajeto direto de Munique a Stuttgart, olhei para ela como um homem olha para a televisão quando, em vez da final do campeonato, vê apenas a tela dessintonizada.

Também imaginei como naquele momento os estrategistas de *marketing* da companhia se abraçavam, dando tapinhas efusivos nas costas uns dos outros, pela incrível campanha com a qual faziam as pessoas acreditarem que a Deutsche Bahn levaria alguém em seis horas de Munique a Hamburgo, no extremo oposto da Alemanha, por 29

---

* Passe oferecido pela Deutsche Bahn válido por um dia dentro do estado. (N. do E.)

euros – e como as pessoas são idiotas a ponto de acreditar nisso, entrar na fila às seis da manhã e lotar os trens regionais.

Eu ainda não estava furioso, mas estava bem irritado – como se dissessem que choveria no meu churrasco de aniversário e que o mercado não havia entregado a cerveja.

Queria perguntar sobre outras opções e me preparei para esperar e assistir à martelada no teclado, quando um rapaz passou rápido por mim. As pessoas na fila o deixaram passar por motivos de urgência, inclusive na minha frente, o primeiro da fila, embora eu não me incluísse entre os que deram lugar. Sem fôlego, ele parou em frente ao vidro blindado – como se alguém fosse mesmo cometer um assalto à mão armada no guichê da estação de trem –, e o adesivo do Erasmus* pendia um pouco desmotivado da mochila. Ele fedia muito menos a cerveja que os torcedores do Bayern atrás de mim; pediu sua passagem, acrescentando alguma coisa da qual entendi, por ele estar ofegante, apenas os trechos "Paris", "rápido, por favor" e "parte em cinco minutos".

Interpretei aquilo como se o pobre quisesse pegar a passagem o mais rápido possível, pois seu trem para Paris partiria em cinco minutos. A mulher com o penteado alto olhou para ele e disse:

– Isso não é problema meu, eu não posso simplesmente parar o que estou fazendo agora. Então o senhor vai mesmo perder o trem. Certamente haverá outro mais tarde.

Ela olhava para ele com a empáfia de alguém que está atrás de um vidro à prova de balas.

– Por favor, dirija-se até uma das máquinas de passagens, mas ali também tem fila – disse a mulher, e estremeceu um pouco, como se a frase tivesse lhe causado arrepio. Não consegui deixar de pensar em Abraham Lincoln, que certa vez disse: "Quase todos podemos suportar a adversidade, mas, se quiserdes provar o caráter de um homem, dai-lhe poder". O caráter daquela mulher era só um pouco melhor

---

* Programa interuniversitário de mobilidade de estudantes e docentes entre Estados membros da União Europeia e Estados associados. (N. do E.)

que o dos funcionários de uma central de cobrança ou o de um juiz de futebol. Para assumir esses postos, é preciso estar munido de uma generosa porção de sadismo.

Agora não só choveria na minha festa de aniversário e faltaria cerveja, mas a maioria dos convidados também recusara o convite. Foi mais ou menos assim que me senti.

Meu coração pulsava como se não houvesse costelas entre ele e a pele. Eu estava furioso de verdade. Primeiro não conseguira a passagem promocional, depois me ofereceram uma viagem de quatro horas e meia, e agora não deixavam o pobre homem ir para Paris.

Normalmente eu daria um sorrisinho amarelo, pediria minha passagem e pagaria calado. Ficaria um pouco irritado comigo mesmo por ser covarde demais para dizer qualquer coisa. Os quatro palavrões que me viriam à cabeça permaneceriam ali ou escorregariam no máximo até o estômago, dando origem a uma pequena úlcera. Então eu daria um belo bocejo e esqueceria a situação com um sanduíche.

Mas não naquele dia.

Naquele dia eu seria radicalmente sincero e absolutamente honesto pela primeira vez na vida. Juntei coragem e disse o que veio, sem freio, do meu baú de pensamentos, passando pelos pulmões e saindo direto pela boca.

Primeiramente, eu disse:

– Desculpe, o que a senhora falou?

Devo admitir que as ofensas teriam sido muito menos drásticas se ela fosse um modelo de educação, mesmo eu achando seu penteado alto muito bacana. Em cinco minutos e três frases insolentes, ela passou, na minha visão de mundo, de quarentona simpática a vaca sem noção. Fiquei espantado por um instante com o fato de a empresa ferroviária filmar escondido seus funcionários, mas nunca fazer nada a respeito da grosseria que pode ser vista em qualquer filmagem.

Então eu precisei fazer o que ninguém mais teria coragem.

– Sua piranha idiota! Quem você pensa que é? E vocês ainda se perguntam por que todo mundo odeia essa empresa. Pelo amor de Deus! Como querem cobrar 2,50 de serviço se colocam uma vaca estúpida como a senhora aí atrás para o cara perder o trem? Que merda é essa?!

Para ser ainda mais enfático, bati com tudo o punho fechado sobre o balcão, o que teve menos efeito do que eu esperava.

Fiquei um pouco chocado comigo mesmo pelos gritos e pelos palavrões que escolhi, mas me entusiasmei, pois na transição entre a ofensa e a explicação também fiz diferença entre *você* e *a senhora*.

De repente, o silêncio imperou. Ninguém pisava no chão nem fazia aquele barulho de velcro. Ninguém arrotava.

A reação da atendente foi a de quem recebeu a notícia de que choveria naquele minuto. Ela ficou agitada e perguntou:

— O que eu faço?

Permaneci firme:

— Atenda o homem, pois é a merda do seu trabalho, sua vaca descarada! Ele vai perder o trem porque a senhora não tem nada melhor para fazer do que ser arrogante com o rapaz!

Então baixei a mão, preferindo enfiá-la no bolso. Eu estava tremendo — e não queria que a atendente notasse.

Agora parecia que ela havia percebido que choveria bem quando havia deixado a capota do seu conversível aberta.

— E faz parte do meu serviço ser xingada de "filha da puta"?

— Eu disse apenas "piranha" e "vaca estúpida", ou alguma coisa assim. Nem sei mais, vieram tantos palavrões à minha cabeça, e eu tive de decidir rápido. E não é ofensa nenhuma, apenas e simplesmente sinceridade! Sei disso porque não conto mais mentiras. Agora já sabe o que penso da senhora. O que, na verdade, essa fila inteira pensa da senhora. Vaca de merda! Agora já posso ir. Não quero ser atendido pela senhora, prefiro lutar ali com a máquina, mesmo que dure uma hora. Pelo menos ela me trata com respeito. Até logo!

Eu me despedi com aquele gesto de fama internacional de quem está furioso — embora o dedo médio nunca tenha sido o meu preferido — e me perguntei se alguém de fato conseguiria programar o "respeito" nas máquinas modernas.

E agora parecia que a atendente estava sentada no seu conversível com a capota aberta embaixo de uma tempestade.

Eu mal podia respirar de tanta empolgação. Sentia minha mão esquerda como se estivesse tendo um ataque epilético, meu rosto estava vermelho como se eu estivesse prestes a perder uma partida de futebol por 5 a 1, meu pulmão parecia ter sido cutucado com agulhas de tricô. Eu não ficava tão empolgado desde a primeira vez em que minha mulher ficou nua para mim.

Pela primeira vez, eu tinha conseguido ser verdadeiro e sincero de maneira consciente. Virei-me e vi dois torcedores do Bayern vestindo o uniforme completo, com a boca tão escancarada que um cachorro-quente em pé passaria ali. O homem logo atrás deles, um senhor com a barba desgrenhada e resto de rapé no nariz, comentou:

– Muito bem. Foi muito corajoso, meu jovem! Bravo! Já era hora de alguém falar a verdade por aqui.

Ele deu uns tapinhas no meu ombro quando passou por mim.

Eu estava orgulhoso. Sentia-me livre. Eu finalmente não havia pensado: *Alguém poderia pôr a boca no trombone.* Eu simplesmente fizera isso, em alto e bom som. Choveu na festa, não havia cerveja e nenhum convidado compareceu, mas eu mandei o mercado à merda, disse aos convidados ausentes que eles eram uns idiotas e para são Pedro ainda sobrou uma oração bem malcriada por ter escolhido um clima tão safado para o dia. Foi assim que eu me senti naquele momento. Vomitei as ofensas, elas não foram parar direto no meu estômago. Se tudo correu como imaginei, foram do ouvido da atendente para seu estômago e causariam uma úlcera ali, não no meu.

Mas eu quase desmaiei de tanta empolgação. Tremia mais do que quando precisei perguntar à incrivelmente linda e sensual Silke se ela gostaria de ser meu par no baile de formatura do colegial. Fiquei meio tonto quando dei uma olhada em volta do saguão.

No chão logo à minha frente, havia uma garrafa de cerveja quebrada que devia estar meio cheia ao quebrar. A vinte metros de distância, em frente à padaria, um homem enfiava um cachorro-quente na boca. Se fosse alfafa, estaria bem parecido com um cavalo.

Eu até poderia ir dizer isso a ele, mas não tive coragem.

Uma vez é suficiente para a primeira vez; não devemos exagerar com a sinceridade no começo.

Mais alguém arrotou, e eu me perguntei se naquele dia o campeonato mundial de arroto estava sendo disputado na estação central de Munique.

A mais de duzentos quilômetros dali, o político social-cristão Horst Seehofer estava em algum lugar fedendo a cerveja, levantando a caneca e tentando convencer mais de duas mil pessoas de que é um cara bacana. Próximo dali, o social-democrata Franz Müntefering levantava sua caneca e tentava convencer quem estivesse por perto de que é um cara bacana. Estavam mentindo, é o maldito trabalho deles. Eu estava numa estação de trem que fedia a cerveja, ergui o punho e convenci uma desconhecida de que eu não sou mesmo um cara legal. Não ganharia eleição nenhuma daquele jeito, embora fosse o único dos três que não mentia. Embora fosse o único que não sorria com desonestidade. O mundo é mesmo muito injusto.

Sou sincero porque simplesmente resolvi ser assim.

Era a primeira vez, e planejei que seria assim pelo menos mais oito mil vezes. Repetiria aquilo de novo, e tinha grandes planos para a Quaresma. Continuaria bebendo, comendo doces e fumando. Eu tentara parar com tudo isso nos últimos cinco anos com sucesso razoável. Naquele momento tinha início, portanto um novo projeto:

Ficar quarenta dias sem mentir.

E para deixar bem claro: eu também não diria a verdade. Seria sincero – e entre sinceridade e verdade há uma diferença. Pois é claro que não sei se a mulher atrás do balcão é de fato uma puta sem-vergonha, uma piranha descarada ou uma vaca idiota. Talvez ela seja uma pessoa boa que precisa criar quatro filhos sozinha, faz seu trabalho de forma cuidadosa e ainda prepara sopa para desabrigados – e foi pega desprevenida em um dia ruim, ou mesmo em um momento ruim. Mas naquela hora eu a achei uma piranha descarada e uma vaca idiota – e a informei sobre isso com toda a sinceridade. Existe uma relação complexa entre verdade e sinceridade – e com frequência confundimos os conceitos. Quando digo: "O Bayern de Munique é um time de futebol alemão recordista em campeonatos", sou sincero e falo uma verdade. Quando alguém afirma: "O TSV 1860 Munique é o time de futebol conduzido com a maior seriedade do mundo", essa pessoa até pode ser sincera (mesmo que maluca), mas de forma alguma está falando a verdade. E a afirmação "Você é um bundão" também pode ser sincera, contudo é difícil checar sua veracidade, pois quem pode dizer ao certo que tamanho precisa ter um traseiro para receber o aumentativo?

Talvez seja mesmo verdade o que eu disse para aquela mulher, mas não sei. Só sei que fui sincero, e era essa a minha intenção.

A minha resolução para os quarenta dias seguintes foi: sinceridade a qualquer custo, o tempo todo. Sem discrição, diplomacia ou dissimulação. Sem qualquer filtro entre o cérebro e a boca. Sinceridade radical. "Quando a palavra 'cuzão' vier à sua cabeça, não diga 'imbecil', mesmo que o outro se ofenda e parta para cima de você. Chame logo de cuzão", disse Brad Blanton, fundador do movimento norte-americano Honestidade Radical, que originou uma religião niilista, com Blanton como seu "Pope of No Hope" (o Papa da Desesperança).

Naquele momento, ficou claro para mim que um dia eu tinha que conhecer esse cara.

A frase dele é uma versão moderninha de Immanuel Kant, que em um pequeno texto chamado "Sobre um suposto direito de mentir por amor à humanidade" escreveu: "A verdade é obrigação moral do ser humano para com todos, mesmo que desse ato possa surgir para ele ou para os demais uma desvantagem ainda maior". A escritora neozelandesa Katherine Mansfield escreveu em seu diário: "A sinceridade está acima da vida, do amor, da morte, de tudo. Apenas ela é perene. Ela é mais perturbadora que o amor, mais alegre e apaixonante. Não pode simplesmente falhar. Todo o resto falha. Em todo caso, dedico o resto da minha vida à verdade e apenas a ela". Deve ter sido por causa desse trecho que ela morreu sozinha.

Todos dizem a mesma coisa: Seja sincero! Sempre e acima de tudo!

Eu tentei. Fui sincero com meus semelhantes, sem me importar se iam gostar ou não daquilo. Gostasse eu ou não. Por quarenta dias e quarenta noites. E como, de acordo com as principais pesquisas, as pessoas mentem cerca de duzentas vezes ao dia, me negaria a um total de oito mil mentiras.

Uma vez eu já tinha conseguido, então teria de ser sincero mais 7.999 vezes.

No filme *40 dias e 40 noites,* o protagonista tenta ficar exatamente esse período sem sexo ou qualquer contato físico com mulheres. Sinceramente? Considero minha empreitada ainda mais difícil. Vejo-me – com toda a humildade, é claro – quase próximo a Jesus, que jejuou por quarenta dias no deserto e rejeitou as tentações do diabo. O período de jejum entre o Carnaval e a Páscoa representa esse episódio bíblico, no qual as pessoas tentam ficar sem alguma coisa que gostem de comer, beber ou fumar. Hoje em dia não há mais jejum na Quaresma, mas um período de renúncia – e curiosamente mais pessoas tentam parar de fumar nessa data do que no primeiro dia do ano. Porém, não obedecem a nenhum dos Dez Mandamentos com isso, mas apenas apaziguam seu remorso por relaxar nos outros 325 dias do ano – e, claro, desejam reforçar seu poder de negociação para o Dia do Juízo Final.

Escolhi para mim o mandamento "Não mentirás", pois a versão cristã popular deixa pouco espaço para interpretação – diferentemente do "Não levantarás falso testemunho", do Antigo Testamento. Além disso, esse mandamento é mais difícil de cumprir que muitos outros. Não tenho problemas com "Não matarás", porque não guardo rancor por nenhum outro ser humano, ou ao menos não tão forte assim a ponto de violar o mandamento.

"Não mentirás" é difícil de cumprir porque somos seres humanos mentirosos e traidores. Eu sou mentiroso e traidor. Eu minto, todos os dias. Não me considero um dos maiores mentirosos da história da humanidade, não sofro de *pseudologia phantastica* – nome oficial do impulso patológico de mentir – ou da síndrome de Münchhausen, em que o doente finge ter alguma doença. Tenho diversos distúrbios de personalidade narcisista, mas a mitomania, a mentira compulsiva, não está entre eles. Pertenço ao time dos enganadores e dos que lançam mão de eufemismos, detratores e tagarelas. Antes eu falava: "O vestido ficou bom em você", quando na verdade pensava: *Sua bunda fica enorme nessa coisa horrorosa!* E, óbvio: "Claro que cuido disso, colega", embora a verdade fosse: *Por que você não dá um jeito nisso, seu folgado?* E quando alguém escrevia um texto medíocre, eu não dizia nada – ou no máximo falava pelas costas.

Sou um mentiroso padrão, como qualquer outro. Como todo leitor deste livro.

Se você realmente acredita que é uma pessoa de honestidade ilibada e nunca mente, peço, por favor, que reflita: a quantas pessoas você desejou "bom dia" hoje, embora desejasse sinceramente que tivessem um dia péssimo ou no mínimo uma dor de barriga? Na semana anterior à Quarta-Feira de Cinzas, eu contei: foram nove "bons dias" nos quais não fui sincero – sem falar do "boa tarde" e até do "boa noite". Quantas vezes você disse que gostava de alguém, embora ele fosse um completo idiota? E já confessou à sua mulher que a nova colega de trabalho tem uma bundinha fantástica e que você quase quebra o pescoço todas as vezes que ela passa pela sua mesa no escritório? Claro que não. Ou seja: vocês, leitores, também são mentirosos.

Mas para mim acabou. E agora será a verdade e nada mais que a verdade. Ou melhor, a sinceridade e nada mais que a sinceridade.

Uma Quaresma inteira sem mentiras. Ainda estou confiante.

Sou juergen.schmieder@sueddeutsche.de, jornalista do *Süddeutsche Zeitung*, e vivo em Munique. Meus conhecimentos de futebol, sinuca e futebol americano me renderam um emprego na seção de esportes. Como meu chefe acha que também sou capaz de fazer matérias ótimas sobre aviões de papel, muçarela de búfala italiana, pôquer, jogos de computador e tatuadores, escrevo sobre quase tudo que não seja realmente importante, mas que faz parte do dia a dia. Devido à escolha dos temas, os colegas das seções de política e economia lançam-me olhares um tanto críticos quando me encontram pela manhã, porque fazem matérias sobre as coisas importantes da vida, como discursos políticos regados a cerveja e relatórios trimestrais de bancos – e tenho certeza de que o "bom dia" deles raramente é de fato sincero.

Meu trabalho tem pouco a ver com o meu projeto. Eu também poderia ser jschmieder@siemens.de ou jsc@audi.de. Não sou um cara especial, não mesmo. Sou grande e largo de acordo com a média, inteligente na média e medianamente culto. Minhas neuroses não representam perigo real aos meus próximos, minha leve paranoia se expressa na frase: "Só porque sou paranoico, não significa que não estou sendo seguido". Sou exatamente como os cerca de oitenta milhões de habitantes da Alemanha. Sou qualquer um. Quando gosto de uma música, com certeza ela está na parada de sucessos. De vez em quando tenho dor nas costas. Assisto a seriados americanos exibidos no horário nobre e filmes que passam em grandes cinemas. Não gosto de cerveja americana. Sábado à noite vejo o programa esportivo *Sportschau*, e aos domingos discuto sobre os jogos com amigos. Sou o verdadeiro lugar-comum.

E o lugar-comum também mente.

Venho de uma região ao norte do Alto Palatinado, aonde se pode chegar, a partir de Munique, de duas formas. Primeiro pega-se o trem, que a princípio não anda a mais de sessenta quilômetros por hora e trepida de forma bastante suspeita. Então se faz uma baldeação para outro trem, que não é da Deutsche Bahn, mas de uma empresa particular, pois a DB não acha rentável levar pessoas a locais tão isolados. Depois de mais uma hora, uma nova baldeação, só que agora para um ônibus, pois mesmo a empresa particular de trens não acredita ser rentável continuar a viagem. O ônibus então me deixa na praça central de minha cidade natal, e com mais dez minutos de caminhada chego à casa dos meus pais.

Se quiser ir de carro, primeiro é preciso pegar a rodovia interestadual, depois a estrada estadual, depois a regional, depois uma estrada que não tem divisão de faixa e na qual rodam quase que exclusivamente carros com placa da minha cidade natal. As letras do meio são as iniciais do motorista ou de um time de futebol da região – o indivíduo no banco do condutor deve ser identificado pela da placa, e as combinações "FC", "SC" e "SG"* aparecem com frequência.

Há quatro anos moro em Munique e frequentemente posso comprovar que o ditado, comum por aqui, "Você pode tirar o tigre da selva, mas nunca a selva do tigre" também vale com as palavras "caipira" e "cidade pequena". Ponto positivo: as ruas da minha cidade natal são extremamente limpas. E mesmo que houvesse uma estação de trem por lá, não haveria embalagens de hambúrguer espalhadas pelo chão. Mas isso também pode se dar pelo fato de que a prefeitura proíbe com veemência a abertura de redes de *fast-food* na cidade. De qualquer forma, o chão seria limpo, e isso é muito bom.

Financiei meus estudos com o futebol. Minhas capacidades futebolísticas seguem a tradição de Karl-Heinz Schnellinger, Oliver Bierhoff e Carsten Jancker. Mantenho, na Liga da Baviera, o recorde nada desprezível das maiores oportunidades de gol desperdiçadas numa temporada e de menos metros corridos em um jogo – e, além disso, o recorde não oficial de mais expulsões por ofensas ao juiz. Porém, os livros de recordes são muito imprecisos. Devido a essas grandes capacidades, fui deslocado nesse meio-tempo para o futebol virtual, e acredito que estou entre os mais refinados jogadores do Fifa. Além disso, falo com um gosto tremendo e inacreditável sensatez sobre futebol, de tal forma que me tornei membro honorário do clube dos futebolistas verbais.

Seria difícil alguém me vencer em um programa de perguntas e respostas sobre os seguintes assuntos:

- autobol;**
- Geosense (aquele joguinho de computador sobre conhecimentos de geografia);

---

* Essas iniciais em geral compõem o nome dos clubes de futebol alemães. (N. do T.)

** Esporte coletivo em que o objetivo é, com um carro, acertar uma bola de 1,20 metro e doze quilos em traves oficiais de futebol. (N. do E.)

- pênaltis;
- filmes;
- corridas de Monster Truck;
- elevação em barra fixa;
- jogo de conhecimentos gerais Trivial Pursuit.

Esse sou eu. Como você pôde perceber nesta parte, falo de mim mesmo com um prazer inacreditável – como meus amigos também podem comprovar. Depois das próximas trezentas páginas, você também vai poder comprovar isso, pois serei sincero.

Isso com certeza vai doer, em mim, em quem estiver por perto e talvez também em você. Eu já sabia que a verdade e a sinceridade não seriam divertidas. Gostaria de deixar claro o seguinte: se tiver medo de sinceridade, feche agora este livro. Coma bem, durma bem, beba uma taça de vinho, mas não continue lendo.

Em muitas culturas mundiais, a verdade é "nua", em outras é "dura", perante os tribunais norte-americanos deve ser "somente ela", "apenas ela" e "nada mais do que ela". Acima de tudo, isso significa que, quanto mais durar a honestidade, melhor. Vejamos quanto ela vai durar para mim e se vou persistir por quarenta dias.

Minha primeira vez ficou para trás. Ofendi uma atendente da empresa de transporte ferroviário e expus minha opinião com a maior transparência. Fui totalmente sincero.

Foi uma sensação única, e pode continuar assim por mais quarenta dias.

Serei sincero por mais 7.999 vezes, em vez de mentir.

Nada mais que a verdade.

Que Deus me ajude.

2

Ainda no 1º dia

O QUE É SER SINCERO DE VERDADE?

O que é a verdade?

Pôncio Pilatos já fizera essa pergunta no Evangelho de João, e ninguém menos que Jesus Cristo estava diante dele nessa hora. Há um quadro impressionante do pintor russo Nikolai Nikolaevich Ge para a cena – por muito tempo considerado blasfemo pela Igreja Católica, sem razão aparente. O senador romano traja uma toga alva e finas sandálias, está posicionado sobre placas de mármore, a mão direita aponta para cima, e ele olha Jesus com arrogância. Faz a pergunta com gestos tão lapidares como se questionasse o vinho certo para o jantar no triclínio ou as sandálias novas. Jesus, nas sombras, tem as mãos presas às costas e os cabelos desgrenhados. Olha furioso, mas não diz nada. No Evangelho de João, Pilatos dá as costas sem deixar que Jesus fale. Provavelmente, porque sabia que nem mesmo o filho de Deus conheceria a resposta – embora ele já tivesse dito que era o caminho, a verdade e a vida.

No primeiro dia de meu projeto, pude verificar que não iria tão longe como Pilatos fizera havia mais de dois mil anos. Sentei-me na estação de trem de Munique e enfiei um sanduíche na boca – joguei o papel em uma lata de lixo vazia –, pois meu trem, ao contrário do trem do jovem estudante, ainda atrasaria meia hora. Um funcionário disse algo sobre "obras nos trilhos" e respondeu à minha pergunta irada da seguinte forma:

— O senhor não culparia os engenheiros da rodovia por um congestionamento, e os trens da Deutsche Bahn têm, em média, menos de três minutos de atraso.

Minha reação foi:

— Que idiotice é essa que você está falando! Eu uso isso aqui todo dia; com três minutos de atraso por trem, perco por ano mais de dez horas. E você quer me convencer de que não é terrível? Quer me matar de rir? Deus do céu!

Sinceridade número dois do dia, e notei que já havia ofendido outra pessoa, que também era funcionária da Deutsche Bahn. Eu estava nervoso, tenso, agitado – e em um momento de forte convicção em que se está nervoso, tenso e agitado, a gente quer mais é ser sincero. Dessa vez, porém, eu tinha certeza de que não apenas havia sido sincero, mas – exceto por ter extrapolado nos atrasos – também havia dito a verdade.

De qualquer forma, tive de esperar. Mas foi bom descontar a ira em um funcionário da empresa ferroviária. Muito bom, por sinal. Digamos que eu tenha ficado orgulhoso do ato, realmente orgulhoso. Como as pessoas nos filmes do milagre econômico, quando entravam em algum lugar e tinham de contar aos outros uma novidade alucinante.

Ao menos tive tempo de refletir mais uma vez sobre como me meti nessa enrascada de não poder mais mentir e sobre como os funcionários da estação foram atacados por um guerrilheiro da verdade.

Foi em uma reunião na redação, em que discutíamos a renúncia em uma sociedade que não conhece mais renúncia. Uma sociedade em que tudo tem de estar sempre disponível, em que os indivíduos precisam ter tudo o tempo todo. Sociedade na qual é possível estar melhor aos 50 anos do que aos 20 – com 50 anos ainda se corre uma maratona, aos 60 se procura uma namoradinha de 30 e, com 80, ainda é possível administrar a conta corrente *online* e nunca envelhecer. Uma verdadeira geração Dorian Gray.

Uma sociedade na qual é preciso visitar cada continente ao menos uma vez e chegar andando ao Polo Norte. É necessário ter sucesso profissional, melhor ainda se acompanhado de um pouco de fama – e ainda assim ter tempo para a vida privada, agitada e cheia de coisas. Precisamos levar três vidas no tempo de uma. Na Grécia antiga, o ocioso era reconhecido; hoje em dia, não é lá de muito bom-tom não exibir nenhum sinal de esgotamento aos 40 anos. Uma geração Dorian Gray a todo vapor.

Como está entre o direito existencial dos jornalistas resmungar sobre as tendências sociais, falávamos sobre a renúncia e sobre desacelerar um pouco o ritmo de vida. A reunião, por acaso, aconteceu antes de a música "Irgendwas Bleibt" (Algo permanece),* do Silbermond, ser lançada. Na realidade, talvez eu deva confessar que não sou fã de renúncia. Minha querida mulher pode confirmar que tento provar ao menos uma vez de tudo no mundo e receber o máximo possível de tudo, pode ser trabalho, comida, diversão ou qualquer outra coisa.

Então houve aquelas propostas habituais que, em matéria de criatividade, são quase como trenzinho em festa de formatura: uma semana sem chocolate, sem televisão, sem celular. Não entendo muito bem o que pode ter de divertido em um jornalista fazer a experiência e relatar de modo claramente irônico aquilo que todo mundo já sofreu para não fazer. Achei ainda mais estressante a proposta de viver uma semana sem eletricidade – o que foi logo descartado, porque assim nossa colega não poderia vir para o trabalho, o que nosso chefe, por sua vez e com razão, acharia um exagero. Considerei boa a proposta de passar duas semanas sem dinheiro ou cartão de crédito, mas as possíveis consequências jurídicas nos fizeram desistir da empreitada.

---

* A letra dessa canção fala sobre as mudanças rápidas e constantes da sociedade atual. (N. do E.)

Então alguém soltou: "Uma semana sem mentir!" A sala estava em silêncio, então alguém riu, disse que o plano era absurdo, comentou que ninguém poderia viver sem mentir e como aquilo seria uma experiência ridícula. Continuamos com as ideias enfadonhas, cada um soltava uma. Não escolhi nenhuma delas, estava mais de saco cheio do que se estivesse brincando com aquelas raquetes de tênis de mesa que têm uma bolinha presa por um fio.

Porém, o tema da mentira não me passou despercebido. Pesquisei um pouco e descobri a existência de vários movimentos cujo principal objetivo é não mentir nunca mais. Há estudos, tratados filosóficos e ensaios científicos sobre a mentira. Corri para casa e anunciei à minha mulher o que tentaria fazer: sem mentiras, o maior tempo possível.

— Você ficou doido? — foi a primeira reação dela. Em seguida, deu um tapinha no meu ombro, que não significou bem um carinho, mas indignação. — Você já teve algumas ideias bem malucas. Anúncios de relacionamento em descanso de copo ou dispensador de Nutella ao lado da cama. Mas essa realmente ganhou de todas. Enlouqueceu de vez!

— Ainda hoje tenho certeza de que anúncios de relacionamento em descanso de copo seriam um grande sucesso.

Estava bem claro para mim que ela aprovava meu projeto quase tanto quanto o papa aprovaria o envio de uma remessa de camisinhas para a África, ou assim como as grandes cidades gostam de reciclar o lixo. Ela revirou os olhos como se eu tivesse dito que gostaria de levar a irmã dela para a cama. Não, parecia mesmo que eu havia dito que gostaria de dormir com suas duas irmãs. Elas são realmente atraentes, o que tornaria razoável um pedido desse, mas seria inaceitável para ela. Mesmo assim, ela começou a tentar entender meu projeto.

— O que você quer fazer exatamente?

— Não quero mais mentir, mas dizer a todo mundo a pura verdade. Simples assim. Falar o que penso na cara de qualquer um. Talvez também àqueles que não querem ouvir. Tem um cara nos Estados Unidos que faz isso há anos.

– Também tem uns caras que praticam satanismo.

– Não é tão ruim assim.

Ela logo se opôs.

– Ah, é ruim sim. Quem vai querer ouvir verdades de você, exceto você mesmo?

Tentei reverter a situação com uma citação do filósofo Ernst Hauschka:

– Deve-se perguntar a quem quiser ouvir a verdade se ele consegue suportá-la.

Mas ela não se deixou convencer. Talvez porque estivesse no sexto mês de gestação e seu humor fosse como o de uma avestruz da qual acabaram de roubar um ovo. Mas isso eu também não disse a ela.

– Se você falar alguma coisa de mim ou me fazer de idiota, eu mato você!

Como acabei de dizer, minha mulher estava grávida e, como não falei ainda, ela é asiática – desse modo, devo me preocupar, pois a ameaça de assassinato em princípio seria um exagero, mas naquele momento era bem séria.

Além disso, ela poderia ter um desempenho brilhante nas seguintes rodadas em um programa de perguntas e respostas:

- planejamento da vida do marido;
- prática de vodu;
- "responde ou passa?" nas categorias "literatura de quinta" e "romances água com açúcar";
- bandas de mulheres dos anos 1990 e 2000;
- esconde-esconde de Playstation;
- sono de pedra;
- ser mais popular que o marido.

Ou seja, eu não via motivo para provocar ainda mais a grávida asiática. Ela suspirou tão fundo como só fizera havia seis anos, quando eu disse a ela que queria me mudar, sozinho, para os Estados Unidos por quinze meses.

– É horrível!

Olhei para ela como olhei na época.

– Nós vamos conseguir, talvez a gente aprenda alguma coisa com isso. Talvez nossa relação fique ainda mais sólida. E eu tenho um projeto ótimo, que com certeza será divertido.

E ela disse as mesmas palavras que disse na época:

– Talvez para você.

Claro que ela sabia que, a partir daquele momento, eu daria continuidade ao projeto mesmo sem a aprovação dela e que, por bem ou por mal, ela faria parte daquilo. Então, ela em parte suspendeu a ameaça de morte e reformulou sua promessa, dizendo que deceparia diversos membros do meu corpo caso eu exagerasse.

Naquela época foi do mesmo jeito.

Antes mesmo de começar, eu já tinha uma amiga a menos. Isso porque a mentira é uma das coisas mais democráticas que se podem imaginar. Ao menos quando refletimos sobre ela.

Todo mundo mente. E as pessoas mentiam mesmo antes de chegar à terra, ainda no paraíso, quando Adão tentou botar a culpa em Eva, que passou a bola para a serpente.

Pensei um pouco sobre quais atividades podemos de fato colocar depois da expressão "qualquer um". Qualquer um respira, qualquer um come, qualquer um mija. Mas 60% da população vota, 80% tem dor nas costas. Li em uma revista, com um arrepio quase nunca antes experimentado, que 85% dos alemães adultos fizeram sexo apenas uma vez na vida. Impressionante, não? Mas 100% das pessoas com mais de 4 anos já mentiram. É surpreendente como há poucas coisas que realmente todas as pessoas têm em comum.

E mesmo assim a violação do oitavo mandamento bíblico quase não é castigada. Quem desrespeitar o quinto mandamento ("Não matarás"), ou o sétimo ("Não roubarás"), provavelmente será confinado. Quem não obedecer ao sexto ("Não pecar contra a castidade") é no mínimo ameaçado com uma separação onerosa ou, em casos mais flagrantes, com a supressão do órgão por meio do qual os laços matrimoniais foram quebrados. E, mesmo para quem joga coisas no chão, a punição fica apenas na ameaça de uma multa, e me pergunto por que a cidade de Munique não é conservada colocando-se inspetores de lixo na estação de trem.

Mentir, ao contrário, é punido juridicamente apenas quando se trata de delitos graves, como fraude ou perjúrio. Nenhuma mulher precisa ser responsabilizada em juízo por fingir orgasmo, e ninguém será considerado socialmente proscrito por não ter dito de coração que "O senhor é um ótimo chefe". Porque essas pequenas mentiras são socialmente aceitas. Em geral, trata-se quem é sincero como alguém rude e malcriado.

E é ainda mais surpreendente o fato de que quase ninguém se descreve como mentiroso. A sinceridade é importante para as pessoas. De acordo com um estudo recente, 80% delas admitem que a sinceridade seria de extrema importância em um relacionamento afetivo – ficando à frente do humor, do sexo de qualidade, de boa situação financeira e posição social.

Claro que – e isso é comprovado também por diversos estudos – as pessoas acham pior ser enganadas do que elas próprias lançarem mão de uma mentirinha inofensiva. Eu queria descobrir, durante esses quarenta dias, algo mais: O que seria pior para as pessoas, ser enganadas ou ter de aguentar uma verdade dura?

Mas existe um problema, porque eu não sou o Jim Carrey – mesmo que a pele do meu rosto seja tão elástica quanto a dele –, muito menos o personagem que ele incorpora no filme *O mentiroso*, em que é sincero por 24 horas porque simplesmente não pode mentir. A diferença entre nós é a seguinte: eu posso continuar mentindo sem pestanejar. Não existe uma obrigação, mas uma decisão de livre e espontânea vontade de ser sincero. O personagem de Carrey não entra em conflito consigo mesmo, não lhe resta escolha. Eu tenho. No filme se enfileiram cenas engraçadas, e há obviamente o abominável e inevitável final feliz, que tem apelo fraco por ser infeliz de tão previsível. Veremos como serão as coisas para mim.

De todo modo, eu acharia bem injusto se fosse castigado apenas por ser sincero – como também acharia extremamente injusto morrer há dois anos, quando fui atropelado logo depois de parar de fumar. Por isso voltei a fumar.

Sei que essa tentativa com a sinceridade é altamente arriscada. A qualquer momento terei de encontrar meus melhores amigos, Holger e Niko, que minha mulher acredita que não serão mais meus amigos ao fim do projeto. Deixarei o confronto com eles para um momento posterior, principalmente porque poderiam me vencer com folga nas seguintes categorias de um programa de perguntas e respostas:

- queda de braço;
- boxe em botequim;
- adivinhação com filmes do Bud Spencer;
- cervejas da Baviera;
- empilhamento de caixas;
- citações do Chuck Norris;
- o jogo Pega-Peixe.

Tenho medo de que possam usar uma dessas habilidades quando eu disser o que penso na cara deles – além disso, um teste rápido na internet revelou que ambos sobreviveriam mais de dois segundos em uma luta contra o Chuck Norris, o que é realmente impossível. E não quero passar todo o meu período de abstinência no hospital. De qualquer forma, a opinião da minha mulher é a seguinte: "Ou você desiste a qualquer momento, ou vai tomar uma bela porrada na cara", e deixou em aberto qual das opções era sua preferida.

Pesquisei na internet o que as pessoas têm a dizer sobre os temas verdade e sinceridade. Bruce Darnell, modelo e coreógrafo, certa vez afirmou que sapatos pretos com salto de dez centímetros seriam a verdade. De acordo com um ditado alemão, as crianças e os loucos sempre dizem a verdade, e Plínio, o Velho, procurava a verdade no vinho. Na China, cavalos mais rápidos eram recomendados àquele que dizia a verdade.

Depois de pesquisar na internet, fui buscar pela sinceridade na literatura. Oscar Wilde certa vez escreveu que os mentirosos se esforçam para satisfazer e agradar – e que exatamente esse fato pode ser visto como o fundamento de uma sociedade. Gosto muito desse escritor e espero de coração encontrá-lo no céu ou depois da ressurreição, mas essa frase me soa quase como uma aprovação aos mentirosos. Desse jeito, com esse meu carma, reencarnarei como formiga, enquanto Wilde certamente pasta como vaca hindu em um prado maravilhoso e é louvado por diversos indianos. O islamismo também amaldiçoa a mentira, principalmente durante o Ramadá. No nono mês do calendário islâmico, não apenas se jejua, mas o Corão também proíbe estritamente qualquer forma de mentira durante o período. Em uma busca mais apurada, pude descobrir que todas as religiões do mundo com mais de cem fiéis condenam a mentira.

Não sou cientista nem mentirólogo. Sim, esse conceito realmente existe. O sociólogo alemão Peter Stiegnitz o criou simplesmente combinando a palavra latina *mentiri* – ou seja, "mentir" – com *-ólogo*, "estudioso". Decerto quis com isso promover seu livro *Lügen lohnt sich* (Mentir vale a pena), e, do ponto de vista do *marketing*, seguramente é fantástico começar logo de cara com um postulado notável como "Mentir vale a pena" – assegura ao menos uma aparição em um programa de entrevistas e fortalece a tese com um conceito que os espectadores acham de uma genialidade ímpar. É quando a emissora de TV exibe o livro e a editora providencia uma segunda tiragem.

Não sou nenhum especialista nas questões "verdade", "sinceridade" e "mentira". Não vou realizar nenhum estudo, ou pesquisa de campo, ou entrevista com algum cientista popular em um laboratório famoso. Até o momento não tenho nenhuma tese interessante nem qualquer palavra estrangeira fascinante. É bem provável que eu não seja convidado para nenhum programa de TV, e minha editora ficará muito satisfeita se vender uma edição deste livro.

O que me chamou atenção na preparação do projeto foi que as palavras "verdade" e "sinceridade" frequentemente são confundidas.

São Tomás de Aquino escreveu um livro chamado *Verdade e conhecimento*; a obra de Friedrich Nietzsche sobre o tema recebeu o nome *Sobre verdade e mentira*; e um livro de Michel Foucault tem o título óbvio *Sexualidade e verdade*.* Os três títulos, cada qual a sua maneira, são ensaios filosóficos sobre o tema que recomendo de acordo com o tempo, a tolerância e o desejo de experimentação sexual, pois contêm frases geniais e engraçadas. Espirituoso, Nietzsche escreveu: "Não há nada mais estranho, contrário e antagônico à mulher do que a verdade". Assim, quem deseja ouvir a verdade nietzschiana deve estar realmente seguro de que vai poder suportá-la.

Mas alguns autores dizem *verdade* quando, na maioria dos casos, referem-se à *sinceridade*. Por isso tive de encontrar uma definição clara para diferenciar verdade e sinceridade: o contrário de verdade não é *mentira*, mas simplesmente *inverdade*. Mentira é o contrário de sinceridade. Dessa forma, quando as pessoas mentem, em muitos casos – como já mencionado – não há falta de verdade, mas de sinceridade.

Um dos poucos que certamente me inspiraram foi Immanuel Kant. De acordo com o autor, uma única mentira abala as fundações de toda uma sociedade, mesmo quando se trata de trair seu melhor amigo. No texto "Sobre um suposto direito de mentir por amor à humanidade", ele narra uma história drástica: um amigo cometera um crime, fora condenado à morte e estava sendo procurado. Ele então se escondeu na casa de outro amigo, pois tinha certeza de que este nunca o entregaria. Contudo, Kant reivindicou que o melhor amigo fosse deixado nas mãos da polícia quando esta batesse à porta – mesmo que isso significasse sua morte. O postulado de Kant é o seguinte: melhor deixar morrer o amigo que mentir. Só assim ficou claro para mim por que, na filosofia de boteco, é preferível citar o imperativo categórico que as visões de Kant sobre a mentira.

No entanto, esse esclarecimento, no meu caso, é bastante útil. Seja uma mentirinha ou não, qualquer mentira para Kant é igualmente

---

* O livro de Foucault foi publicado com esse título em alemão. A edição brasileira tem o título *História da sexualidade*. (N. do E.)

digna de condenação. E eu vou proceder desse modo. Em breve veremos se conseguirei entregar um amigo. De acordo com Kant, nós, seres humanos, somos condenados duzentas vezes por dia – pois, como dito anteriormente, mentimos cerca de duzentas vezes em 24 horas. Uma mentira não é mentira apenas quando pronunciada. Até um gesto pode ser uma mentira – e claro que é mentira quando se deseja falar a verdade na cara de alguém e se engole em seco, por respeito ou falta de coragem moral. Preciso reforçar mais uma vez esse número, do contrário ninguém vai acreditar. Tirando oito horas de sono, são 12,5 mentiras por hora. Uma mentira a cada 4,8 minutos! Todo mundo mente, e é provável que mintam sem parar.

Começa com o já mencionado "Bom dia" ou a inofensiva pergunta "Tudo bem?". Aprendemos a respondê-la do mesmo modo que um cachorro aprende a sentar quando alguém manda: "Bem, e você?", apesar de querermos responder: "Meu time perdeu de 4 a 0 ontem, minha mulher está fazendo greve de sexo e agora ainda tenho de ir para uma reunião com um puxa-saco como você. Minha vida está uma merda! O que mais quer saber?"

Isso seria sincero. E assim por diante, ao longo de todo o dia.

Encontrei uma lista em um *site* com as mentiras mais comuns, que acho muito engraçadas:

"Que bom que seus pais vieram nos visitar."

"Fui para a cama só com dois homens em toda a minha vida."

"Claro que estou ouvindo, meu bem."

"Não vejo nada demais na Halle Berry, de verdade. Aliás, tudo ali é falso..."

"Na escola eu já era o garanhão."

"O que mais me chama atenção nas mulheres é o interior..."

"Ahhhhh, gozei!"

"Ahhhhhhhhhhh, gozei de novo!"

Claro que dificilmente confessamos que mentimos – e só o fazemos em caso de emergência. Ou talvez para não magoar alguém querido. Por isso, na Inglaterra, nos Estados Unidos e na Escandinávia, há aproximadamente 250 anos, se faz uma diferenciação entre *white lie* e *black lie*. A "mentira branca" é algo que pode ser considerado uma "mentira boa" — alguma coisa agradável e gentil, como quando alguém elogia um novo corte de cabelo de uma colega de trabalho: "Ficou muito bom, você parece cinco anos mais jovem e mais magra também", embora o comentário sincero fosse algo do tipo: "A única coisa pior do que esse seu penteado são as rugas embaixo desse seu narigão". A verdade traria apenas chateação para a colega, deixando um clima pesado no ambiente de trabalho, e talvez até causasse uma discussão que seria levada até a chefia. O que certamente aconteceria com a "mentira negra", maldosa — se ela surgisse. Nesse tipo de mentira existe má intenção, como no assédio moral e na fraude fiscal.

Todos nós — exceto bancos de investimento e talvez advogados — nos consideramos *mentirosos leves*. Não mentimos para ferir o sentimento alheio ou enganar o outro. Mas, antes que todos saiam por aí se dando tapinhas nas costas e presenteando a si mesmos com flores, devemos pensar em mais uma coisinha: uma mentira *leve* também pode ser bem perversa. Imagine o que pode acontecer quando alguém diz a uma amiga querida, por cordialidade, que ela canta maravilhosamente bem, embora ela seja tão afinada quanto a seleção de futebol. Então, ela se inscreve no *Ídolos* e é ofendida por um dos jurados, que diz que a voz dela é tão ridícula quanto a de um sapo. Ela é desclassificada e tem um ataque de fúria diante das câmeras. Entra em depressão. Fica um pouco famosa, pois chamou o apresentador de boi velho no cio. Faz fotos sensuais para um jornal de segunda para se livrar da depressão e ganhar uns trocados. Algum ex-jogador decadente entra em contato com ela. Para fins comerciais, ela se apaixona por ele. Vai com o jogador a algum programa de TV bizarro e flerta com um ator que também está ali. Tira a roupa para uma revista masculina de segunda. O jogador a abandona. Então ela sai com um desses apresentadores de programas de fofocas. Lança um *single* chamado *O lá lá lá*. Faz um estoque de roupas Ed Hardy. Dá uma entrevista, na qual xinga seu ex, o jogador. Apresenta-se em uma cidadezinha e é vaiada, mas acha que são aplausos. Escreve suas memórias, cujo título é *O lá lá lá*. Tira a roupa para outra revista masculina, ainda pior. Casa-se com algum cantor brega. Participa de um *reality show* do tipo *A fazenda*. Tem um caso com um comediante. Divorcia-se. Consegue um papel em uma novela. Tem um filho que pode ser do comediante, do apresentador de fofocas ou de algum empresário. Depois do nascimento da criança, diz que agora é mulher séria e não quer mais ser chamada de "rainha do barraco". Lança um segundo *single* – sem sucesso. Dívidas fiscais. Fuga. Apresenta-se em um polêmico programa de TV. Lágrimas. Muda-se com o comediante ou o apresentador ou o empresário para o Chile.

Isso tudo apenas por conta de uma pequena e mentirosa gentileza.

Por outro lado, uma "mentira maldosa" pode ter um efeito positivo. Por exemplo, o funcionário de uma empresa espalha algumas fofocas sobre um colega, pois deseja o cargo dele. Afirma que frequentemente o colega chega atrasado e que cantou a mulher do chefe na festa de fim de ano. Uma mentira realmente maldosa, não poderia ser pior. O acusado é advertido por isso e, após outras fofocas espalhadas com destreza, é finalmente demitido. Na despedida, aquele que foi demitido vai até o difamador, que considera seu amigo, e diz: "Não aguentaria nem mais um dia aqui, já estava sofrendo de depressão e estava esgotado. Agora posso recomeçar e dar início a uma vida nova com a grana da rescisão. Sinto muito por você, que vai ter de fazer esse trabalhinho de merda".

Ou seja, não é tão fácil assim diferenciar mentiras leves de mentiras maldosas. Esse é um dos motivos pelos quais Kant considera, na mesma medida, qualquer mentira condenável. Eu também vejo por que é assim. Há pouco expressei minha opinião a uma atendente do McDonald's sobre o estado do *cheeseburger*, assim como fez Michael Douglas em *Um dia de fúria*. Eu disse:

– Olhe para este pedaço de pão medonho. Na foto o pão é crocante, a carne é suculenta e a salada é fresca. E a senhora me vem com um pãozinho amanhecido que parece já ter sido digerido.

Minha sinceridade, que para mim é bem clara, pouco adianta nesse caso, pois o pãozinho, a carne e também a salada são entregues por uma central, e o sanduíche é apenas montado pelos funcionários. O que mais a atendente poderia fazer, além de cuspir no meu pão? Não fui *levemente* ou *maldosamente* sincero, apenas inutilmente sincero. É bem provável que, em vez de ter engolido palavrões, eu tenha no estômago o cuspe de uma moça de 17 anos, que, junto com as ofensas engolidas no passado e a comida gordurosa, dê origem a uma úlcera.

Talvez o mundo se torne um lugar melhor se eu for sincero. Ao menos é o que afirma Brad Blanton, do movimento Honestidade Radical. Ele se autodenomina "doutor da verdade" e vem de Washington, D.C. – uma região onde cada habitante tranquilamente dobra a média mundial de mentiras. O homem ainda é político – apenas para mencionar – e se candidatou ao Senado e a cargos de governador e prefeito. Ele afirma que o mundo de fato seria mais belo se todas as pessoas dissessem a verdade. Ainda assim, há livros como o da psicóloga e jornalista alemã Claudia Mayer, que em 2007 escreveu um canto de louvor à mentira – em que apenas enumera momentos e situações de mentira, mas em momento algum explica por que a mentira é tão maravilhosa. Mas certamente ela participou de muitos programas de TV, e com certeza seu livro já está na segunda edição. Agora eu quero descobrir quem tem mesmo razão, o americano fanático por sinceridade ou a jornalista alemã.

O *site* do Honestidade Radical, <www.radicalhonesty.com>, diz o seguinte: "Explique às pessoas o que faz e o que planeja, o que pensa e o que sente. E então levará uma vida plena e feliz". Engraçado, porque nesse primeiro dia não me senti uma pessoa mais plena e feliz, e sim um bosta. Um bosta de um cara ofensivo e mal-humorado que não tem mais amigos na companhia ferroviária nem no McDonald's. Além de o trem chegar atrasado, em vez de devorar um hambúrguer delicioso, comi um sanduíche cuspido.

Mas as coisas se normalizarão, afinal ainda sou um amador na arte da verdade, um aprendiz da sinceridade, que na estação central de

Munique – longe de amigos, colegas e familiares – experimenta pela primeira vez como funciona esse negócio de sinceridade.

Estou me exercitando. Talvez em alguns dias o mundo se torne um lugar melhor. Eu diria que, até agora, me saí bem – e você já deve ter percebido que sou daquelas pessoas que sempre dizem que estão se saindo bem, mesmo que estejam no máximo na média. De insegurança eu definitivamente não vou morrer.

Pesquisadores afirmam que a mentira é inerente ao ser humano, assim como a catapora e aquela sujeira debaixo da unha – um mal necessário que não deve ser evitado. Li em um livro que as mentiras seriam o "lubrificante da sociedade" e manteriam funcionando o motor do mundo. Em termos menos metafóricos: ser humano significa ser mentiroso. Com certeza. Pesquisadores renomados como o professor de filosofia David Nyberg, autor do livro *Lob der Halbwahrheit* (Elogio à meia verdade), são da opinião de que a verdade seria supervalorizada, assim como David Beckham, sushi e o jogo Second Life. A meia verdade, de acordo com Nyberg, é uma consideração humana e cordial para com a vulnerabilidade do próprio indivíduo e do outro, por isso quem mente não sofreria sanções.

De acordo com essa visão, mentir pode até ser divertido. Na França, por exemplo, há um vilarejo que se autodenomina "capital dos mentirosos". Fica na Aquitânia, e é tão difícil de chegar quanto minha cidade natal. No ano de 1748, foi fundada ali a Academia dos Mentirosos. No primeiro sábado de agosto é realizado um concurso de mentiras, e o maior enganador é premiado. Pode-se imaginar que seja um lugar esquecido por Deus, mas mesmo o padre do vilarejo acha graça na mentira: "Fico muito orgulhoso por ser o sacerdote do único vilarejo da mentira na França", disse de fato em uma entrevista. Seria libertador e delicioso mentir a todo momento. Depende apenas da intenção da mentira.

Inúmeros estudos – que poderiam entediar meu leitor, por isso faço um pequeno resumo – diferenciam três tipos de mentiras. Quase metade de todas as mentiras são *mentiras egoístas*. Nesse caso, o mentiroso tenta representar-se melhor do que realmente é ("Falo filipino fluente, toco piano e sou venerado como divindade na Amazônia") para poder se equiparar a seu interlocutor ("É óbvio que conheço a teoria econômica keynesiana"), ou ao menos não ser ridicularizado ("Claro que não sou mais virgem"). Entre elas também se encaixam as mentiras por medo de punição ("Não fui eu").

Um quarto das mentiras são *mentiras altruístas*, contadas para que outra pessoa se dê bem. Podem ser ditas em uma conversa com o chefe em prol de um colega querido ("Ele faz um trabalho fantástico e merecia realmente um aumento de salário") ou ao encorajar um amigo que acabou de ser abandonado ("Não tem problema, logo aparece outra pessoa tão legal quanto você").

O restante são as conhecidas *mentiras pró-sociais*, ou seja, histórias que aquele que é enganado e o mentiroso compartilham. Servem para atenuar conflitos com muito respeito ("O texto que você escreveu está em ordem"), encerrar uma conversa ("A campainha tocou, preciso desligar o telefone") ou um relacionamento ("A nossa amizade continua"). Pode também ser um elogio que não prejudique ninguém ("Belo penteado"). Eu poderia ter dito à moça do caixa que o sanduíche estava em ordem, pois de qualquer forma minha crítica não levou a nada.

Ainda tenho de descobrir que tipo de mentira me ocorre com mais facilidade e em que situações é mais difícil para mim ser sincero.

Mas, voltando à estação, finalmente me dirigi até a plataforma, e o funcionário de antes ainda estava por ali.

– O trem está vindo?

Ele me fitou com um olhar que me fez pensar por que a Deutsche Bahn, em vez de transferir o salário para a conta dos funcionários, não envia para a casa deles uma caixa de Valium.

– Trem na plataforma 14 com destino a Stuttgart. Boa viagem!

– Boa viagem! Boa viagem! Vá a merda, palhaço! – falei alto para que ele ainda pudesse ouvir.

Ele não disse nada.

Então entrei no trem e procurei o meu assento, depois saí um pouco. Queria fumar ainda dois cigarros antes da viagem para manter equilibrada a taxa de nicotina no sangue ao menos até Augsburg. Procurei a área de fumantes, que surpreende de tão limpa – mas eu não vou fazer nenhuma correlação entre fumo e limpeza aqui. Dali dava para ver se aquele funcionário da ferrovia – oficialmente chamado de "acompanhante ferroviário", mas para mim é uma daquelas novas palavras para disfarçar, e soa também como se ele corresse atrás do trem para acompanhá-lo – entrava no meu trem. Ele não ia mesmo...

Sim, ele foi.

Resumindo: só até Augsburg, fui fiscalizado três vezes. Fumar na plataforma de embarque 14 na Estação de Munique me custou quarenta euros, pois está claro na lei da Alemanha que uma foto feita por funcionários da empresa também pode servir de prova, e na imagem dava para ver claramente como eu deixei a área demarcada para fumantes.

Quarenta euros de multa e três fiscalizações. E a noção de que quem é sincero não deve esperar encontrar amigos na empresa de transporte ferroviário.

3º dia

SINCERIDADE MACHUCA

Não aguentei mais, minha agressividade chegou ao topo da Nanga Parbat de tanto ódio. Eu estava incomodado de tal forma que era como se um frasco de *ketchup* explodisse dentro de mim: "Mas que merda, você não vê que ele não quer mais nada com você? E durante o período em que ficaram juntos, ele só te chifrou".

No livro *Geração X*, Douglas Coupland chama isso de "efeito *ketchup* emocional" – quando o molho vira todo sobre a mesa e emporcalha tudo. Não sei como um frasco de *ketchup* se sente após a *explosão*, com certeza não treme como eu.

A frase foi até a nona montanha mais alta do mundo, a Nanga Parbat, e desabou sobre mim. No telefone ouvia-se apenas o chiado que ouvimos no celular quando ninguém fala, e com isso às vezes pensamos que alguém da companhia telefônica está nos monitorando. Quem não conhece o ruído é aquele que, em um telefonema, ou não para de falar ou não quer perder um segundo quando for a vez dele de voltar a falar. Eu não disse mais nada, e ouvia com tanta atenção como raras vezes ouvi na vida – pois ficou claro para mim que eu havia dedurado um de meus melhores amigos. Traído. Vendido.

Esperei apenas que, atrás de mim, um galo cantasse pela terceira vez e eu pudesse fugir e chorar amargamente. Ou que alguém me passasse trinta moedas de prata por debaixo dos panos. Fui Judas e Pedro ao mesmo tempo. Torci para que tivesse cerveja gelada e TV no inferno.

Na hora não pensei em Judas ou em Pedro, nem no chiado incômodo ou em Douglas Coupland. Pensei apenas no meu ato de dedo-duro.

Era o terceiro dia do meu projeto sinceridade – e eu já havia entregado um amigo. Sem-vergonha. Em um piscar de olhos. Eu poderia ter ficado calado como tantas vezes ficara na vida.

Maldita sinceridade.

Era Niko, um cara que eu não só conheço há mais de 25 anos, mas que amo. Quando crianças, brincávamos de caçar velhinhos no parque com bicicletas, o que por sorte não resultou em nenhum acidente dramático. Juntos, na adolescência, paquerávamos as meninas no clube para não termos de ir ao baile de formatura virgens de boca. Por um breve momento – a notícia da aids ainda não havia chegado à nossa cidadezinha –, pensamos em fazer um pacto de sangue no trampolim de três metros da piscina. Concluímos juntos o segundo grau e vomitamos juntos em diversas festas devido ao mesmo teor alcoólico no sangue, invadimos juntos o clube local e fomos apanhados pelo cara que cuidava das piscinas. Já universitários, pensamos em fazer sexo a três com uma amiga em comum, mas, por falta da amiga certa, deixamos essa ideia de lado. Cambaleamos bêbados por Roma, tropeçamos bêbados por Regensburg, caímos bêbados em Munique. Uma vez, na Praça do Mercado de Siena, dormi na barriga dele, o que duas semanas depois, em uma apresentação de *slides* para os formandos, desencadeou suspiros amorosos em metade da turma e, na outra metade, calorosas discussões sobre uma possível relação homoerótica. Ou seja, podemos afirmar sem titubear que gostamos, consideramos e, acima de tudo, respeitamos um ao outro.

E eu o traí. Maldita sinceridade.

Niko é um cara em quem se pode confiar e batalhou bastante em sua carreira de homem, por isso nunca trairia um amigo. Uma vez terminou com uma namorada porque ela não gostava de seu círculo de amizades. Claro que terminou também porque ela era uma vaca pé no saco, tão insuportável que nem a barriguinha sarada podia compensar. Eu sempre pensava: *Por fora bela viola, por dentro pão bolorento.*

Além daquelas categorias que atribuí a ele e a Holger algumas páginas antes, Niko poderia brilhar nos seguintes temas naquele famoso programa de perguntas e respostas:

- encontrar vinícolas;
- cervejas europeias;
- literatura de 1980 a 2009;
- *O preço certo*, programa de TV que também passava na Alemanha nos anos 90;
- tênis;
- autobol;
- jornais de classificados.

Foi no nosso tempo de faculdade juntos, em Regensburg, que decidimos não desperdiçar nossa atenção com apenas *uma* mulher. Nunca havíamos nos apaixonado por nenhuma mulher, e naquela época era fácil nos diferenciar entre *caçador* e *colecionador* – eu, o caçador, sempre estava em busca de aventuras e tentava elevar o sexo casual ao nível da arte. Niko era o colecionador, e poderíamos dizer que ele é o criador do "namoro em série".

Nós dois tivemos, cada um, uma namorada, e nós dois as traímos. Porém de maneiras totalmente diferentes.

Enquanto minha traição se limitou a eventos de extrema brevidade, Niko conseguia manter uma segunda ou terceira namorada em cidades, bairros e salas de aula diferentes. Esse comportamento me inspirava muito respeito, não apenas pela logística complicada, mas também porque as garotas eram uma mais atraente do que a outra.

Para mim era um verdadeiro mistério como as namoradas em série estavam sempre satisfeitas com o comportamento de Niko, e nenhuma delas sequer reclamava. Ele de fato conseguia levar três vidas amorosas ao mesmo tempo.

Tínhamos uma regra, não exclusiva, mas compartilhada por todos os homens: Bico calado! Para sempre!

Levaríamos aquilo não apenas para o túmulo, mas no céu, no inferno ou no purgatório nunca comentaríamos o assunto se uma das mulheres estivesse presente. Se reencarnássemos como vacas, não se ouviria nos pastos nenhum ruído suspeito vindo de nós.

A faculdade já terminara havia muito tempo quando Niko se separou da namorada. Até hoje desconheço o motivo, só sei que Niko estava muito abalado e chateado, e me confidenciou em um jogo de cartas não querer reatar nunca mais aquele relacionamento, pois a garota o machucara demais. E não disse mais nada. Ela era uma mulher muito atraente, que tinha porte e aparência de modelo internacional — por isso seu complexo de inferioridade permanecerá para sempre um mistério para mim, seja no purgatório ou como vaca reencarnada.

Fiz pouco caso da separação, porque isso fez com que Niko voltasse a ter tempo para se encontrar conosco. Solteiro, ele contava histórias ainda mais engraçadas do que quando comprometido, e nós, por conta de sua profissão — ele ainda é o melhor dentista que conheço —, podíamos fazer trocadilhos infames sobre suas aventuras sexuais. Inventamos uma série que chamávamos de *O médico interiorano*, e dávamos os seguintes títulos aos episódios: "Parte 1 – Aquele que fura mais fundo", "Parte 2 – Senhorita, sugue por favor", "Parte 3 – Preencho qualquer buraco". Deixo de fora os títulos dos outros episódios pelo nível de embaraço cada vez maior, e também porque não vou contar aqui as respectivas histórias — basta saber que dessa vez eu dedurei meu amigo.

Porém, para a namorada dele, o relacionamento não havia terminado, muito pelo contrário. Ela era como a Stacy, aquela mulher do filme *Quanto mais idiota melhor*, com Mike Myers, que dois meses depois do término do relacionamento insistia em ser a namorada de Wayne, que no fim das contas diz: "Mas este é o sentido do término: não precisar se ver mais". Talvez ela também fosse como a Rose, da série *Two and a Half Men*, que invade a casa de seu ex-namorado Charlie para passar um tempo com ele.

Como Niko quase não retornava as ligações dela, a ex-namorada procurou a mim, minha mulher e outros da nossa turma. Ela acabou se tornando uma perseguidora de melhores amigos. Eram ligações, *e-mails* e mensagens de texto. Ela dizia que o amava e perguntava o que poderia fazer para tê-lo de volta. Que ficaria louca e não conseguiria viver sem ele. O conceito psicológico para isso, acredito eu, é neurose de rejeição, mas para mim ela era uma verdadeira perseguidora. Os relacionamentos de amigos basicamente me interessam apenas quando posso falar mal deles ou quando posso citar alguma coisa da infame série "As melhores máximas do Schmieder". Do contrário, pouco me importam.

Mas essa mulher disse coisas que só podemos ouvir da boca de adolescentes.

Minha mulher, Hanni, e eu tentamos convencê-la da felicidade de estar solteira. Tentamos de tudo, da persuasão encorajadora ao "levanta, sacode a poeira e dá a volta por cima" — fiquei realmente tentado a me candidatar ao título de doutor *honoris causa* por experimentos psicológicos. No entanto, nada disso funcionou, e ela continuou ligando e mandando mensagens e *e-mails*. Cheguei a pensar em lhe conceder uma condecoração por persistência.

Em uma noite ela voltou a telefonar — bem durante o meu projeto sinceridade. E logo antes eu havia dito a minha mulher:

— Se ela me irritar de novo e ficar se lamentando que quer o Niko de volta, que vai entrar em depressão, vou falar poucas e boas para aquela mulher. Eu não aguento mais! Ou seja, atenda você o telefone ou espere pelo pior. Ou melhor, mais do que o pior.

Essa frase primeiramente causou um pequeno choque em minha mulher, mas então ela decidiu me dar apoio e me passou o telefone.

– Pelo menos isso acaba e o Niko fica em paz. Além disso, você quebra logo a cara no terceiro dia e talvez esse projeto todo acabe de uma vez.

Acho que Hanni até gostou um pouco do que acabara de acontecer.

Por fim, durante trinta minutos falei com a mulher sobre o relacionamento havia muito terminado e sobre ela querer Niko de volta. Parecia que ela tinha voltado aos 16 anos – a idade em que uma vida inteira acontece em uma única semana: amiga nova, briga com o melhor amigo, crise existencial, espinha na testa, crise existencial, aventuras com álcool, espinha no nariz, crise existencial, término com o namorado, crise existencial, namorado novo.

Ela se comportava como uma mulher atraente em seus 20 e poucos anos que está entre as pessoas mais desejadas da balada e me contou detalhadamente todas as suas experiências. Eu, que estou quase nos 30 e sou uma das pessoas mais ignoradas em qualquer balada, fiquei irritado. Por que ela está em crise? Só porque terminou com Niko?

Eu podia ter apenas ficado quieto – e ter encarado um dos grandes dilemas do meu projeto: omitir é mentir? Se não, se omitir não é mentir, então esse projeto seria um acontecimento bem sem graça e este livro terminaria na próxima página, pois eu teria de escrever: "Não disse nada por quarenta dias". Assim, eu decidi: sim, omitir também é mentir.

Por outro lado, essa opção significaria que toda manhã no caminho para o trabalho eu teria de dizer a quase cinquenta pessoas que o seu jeito de se vestir não me agradava e que elas, por favor, fizessem telefonemas de casa, não do trem. E, claro, teria de esculachar no mínimo três motoristas por dia. Ou seja, isso não funcionaria.

Por isso, defini duas regras segundo as quais eu poderia facilmente decidir quando calar seria mentir. Regra número 1: Mente quem não diz algo de forma consciente às pessoas com quem está conversando. Regra número 2: Mente quem pensa *Alguém precisa dizer alguma coisa agora* em situações com desconhecidos, mas se cala.

Eu já estava conversando com a ex-namorada de Niko, então calar seria mentir. Desse modo, eu disse estas duas frases: "Mas que merda, você não vê que ele não quer mais nada com você? E durante o período em que ficaram juntos, ele só te chifrou". Não precisei dizer mais nada além disso.

Aqueles quinze segundos de silêncio me pareceram como se eu estivesse em uma daquelas séries americanas bregas, em que o médico revela ao protagonista que ele foi diagnosticado com câncer nos testículos.

Minha Nanga Parbat de agressividade desabou, e o remorso se abateu sobre mim como um *tsunami*. Eu não apenas havia entregado Niko, mas também lançara sua ex-namorada em uma crise existencial. Até aquele momento, ela havia terminado o relacionamento porque não dava mais certo ou porque Niko a entediava – mas agora seu complexo de inferioridade se intensificara, uma vez que ouvira sem rodeios que ela não havia sido a única mulher do homem com o qual passara tantos anos.

Ela se recompôs. Suspirava profundamente e apoiava esse suspiro com um longo "hmmm".

Diferentemente de mim, ela logo conseguiu dizer algo coerente.

– Tudo bem, agora eu me toquei. De alguma forma eu esperava por isso.

Ao que respondi apenas:

– Sei.

Embora aquilo tenha realmente me surpreendido. Eu esperava lágrimas, um ataque de raiva ou no mínimo um gemido desesperado. Mas ela ficou totalmente calma e me deixou desconcertado.

– Quer dizer, já havia indícios, e eu não quis enxergar a verdade. Mas dói de verdade ouvir isso agora, assim desse jeito.

Ela respirava com força.

Minha mulher me lançou um olhar curioso, que respondi com um dar de ombros. Ela ergueu o nariz e me olhou preocupada.

Voltei ao telefone.

– Não posso dizer muito mais do que isso. Mas talvez você deva seguir sua vida sem ele. Agora você sabe que não deve perder seu tempo com ele.

Ouvi apenas um curto "hm", então ela disse:

– Não sei o que pensar. De qualquer forma, obrigada pelo que me contou. Eu também não me comportei tão bem assim no nosso relacionamento.

Demorou um pouco até que meu cérebro captasse o que meus ouvidos haviam acabado de receber.

Eu precisava saber detalhes.

– Não entendi.

– Eu o tratei mal e no fim do namoro saí com outro cara.

Por um momento fiquei sem palavras.

Naquele instante eu soube o que podia ter causado o fim do relacionamento.

Fiquei chocado. Até aquele momento eu sempre a considerara uma alma verdadeira e ingênua, mas com aquela confissão ela me deu o alívio que se sente quando se erra um pênalti e um jogador da mesma equipe pega o rebote.

– Uau, disso eu não sabia. O Niko não me contou nada.

– Ninguém tem nada a ver com isso.

Eu queria dizer que ninguém precisaria ficar furioso com ninguém, mas reconheci a tempo que essa seria uma afirmação maluca e preferi deixar pra lá.

Ela suspirou:

– Ai, Deus.

– Não se culpe.

– Mas é que, de alguma forma, eu o joguei nos braços de outras mulheres.

Então eu fiquei realmente chocado. Na psicologia chamariam isso de dependência doentia, mas, na minha visão de mundo, era doideira completa. Nunca recebi um *e-mail* desses de minhas ex-namoradas quando o relacionamento acabava. No meu caso era sempre "seu filho da puta, mentiroso e arrogante". Não sei como, mas Niko tinha jeito com mulheres.

— Não diga bobagens.

— Mas é isso mesmo, não é?

Eu não tinha mais a menor vontade de continuar falando com ela. Já havia dito tudo, entregado meu amigo, e além disso percebi que ela tentava manter a compostura do outro lado da linha — e naquele instante eu simplesmente havia dito a frase errada. Eu poderia ter encerrado a ligação ali, mas tinha de ser sincero.

— Então está tudo certo, não está? Sou realmente um lixo como ombro amigo e não quero mais falar ao telefone, já deu o que tinha que dar. Sou um péssimo ouvinte. Podemos desligar, não estou mais a fim de bater papo.

Ela suspirou.

— Tudo bem, preciso lidar com isso primeiro. Mas obrigada.

Fiquei feliz em finalmente poder desligar — mesmo que eu soubesse que a mulher do outro lado da linha provavelmente estava chorando.

Por um momento é difícil.

Minha mulher pegou minha mão e garantiu que eu fizera a coisa certa. O *tsunami* do remorso avançou sobre mim como uma chuva morna. Não tinha mais a sensação de ter ferido alguém, mas simplesmente dissera a verdade a uma amiga, e com isso fiz com que ela não se tornasse uma perseguidora paranoica, mas mantivesse sua decisão. Eu devia ter me sentido realmente bem.

Mas, em algum lugar entre o estômago e o baço, eu sentia uma coisa ruim.

Minha mulher piscou para mim, o que indicava carinho, mas também podia ser o prenúncio de um grande desastre. Ela sorriu, o que deu indícios de que poderia ser a segunda opção. Depois apertou os olhos, o que transformou minha suspeita em certeza.

Ela elevou o debate a um novo nível e originou um segundo *tsunami*.

— Agora você tem que falar com o Niko.

Aquela frase queimou meus ouvidos e penetrou em minha consciência mais rápido do que eu podia imaginar. Por que em tantos casos os nervos funcionam como condutores de informações tão grandiosos e em outros – como nos jogos de futebol por computador – são ruins que doem?

Ela sorriu amarelo.

Senti que a primeira onda fora apenas um alerta, e agora a água recuava para jogar sobre mim uma onda ainda maior que arrasaria tudo.

– E agora, *mister* sinceridade? Ficou com medinho? Está com medo do Niko? Faz parte da sinceridade que você diga tudo ao seu amigo. Cara, aos poucos estou me divertindo com esse projeto!

Por um momento eu pensei sobre que motivos me levaram, além de sua bunda maravilhosa, a me casar com ela.

Ela sorriu, e só.

– Vai ser ótimo. Ele vai socar a sua cara!

Só para lembrar: Hanni é a pessoa que havia dois anos me jurara amor eterno e prometera ficar ao meu lado na alegria e na tristeza.

Eu precisava pensar. Lembrei da frase de Brad Blanton, fundador do Honestidade Radical, que em um de seus livros escreveu: "Quando quiser dormir com uma mulher bonita, diga isso a ela. Mas diga também à sua mulher! Na maioria das vezes é divertido. Isso é honestidade radical, isso se chama comunicação".

Ai. Meu. Deus.

Não havia pensado nisso.

Assim como todo mentiroso espera que a verdade nunca venha à tona, como representante da sinceridade esperei que a verdade também não viesse à tona.

Como eu poderia dizer a meu melhor amigo que o sacaneei? Foi mais fácil para Pedro, o traidor. Jesus já sabia que seria traído por seu discípulo, então para ele também foi mais fácil. Para Judas, o traidor, também foi tranquilo. Jesus já sabia que seria traído por seu discípulo e também disse a ele. Foram perdoados de antemão.

Mas Niko não fazia a menor ideia. Ele não dissera no jantar: "Sim, Jürgen, é você". Também não dissera: "Antes de o galo cantar, vais me trair". Ele não sabia de nada.

Maldita sinceridade.

Precisei esperar uns dias e refletir sobre qual seria a melhor maneira de agir. Claro que Blanton simplesmente recomendaria falar na cara da patroa ou do camarada, e logo.

Pois bem...

Espanta-me o fato de Blanton ainda ter amigos.

Um dia depois, houve uma festa de uma amiga em comum de Nova York. Niko e eu fomos convidados, e decidi, levando em conta a bebida à vontade, que aquela era uma oportunidade predestinada para uma conversa esclarecedora. Em algum momento estávamos juntos, eu havia bebido cinco cervejas e, no mínimo, a mesma quantidade de vodca com Red Bull. Vi em seus olhos que ele estava em nível alcoólico semelhante. Naquela noite, Niko parecia ter saído de um catálogo da Armani, parecia um pouco com o Sayid da série *Lost*. Abracei Niko e dei início à confissão.

— Primeiramente, preciso dizer que sinto muitíssimo, mas não tinha outra saída. Sua ex-namorada não parava de me ligar e mandar *e-mails*, e então eu tive de fazer isso.

Ele me deu aquela olhada de bêbado:

— Fazer o quê?

Pensei rapidamente em como poderia sair da situação com uma pequena mentira. Então vi minha mulher, que fingia papear com uma amiga, mas na verdade nos observava esperando que eu tomasse "uma bela porrada na cara", "que esse negócio de sinceridade fosse da boca pra fora" — como dissera antes da festa.

— Eu disse a ela que você a traiu. Até que foi divertido, porque você não quer mais nada com ela, não é mesmo?

Eu sorri. Niko não. Minha mulher sim.

— Você fez o quê?

Percebi que a minha desajeitada observação não havia colado.

— Falei para ela que você a chifrou.

Ele se afastou e botou as mãos na cintura.

— Você fez o quê?

Em um instante, toda a névoa alcoólica sumiu de seus olhos.

— Você não quer mais nada com ela, não é mesmo?

Ele me encarava.

— Você fez o quê?

— Eu sei, fiz uma grande cagada!

Percebi que aquilo que eu fizera o tinha pegado desprevenido; ele estava tão decepcionado ou chocado que não sabia o que fazer. Como opções — que minha mulher já previra — havia apenas o rompimento espontâneo da amizade ou um rápido gancho de esquerda no queixo. Ali, naquele momento, as duas eram possíveis.

— Essa foi demais, cara! Não podia ser pior. Não dá para acreditar nisso, não dá!

Atrás de nós, as pessoas cantavam "Parabéns a você" pela quarta vez na noite.

O garçom deu uma cerveja na nossa mão.

— Sinto muito. Eu nunca faria isso e espero que me perdoe. Mas eu tinha de ser sincero e por isso lhe contei.

Ele me encarou por um bom tempo. Tentei brindar com ele e tomei um gole gigantesco. Ele não bebia, só me encarava. Então virou-se para o bar e novamente para mim.

Eu contava mais com uma pancadaria do que com o fim da amizade. Havia duas horas que minha mulher contava com um barraco. Ela sorria, Niko não.

Ele falou comigo novamente.

— Eu te amo — disse ele. — Mas é loucura! Você pirou! Eu devia quebrar você.

— Com certeza — eu respondi. — De preferência agora.

Ele botou a mão no meu ombro e balançou a cabeça.

— Não, seria assim se você não estivesse contando com isso. Mas você merece.

– Sim.

Holger nos interrompeu. Desde a terceira cerveja ele não conseguia mais dirigir. Pendurou-se em nossos ombros e disse:

– Já estão bonzinhos?

Eu falei:

– Sim, eu contei uma coisa para o Niko.

– O quê? Dormiu com a mulher dele?

– Não, mas é tão ruim quanto.

– Tomou a cerveja dele?

Ele riu como alguém que ri de sua própria piada com 1,5 grama de álcool em cada litro de sangue – e eu tive de pensar um pouco se aquilo não seria uma estratégia de comediante para confundir o público.

Minha mulher riu também, Niko não.

– Não, eu disse a ela que ele a traía.

Holger me encarou com aquela indignação superdramática das pessoas alcoolizadas.

– Tá maluco? Que amigão você, hein?

Então ele bateu com o punho em meu peito, virou-se e se juntou aos outros amigos. E começou a frase com "Vocês não sabem o que o Jürgen fez..." – e eu nem precisei ouvir para saber qual era a segunda parte. Eu não era um Judas apenas para Niko, mas também para todo o nosso círculo de amigos. A partir dali, eu ficaria conhecido como o dedo-duro.

Todos tinham razão. E eu era um cara legal de verdade.

Eu teria preferido desaparecer e correr para casa – e naquele momento desejei nunca ter tido a ideia desse projeto. Desejei ter escutado minha mulher. Porque eu era um traidor. Maldita sinceridade.

Eu disse:

– Então, está tudo bem?

Ele me abraçou e me deu um beijo na bochecha. Em seguida, senti uma dor lancinante à esquerda, nas costelas. O soco de Niko me acertou, e me acertou em cheio.

Quando a gente toma um soco em cheio nas costelas, sobe uma ânsia danada. Não foi a sinceridade profetizada pela minha mulher que saiu da boca pra fora, mas uma mistura de cerveja e vodca com Red Bull.

Caí de joelhos e olhei para Niko.

— E agora, está tudo bem?

Eu mal podia respirar. A costela inferior esquerda estava trincada — e, como o médico um dia depois me garantiria, ela não havia quebrado, fora apenas esmagada. Fiquei deitado no chão de um bar chique no centro de Munique, e da minha boca escorria uma mistura de diversas bebidas alcoólicas.

— Eu mereci isso.

Ele me ajudou a levantar e me deu um tapinha no ombro. Eu aconselharia todo mundo a não misturar cerveja, vodca e Red Bull.

— E eu nunca mais vou te entregar.

Eu segurei minha barriga. Doía. Limpei a boca com um guardanapo. Alguns desconhecidos no balcão se viraram. Olhavam para mim como se olha para um *outdoor* e riam da minha cara.

Olhei para a minha mulher. Ela sorria.

A primeira costela trincada. A primeira ânsia de vômito. Tudo isso no quarto dia. E pode ficar ainda mais divertido.

Maldita sinceridade.

5º dia

SEJA SINCERO
COM SINCERIDADE

C omecei a ficar vesgo. Primeiro olhei meu grande nariz e em seguida a língua. Queria ter certeza de que estava tudo em ordem por ali, porque eu realmente estava pegando fogo. Acabara de colocar na boca uma colher daquilo que minha parente filipina despejara no prato. Parecia sopa de *goulash*. Olhando mais de perto, aquilo também poderia ter saído diretamente de um vulcão – o que a princípio não surpreende, pois em qualquer lugar das Filipinas alguma coisa sempre está saindo de um vulcão.

Quando alguém enfia uma colher daquilo na boca, pequenas bolhas se formam nas papilas gustativas da ponta da língua, logo o véu palatino se enche de saliva e o estômago sinaliza com o reflexo de que é melhor cuspir e não mandar aquela coisa para o esôfago. A produção de suor fica a todo vapor, o que limita a ventilação. Tenho certeza de que mesmo um mexicano só aguentaria esse prato se estivesse combinado com uma garrafa de tequila e um suculento limão. Não via nenhuma garrafa de tequila ao alcance, nem mesmo um limão, ou seja, tive de engolir a seco. Nos quadrinhos, esse é o momento em que o personagem cospe fogo, corre para uma piscina e bebe toda a água que estiver por ali. Na vida real, não é bem assim que funciona.

Era o quinto dia do meu projeto sinceridade, a dor nas costelas – que se acentuou nesse meio-tempo – vinha de uma contusão e de um osso trincado, mas a respiração não estava tão difícil quanto na noite anterior. Em todo caso, o médico falou por cima sobre a possibilidade de usar um colete, o que recusei, porque classifico como ferimento leve tudo que não dependa no mínimo de cadeira de rodas e muleta. Fiquei com uma pequena mancha azul do lado direito, originada pelo soco de Niko, que minha mulher descreve como "ganchinho do Tyson". A qualquer tentativa minha de corrigi-la, ela cutucava a manchinha com o indicador. Eu fingia que não doía, e dizia que a lágrima, que aparentemente rolava um pouco desmotivada do meu olho direito, era uma reação retardada da cebola que eu descascara duas horas antes.

Minha mulher e eu fomos convidados para uma reunião de família, e estávamos almoçando. Geralmente, sou mais do que apaixonado pela culinária filipina; mais de trinta vezes exagerei de tal forma que cheguei a cogitar a hipótese de me levarem a um pronto-socorro. Além disso, é preciso levar em conta que, nas Filipinas, aquele que consegue comer mais é respeitado. Outros critérios para a ascensão social certeira são: ser do maior tamanho possível, o mais loiro possível, o mais gordo e branco possível – o que leva a terem cogitado a hipótese de me idolatrar como divindade em alguma área selvagem de Mindanao. Sou querido por lá, pois, exceto biscoito de cachorro, como qualquer coisa que uma filipina servir.

Mas aquilo? Não, aquilo eu não conseguia comer. Tinha um gosto horrível e queimou mais do que quando tive de comer uma pimenta dedo-de-moça para ser aceito no time de basquete na sexta série.

Meu céu da boca na verdade não pode ser considerado um dos mais sensíveis do planeta. Sou de fato o nêmesis moderno do francês Jean Anthelme Brillat-Savarin. Ele era advogado de profissão, mas, em 1825, escreveu a obra *A fisiologia do gosto*, em que consta a bela frase: "Um verdadeiro *gourmet* que degusta um perdiz cinzento consegue dizer sobre qual perna a ave costumava dormir". Eu não consigo diferenciar perdiz de galo montês, só sei que prefiro frango a porco – sem desmerecer o porco como animal de gosto ruim. Julgo a qualidade de um bife pela quantidade de água que inunda minha boca ao devorá-lo. Brillat-Savarin certamente me declararia um *gourmand* (ou glutão), o que para mim não faz muita diferença. Comporto-me de acordo com o princípio "Um homem faminto é um homem mau" – e, como já aborreço meus semelhantes com meu mau humor, dou logo um jeito para que ao menos a fome seja em raros casos sua causadora.

Mas aquilo tinha um gosto terrível – e eu precisava desabafar.

Em pensamento, imaginei qual frase seria mais eficaz. Eu poderia dizer: "O gosto é tão nojento que nem mesmo um lutador de sumô poderia tomar uma colher disso". Também poderia ser: "Você não conseguiria nem alimentar um cachorro com isso, porque ele daria o fora e preferiria viver como vira-lata". Ou a clássica: "O pote de pimenta escorregou da sua mão e caiu todinho na sopa?" No mais, e isso explicaria o que aconteceu, a panela foi colocada de lado e seu conteúdo aterrissou nos pratos apenas pela interferência de um membro da família muito faminto. Claro que o restante da comida tinha o gosto de sempre, de modo que mesmo o famoso gastrônomo francês Brillat-Savarin ficaria satisfeito com ela.

Naquele momento, pensei até em lançar mão de um exagero e dizer: "Essa é a pior coisa que já comi na vida".

É preciso ter ciência de que, nas Filipinas, criticar a comida é quase tão condenável quanto a separação ou uma tentativa de assassinato. Portanto, eu poderia ter sido condenado ao arrancamento da minha língua, ao açoitamento ou ao pagamento de quinhentos pesos filipinos.

Tomei fôlego e quis começar a falar, quando ouvi uma voz.

– Não gostei da sopa. Mas que saco!

Não ouvi mais nada. Nenhum exagero, nenhuma comparação, nem mesmo um superlativo.

A frase veio de Philipp, um garoto esperto de 10 anos que se destaca mais pelas extraordinárias habilidades no PlayStation e no Wii do que por comentários gastronômicos qualificados. Além disso, ele é a pessoa mais jovem que engole proteína para ganhar peso.

Duas mulheres vieram em disparada da cozinha e perguntaram o motivo.

— Está muito ardida.

Ao perguntarem novamente, ele repetiu:

— Está muito ardida e pronto!

E não disse mais nada.

Ele foi sincero, disse o que pensava. Falou de modo simples e claro o que acontecia. E não tomou chibatadas. Pelo menos até aquele momento.

Olhei para ele — e de repente tudo ficou claro diante de meus olhos, como se eu fosse um discípulo de Jesus no caminho para Emaús. Reconheci de cara os erros graves que havia cometido nos primeiros cinco dias do meu projeto.

Eu não estava sendo sincero. Talvez tenha sido criativo, e fui maldoso, ofensivo.

Eu fui um babaca. Mas não fui sincero.

Santo Agostinho abordou esse fenômeno na obra *Sobre a mentira*. Ele escreveu que a língua não fora dada aos homens para que se iludissem mutuamente, mas para que partilhassem seus pensamentos. Quem utilizasse a língua para iludir — ou apenas para um exagero — estaria vilipendiando-a, o que é pecado. São Tomás de Aquino assumiu o seguinte pensamento: as palavras seriam sinais do espírito, e seria contra a natureza e o espírito empregá-las a serviço do engano, que seria a perversão da língua. Por isso o exagero "Essa é a pior coisa que já comi na vida" é tão condenável quanto a mentira "Está uma delícia". A única frase que santo Agostinho e são Tomás de Aquino aceitariam nesse caso seria: "Não gostei da sopa!"

Uma criança acabara de me mostrar como lidar com a sinceridade. Ela dissera apenas: "Não gostei!"

Philipp é como o homem do mito da caverna de Platão, que foi conduzido até a luz do sol e retorna à caverna para descrever aos prisioneiros o que realmente se passa lá fora. Ele não vê sombras e imagens, e não precisa de palavras geniais para descrevê-las. Simplesmente diz o que vê e sente. Não tirei sarro de Philipp, como fariam os outros prisioneiros no mito de Platão, que afirmaram que o companheiro teria voltado lá de cima com os olhos estragados. Pelo contrário, admirei sua percepção e coragem de dizer o que pensa.

Não gostaria de dizer que tive uma epifania – mas fiquei muito impressionado. E se eu fosse um escritor melhor, me viria à cabeça um ditado mais elaborado do que a frase feita: "Da boca das crianças, apenas a verdade".

Eu estava como Charlie Sheen na brilhante série de TV *Two and a Half Men*. O pegador hedonista, que deu abrigo ao irmão e ao sobrinho meio lerdo, quer se casar. Charlie pergunta a Jake o que ele acha. "Bom", responde o garoto de 10 anos. Charlie então fica indignado: "Não tem mais nada a dizer?" E o menino: "Bem, o que devo achar?" Charlie pensa um pouco e responde: "Bom". Jake franze a sobrancelha: "Então..."

Esperamos sempre grandes ditados e frases engraçadas, mas a verdade pode ser simples assim. Passei cinco dias sendo tão falso quanto a CIA em sua avaliação sobre a necessidade da Guerra do Iraque. Então ficou claro para mim que eu não apenas cometi erros grosseiros, mas é provável que também tenha cometido erros com todos aqueles para quem expliquei o projeto. Isso porque eu sou daquelas pessoas que não precisam só fechar a boca, mas também passar a chave. Se quiséssemos abordar o assunto de forma positiva, poderíamos dizer que, mesmo antes das semanas da verdade, eu já abria o coração. Talvez por isso minha mulher não tenha ficado tão empolgada. Certamente foi por isso que uma colega, que – dizendo de forma positiva – não me vê com bons olhos, disse: "Então é melhor você ficar em casa nesse período. Você já é suficientemente nojento sem esse projeto".

Todos eles temiam que eu os magoasse; talvez tenham se lembrado de uma frase de Voltaire, que, no *Diálogo do frango e da franga*, escreveu: "Eles lançam mão do pensamento apenas para legitimar suas injustiças e usam suas palavras apenas para disfarçar sua opinião". De qualquer forma, a reação também pode ter sido aquela porque, sem a menor dúvida, eu anunciei que queria ofendê-los: "Só tomem cuidado quando eu for sincero. Senão, cada um de vocês vai receber uma bela declaração de minha parte".

Eu estava muito errado. Minha verdade não era verdade. Minha sinceridade não era sinceridade. Eram exageros e xingamentos criativos.

Naquele momento, só pude pensar em Dieter Bohlen, que não só é um produtor de astros *pop* e pegador-mor de garotas com menos de 27 anos, mas também escreveu um livro chamado *Nichts als die Wahrheit* (Nada mais que a verdade). Não é só por isso que Bohlen está diretamente relacionado ao meu projeto. Acho o cara simplesmente genial, não apenas por sua colocação "Quanto mais velho eu fico, mais jovens ficam minhas mulheres". Respeito o homem, pois, além de ser um inconsequente, concluiu a faculdade de administração de empresas com nota máxima – pessoas muito espertas, como eu, conseguem apenas 9. E, embora se comporte como um boi velho no cio, é um empresário muito prudente.

Mas ele não diz a verdade. Ele não é sincero. No âmbito do Honestidade Radical, ele até mente.

Essa é a diferença entre seu programa, *Deutschland sucht den Superstar*, e o original norte-americano, *American Idol*, que tinha Simon Cowell como jurado. Essa é a diferença entre sensacionalismo barato e sinceridade.

Um garoto entre 7 e 9 anos entra na sala de audição e se posiciona em uma estrela colada no chão. Sorri, seus olhos brilham, e ele começa a cantar. Escolhera "Let's Get It On", de Marvin Gaye. Ele canta como uma criança da idade cantaria. Dois jurados ficam impressionados. "Você é um menino de ouro", diz Paula Abdul. Randy Jackson também elogia o pequeno sedutor. Apenas Simon Cowell balança a cabeça com seu característico mau humor: "Não gostei". Não diz mais nada. Apenas manda o menino embora.

Certa vez, Bohlen disse a um candidato que sua voz só seria boa para acordar soldados em uma zona de guerra. A outro, recomendou: "Contrate um advogado e processe seu professor de canto". Claro que a frase mais famosa é a do sapo que prendeu o pênis na torradeira. Bohlen ofende, não diz a verdade – e esses dizeres decorados também não são sinceros. No caso de Cowell, é outra coisa. Ele disse apenas não gostar e que não mandaria o candidato para a próxima rodada. "Sou apenas sincero", diz Cowell. "Meus julgamentos são duros, mas justos." E não são adornados com metáforas e comparações retiradas de algum manual de autores de comédias *stand-up* baratas. E é exatamente por isso que chegam ao programa americano futuros artistas, e não bobos da corte.

Durante cinco dias fui Dieter Bohlen, e não Simon Cowell.

Deixei de mentir quase 950 vezes – mas certamente não disse a verdade quinhentas vezes, e sim exagerei com gosto. Descrevi como prisioneiro em uma caverna de sombras o que vi – mas tornei tudo maior ou julguei menor, concebi para mim paráfrases criativas e representações ridículas.

Porque queria ser engraçado, criativo e queria ofender.

Simon Cowell foi eleito pela revista *Esquire* uma das 75 melhores pessoas do mundo, pois sempre é sincero e sempre tem razão. Dieter Bohlen não surge em nenhuma lista com as melhores pessoas.

Prefiro ser como Cowell, como Jake, de *Two and a Half Men*, e como o pequeno Philipp.

Brad Blanton escreveu em seu livro sobre o Honestidade Radical que podemos perceber três coisas: 1) coisas que se passam em nosso ambiente direto; 2) sentimentos; 3) pensamentos e fantasias. Ele lamenta o fato de que muitas pessoas gastam grande parte do tempo com a terceira categoria e se esquecem do que acontece diretamente diante e dentro delas. Ficamos tão ocupados organizando e comunicando nossos pensamentos e fantasias que não conseguimos mais observar e dizer claramente o que vemos e sentimos.

Acredito que isso acontece com muitas pessoas. Devo me concentrar mais no que realmente acontece, e também dizer o que de fato ocorre.

Claro que continuarei dizendo "puta sem-vergonha" quando isso me vier à cabeça. Mas não preciso dizer: "Parece que você importou sua camisa de uma máquina dos anos 70 e lavou até encolher", quando eu simplesmente pensar: *A camisa não ficou legal.*

Empurrei o prato e disse:

– Philipp tem razão. A sopa não está boa.

Depois de deixar o queixo de todos os presentes cair, completei:

– Está muito apimentada!

Philipp e eu nos olhamos e batemos a palma das mãos. Ali estávamos unidos.

Após certo tumulto, ninguém precisou chamar a polícia, pois o real motivo para o tempero desmedido fora encontrado. Nossa língua também não foi cortada, porque as cozinheiras acharam que as bolhas que se formaram nela já eram castigo suficiente para a crítica aberta ao público.

E então tive o primeiro *insight* deste projeto, que não incluía dor nas costelas nem multa de quarenta euros ou uma funcionária da empresa de transporte ferroviário ofendida.

Quem deseja ser sincero precisa ser sincero com sinceridade.

E ainda houve uma pacífica festa familiar, com algumas frases sinceras. Por exemplo, após uma partida bem empolgada no Wii, a qual, por decisão extremamente questionável do juiz, com acusações de trapaça contra meu adversário pela pegada na raquete e pelo breve bate-boca com um espectador (minha mulher), eu havia perdido pelo placar incrivelmente apertado de 1 a 6, Philipp disse: "Você é péssimo!"

Crianças dizem apenas a verdade...

5

8º dia

SER SINCERO
CUSTA CARO

E ste é um capítulo que não pode se repetir. Trata-se de um acontecimento tão terrível que não poderia nem ao menos ser transcrito,
pois ninguém deve saber que tal coisa de fato aconteceu na Alemanha – e, acima de tudo, que aconteceu comigo. Não se trata de um
belo capítulo e provavelmente não foi bem escrito. Por conta deste
trecho, ocorreram diversas discussões em meu casamento, que podem
não ter levado à separação, mas a outro caminho, ainda mais infeliz.
Além disso, fui sacaneado por meus amigos, o que não tornou as coisas mais fáceis.

Caso você seja alguém com os nervos à flor da pele, a conta no
vermelho ou ódio exacerbado pelas autoridades, pare de ler este livro
ou ao menos pule este capítulo. Pois aquilo que vou contar agora –
o plano, a execução e o resultado – não será prazeroso para você.

Quando da realização deste projeto, minha mulher e eu tínhamos
25 e 29 anos, respectivamente, e estávamos casados havia dois anos
e meio – ao menos grande parte desse tempo éramos felizes. Tínhamos todos os dentes na boca, nosso médico afirmava que aproveita-
ríamos muito de nossa previdência, para a qual fazíamos depósitos

de forma diligente, e ao menos Hanni tinha todos os cabelos na cabeça. Éramos aquilo que se chamava, de acordo com o vocabulário *yuppie* dos anos 80 – quando recém-formados em administração na Alemanha ainda recebiam salários iniciais de quinze mil marcos –, DINK. De fato, o conceito "Double Income, No Kids" (duplo rendimento, sem filhos) fora incorporado ao uso idiomático alemão sem tradução. Hoje nos encaixamos em algo para o qual não existe abreviatura descolada: uma jovem família com um filho pequeno e uma mãe que fica em casa para cuidar dele, algo como UTTC ("Um trabalha, três comem"), o que não fora eufemizado pela versão inglesa OIOK ("One Income, One Kid" – Uma renda, um filho), embora eu ache que OIOK descreve muito bem a nossa situação.

No entanto, isso não é relevante em primeira instância, pois, quando essa história ocorreu, ainda éramos DINKs, e dessa forma estávamos dentro do grupo alvo de 78% de todas as propagandas, bem como dos funcionários de banco que querem vender seguros de vida e de invalidez, além de planos odontológicos. Ganhávamos um bom dinheiro – ao menos para o tanto que trabalhávamos, mas é assim para 103% dos alemães. Depositávamos honestamente o suado dinheiro em seguros de vida, seguros de invalidez e planos odontológicos, e acredito que aquele zeloso funcionário do banco, que certa vez nos empurrou um seguro, comprou um pequeno automóvel com a comissão.

Minha mulher investe adicionalmente, e com grande empenho, em empresas como Lancôme, L'Occitane e Biotherm, mas não na forma de títulos e ações. Minhas outras formas de investimento são DVDs de séries, uísque *single malt* e multas de trânsito.

Estamos sujeitos a impostos, o que significa que na primavera há a declaração de imposto de renda.

Durante minhas pesquisas, descobri que não apenas todo mundo mente, mas também quase todo mundo pratica a evasão fiscal. Aproximadamente trinta bilhões de euros são evadidos do fisco alemão por ano porque as pessoas incluem informações falsas na declaração. Obviamente, não há um número exato para isso, pois trata-se de algo quase tão difícil de descobrir quanto o número de pessoas que diariamente dirigem acima da velocidade permitida. Quando assumimos que alguém que tenha dirigido acima da velocidade permitida também mentiu alguma vez na declaração de imposto, então chegamos a um contingente de 100%, excluindo-se medrosos e pés de breque.

Não podíamos declarar nosso imposto de qualquer jeito, pois contávamos com um dos sistemas fiscais mais complicados do mundo – uma pessoa normal na Alemanha não consegue sequer ler o formulário sem a ajuda de um consultor fiscal ou de um psiquiatra. Assim como no desenho *Os doze trabalhos de Asterix*, é como se precisássemos providenciar a Permissão A38 na casa de fazer doidos.* Para nós é assim que funciona, por isso Hanni e eu precisamos de ajuda profissional.

Helmut não é só um amigo leal e fantástico, mas também um dos melhores consultores fiscais da Alemanha. Na universidade ele sempre estava entre os melhores; na prova de consultoria fiscal era um dos melhores do ano; mesmo nas disputas de bebedeira nas festas de república ele estava entre os melhores do ano. Durante meu intercâmbio nos Estados Unidos, ele cuidou da minha matrícula e do pagamento das mensalidades na Universidade de Regensburg, por isso meu pai adicionava a seu nome o apelido "bom garoto". E isso solidificou em Helmut e em mim a decisão de, em algum momento, mandar para os ares a secretaria de exames da universidade – o que, por falta de coragem e pela dificuldade de conseguir material explosivo adequado, até agora não levamos adiante.

Ele é um rigoroso consultor fiscal que trabalha em uma firma renomada, na qual fez uma carreira respeitável. Mas também é um canalha, o que nessa área alguém pode muito bem ser. Ele não atingiu a pontuação no curso básico de natação por seu desempenho nas pis-

---

* O autor refere-se a uma famosa cena do desenho, a qual retrata a burocracia absurda de algumas instituições. (N. do E.)

cinas, mas pelas habilidades de marcenaria. Não se pode dizer que, na escola de nossa cidade natal, pequenas chantagens e favorecimentos fossem incomuns – o diretor naquela época incentivava e resolvia muitos conflitos com a frase: "Seus filhos também vão querer estudar nesta escola".

Geralmente Helmut usa camisa branca e jeans *délavé*, e é capaz de fazer essa combinação apenas porque dispensa o cinto com fivela de brilho extravagante e por ficar bem parecido com muitos personagens do filme *Wall Street*. Eu o conheço desde a quinta série, mas ficamos amigos apenas na faculdade. Cursamos juntos a disciplina "Teoria e prática da tributação" com o gênio da economia Wolfgang Wiegard – e o fato de eu precisar de sua ajuda mostra claramente quem acabou o curso com as melhores notas. Além disso, Helmut poderia brilhar nas seguintes categorias daquele já mencionado programa de perguntas e respostas:

- veículos bélicos russos;
- o jogo de cartas bávaro Schafkopfen;
- cálculo mental;
- encontros de veteranos militares;
- conhecimentos gerais;
- *happy hour* com amigos;
- clãs.

Convidamos Helmut e a namorada para jantar – mas não sem antes discutir o sentido de uma declaração de imposto de renda. Hanni é basicamente honesta, nunca mente para mim quando rouba o último chocolate do armário. Ela também revela o presente de Natal que cada um vai ganhar, pois é uma péssima mentirosa.

Já eu faço parte do time dos pilantras, como Helmut, que é capaz de deixar a embalagem vazia do chocolate no armário só para não ser pego em flagrante. Compro os presentes de Natal no dia 23 de dezembro para não correr o risco de estragar a surpresa. Por isso, partilho da opinião de que não haveria mal algum em preencher a declaração só depois do fim do meu projeto sinceridade, para também me beneficiar, como todos os outros contribuintes, de uma brecha no sistema.

— Meu amor, não teria problema algum se recebêssemos a restituição alguns meses depois. Assim, Helmut e eu preencheremos a declaração do jeito certo — eu disse com um olhar de cachorro pidão, embora soubesse que ela interpretaria de forma negativa as palavras "do jeito certo".

Cheguei até mesmo a utilizá-las na última discussão sobre a arrumação do nosso guarda-roupa, pouco antes de ela encontrar por ali traças que haviam fundado uma colônia entre suas roupas de verão — o que minha mulher atribuiu ao fato de haver umas míseras migalhas de pão entre as roupas. Pura coincidência, posso garantir.

— Não, não e não, você não vai me enrolar.

Ela estava experimentando um vestido estampado com flores amarelas que eu acho horrível. Normalmente gosto de flores e de amarelo, mas me perguntava como um estilista podia ter tão pouco talento ao combinar flores e amarelo de um jeito tão horroroso. Pensei até em escrever uma carta ao cara informando-lhe com bastante sinceridade o que eu achava. Mas ficou para mais tarde, pois o importante ali era a declaração de imposto de renda.

— Por que enrolar? É o nosso dinheiro. E esse vestido é medonho!

Ela se olhou no espelho e expressou outra opinião.

— É a nossa liberdade! Preste atenção, você se gaba tanto por ser sincero e agora quer começar com essa patifaria para economizar uns trocados no imposto. Já quer parar com esse negócio de sinceridade? Depois de duas semanas?

— Mas eu preciso ser sincero, espero que isso esteja claro para você.

— E daí? Ninguém quer que você sonegue imposto, e ponto final. Preencha logo a declaração e acabou! Não é porque os banqueiros sonegam impostos que precisamos fazer o mesmo.

— Não quero sonegar imposto nenhum!

— Então o que você quer?

– Quero declarar o imposto do jeito certo.

– Isso é sonegação fiscal.

E assim terminou a nossa discussão. Naquele momento, eu ainda quis garantir que não tinha a menor intenção de sonegar impostos. Apenas planejara interpretar coisas interpretáveis a meu favor e esperar pela imparcialidade do fiscal. Ou alguma coisa assim. De qualquer forma, minha parcela nos trinta bilhões sonegados seria quase nula.

Talvez eu deva comentar ainda que a namorada de Helmut, tão inteligente quanto sarcástica, se chama Nina. Ela se parece um pouco com a Miranda de *Sex and the City*, mas tem a mania de sapatos da Carrie e o sucesso profissional da Samantha. Ela é totalmente *Sex and the City*, o que a torna, para minha esposa e para mim, uma pessoa muito simpática.

Intensas pesquisas de minha parte demonstraram que Nina e Helmut se casaram havia muito tempo. Apenas não sei se foi em Las Vegas ou em Cuba – embora ambos desmintam o fato com veemência. Infelizmente, eu não posso provar nada. E os pontos fortes de Nina no programa de perguntas e respostas seriam:

- citações de *Jornada nas estrelas*;
- direito tributário;
- *Sex and the City*;
- marcas de *prosecco*;
- longas compras;
- tinturas de cabelo e cílios;
- episódios do programa infantil *Bernd, o pão*.

Helmut e Nina encontraram uma interessante forma de coexistência, que se manifesta em comentários sarcásticos sobre minhas ideias comerciais ou sobre o comportamento sexual de vários indivíduos de nossa turma. O engraçado no relacionamento deles é que Helmut é consultor fiscal e Nina trabalha em um órgão que audita declarações de imposto de renda. Sempre reflito com os meus botões: se Nina audita as declarações de imposto de forma tão meticulosa como penteia o cabelo ou escolhe as roupas da moda, com certeza ela não tem culpa alguma nos trinta bilhões evadidos que comentei há pouco.

Quando, entre amigos, falamos sobre impostos, Helmut em geral fica com os olhos marejados, enquanto Nina tapa os ouvidos e começa a assobiar. Às vezes ela também canta alguma coisa em francês; sua imitação da voz de Edith Piaf é uma verdadeira decepção. Às vezes ela só faz: "Lá-lá-lá-lá!"

Depois do jantar, Helmut e eu fizemos a declaração, enquanto as mulheres ficaram sentadas no sofá com uma garrafa de *prosecco* e fofocas de no mínimo dezessete revistas femininas e muitas conversas telefônicas. Como Hanni não podia beber álcool por conta da gravidez, comprei uma dessas nojentas águas gaseificadas com sabor que ficam ao lado do açougue no supermercado. Por que é assim eu não sei, mas acho revelador que alguém, ao comprar bifes, olhe para o espumante sem álcool. Essa ideia pode vir apenas de um estrategista de *marketing* cristão, mas, como eu acredito que ao menos o supermercado não seja religioso, a ideia pode ter vindo de outra mente espertinha.

Eu havia empilhado na mesa uma torre de contratos de seguro de vida e seguro contra invalidez, além de contratos dos planos de saúde e odontológico, pois o consultor do banco havia me dito que "com certeza dá para abater do imposto de renda". A torre parecia um pouco o luxuoso hotel Burj Al Arab, em Dubai.

Helmut abriu o programa para declaração no meu computador, ou seja, minha Permissão A38; prometi a mim mesmo que isso me financiaria as primeiras seis temporadas de *24 horas*, uma garrafa de uísque dos bons e, no mínimo, dez multas por estacionamento proibido no centro da cidade. Logo na primeira página do formulário nos deparamos com um problema, pois eu não fazia a menor ideia de qual era o meu número de identificação fiscal. O que foi prontamente resolvido, pois Helmut encontrou o número logo na primeira folha da minha montanha de documentos de arquitetura sofisticada. Helmut deixou em branco o campo "Responsável pelo preenchimento da declaração de imposto". Quando perguntei por que ele não colocara seu nome, ele apenas disse:

— Eu não prestei consultoria nem dei dicas, apenas ajudei no preenchimento. Para todos os efeitos, eu nem estou aqui.

Interpretei a frase como faço com as perguntas antiterrorismo no aeroporto: "O senhor mesmo fez suas malas?" ou "Alguém mais teve acesso às malas?" A resposta para a primeira pergunta é "sim" e para a segunda é "não" – o que, em última instância, não significa nada além de que alguém só pode ser idiota se de fato tiver uma bomba na própria mala.

Ele digitou diversos números no formulário e, quando descobriu que minha mulher e eu tínhamos um plano de previdência privada, ficou com os olhos marejados; só o tinha visto daquele jeito antes quando ele recebeu um acessório para seu veículo militar russo.

Ele mencionou os seguros de vida, os seguros contra invalidez e os planos de saúde e odontológico, por isso teve de abrir uma segunda página no formulário. Esfreguei as mãos em satisfação, pois nem todo mundo consegue ter uma segunda página no formulário.

Nesse meio-tempo, minha mulher e Nina abriram uma segunda garrafa de *prosecco* e de água gaseificada. Depois da segunda cerveja, achei o vestido de Hanni ainda mais horroroso e lembrei que no dia seguinte devia escrever uma carta ao estilista.

Chegamos aos itens "dupla residência" e "trabalho no exterior". Helmut olhou para mim com inocência e perguntou:

— E agora?

Eu sabia que ele estava insinuando que antigamente minha mulher morava em Regensburg, enquanto eu trabalhava em Munique. E eu havia me esquecido de informar minha mudança para Munique às autoridades, o que minha mulher não descrevia como gafe, mas como "mais uma que Jürgen aprontou".

— Hipoteticamente – disse Helmut, e eu sabia que tudo que acompanhava essa introdução corria no mínimo à margem da legalidade –, veja bem, hipoteticamente, poderíamos dizer que você ficou daqui para lá o tempo todo, quase um ano inteiro. Isso pode dar alguma coisa.

Ele me olhou como um homem olha para outro quando quer lhe oferecer um novo tipo de uísque.

Minha mulher tomou um gole do falso *prosecco* enquanto Nina tapava os ouvidos e murmurava uma *chanson*.

— Mas eu só viajava nos fins de semana, raramente durante a semana.

Helmut me olhou como um homem que fala durante horas sobre uísque e, de repente, diz: "Ah, você está falando de uísque de supermercado, aqueles da garrafa de plástico?"

— A decisão é sua...

Minha mulher secou a garrafa. Nina assobiava. Hanni disse:

— Jürgen, o radicalmente sincero...

Eu murmurei um "dane-se", que minha mulher não ouviu porque Nina ainda cantarolava.

— Não, eu tenho de ser sincero. Escreva, por favor, quantas vezes viajei. Sem mentiras. Tem de ser assim. Ou seja, apenas no fim de semana, voltando na segunda-feira. Isso basta, e tenho como comprovar.

Ele me olhava como um homem olha o outro que quer obrigá-lo a tomar o uísque da garrafa de plástico. Percebi que algo dentro dele acabara de se romper. Ele não disse nada, apenas digitou freneticamente.

— Você foi repórter na Eurocopa, na Áustria e na Suíça. Podemos botar tudo na conta.

Percebi que o ânimo dele havia retornado, como se tivessem enchido as garrafas de plástico com uísque excelente.

— O jornal pagou, não vale.

— Hipoteticamente, poderíamos...

— Não, não vale. O jornal fez o cálculo correto, não posso declarar. Está tudo em ordem.

Helmut não me olhou mais.

Nina também não assobiava mais. Acho que fingiu um infarto e suavizava o ataque com um imenso gole de *prosecco*.

Helmut continuava digitando.

– Hipoteticamente, nós poderíamos inserir gastos com material de escritório.

– Não comprei material de escritório.

Ele suspirou como alguém cujo atacante do time do coração tivesse perdido um gol pela quarta vez.

– Hipoteticamente, poderíamos inserir custos telefônicos que você pagou durante o serviço.

– O jornal também arcou com esses custos.

O joguinho durou ainda uma garrafa de vinho inteira, até terminarmos. Percebi que Helmut não se perguntou nem uma vez por que eu precisava dele ali – e que Nina parara de assobiar.

O formulário de declaração tem um recurso ótimo: apertamos uma tecla e o programa calcula a estimativa de restituição ou o pagamento complementar do imposto. Trata-se de uma diretriz de quanto se pode, no melhor dos casos, receber de volta ou pagar a mais.

O programa calcula e então avisa: "Este cálculo é um serviço da administração financeira do Estado e não tem efeito vinculativo. Deve ser expedida uma notificação sobre o imposto auferido e sobre o pagamento adicional ou restituição". Pensei em fazer uma piadinha sobre que tipo de pessoa é capaz de encarar o desafio profissional de formular frases como essa. Cheguei à conclusão de que poderiam ser as mesmas pessoas que elaboram a prova para habilitar motoristas e as normas do futebol, mas logo deixei de pensar no assunto, pois o que me interessava mesmo era o número que vinha logo abaixo.

– Se tudo der certo – disse Helmut –, e parto desse princípio, pois não informamos nada, absolutamente nada que dê margem a erro, e para tudo, absolutamente tudo, temos comprovante...

Ele balançou novamente a cabeça.

– Ou seja, se tudo der certo, então vocês devem receber, incluindo o imposto da igreja, 1.932,67 euros de restituição.

Foi como se ele me dissesse que eu deveria construir um cinema em casa. Dei uma batidinha em seu ombro e ofereci um brinde.

– Excelente! Vocês ouviram? Quase dois mil euros de restituição.

Fiz a minha famosa dancinha, que eu sempre apresento quando consigo algo pelo qual não fiz absolutamente nada.

Helmut sorriu e digitou mais um pouco.

Brindei com minha mulher e com Nina.

– Posso enviar?

– Sim, vai fundo. Maravilha!

Ele transmitiu o formulário – o sistema é tão moderno que a declaração já estava lá, e eu precisaria apenas da impressão do recibo. Com isso estaria tudo pronto.

– Em seis a dez semanas você receberá a notificação e a grana.

Ele continuava digitando.

Nina não assobiava mais, mas ria da minha cantoria, que parecia menos uma *chanson* e mais gritos de torcida num estádio.

– Mas, hipoteticamente – disse Helmut um tempo depois –, digamos, apenas hipoteticamente, que tivéssemos informado todas as coisas que a receita federal de fato reconheceria para você, pois no mais todos fazem isso...

Nina voltou a assobiar.

Fiz-me de generoso:

– Tudo bem, não vai dar grande diferença.

Ele me olhou como se alguém tivesse dito que tudo bem para um time de futebol se ele despencar para a segunda divisão.

– Bem, se tivéssemos informado tudo...

– Tá, fala logo!

– Teríamos o montante de 3.679,23 euros.

Nina não assobiava mais. Eu não dançava, e minha mulher já não bebia o falso *prosecco*. Helmut não digitava mais.

Eu o encarei como um técnico faria se alguém lhe dissesse que seu time ficará fora da primeira divisão por cinco anos.

– Você já mandou a declaração?

– Já, você pediu.

A declaração havia sido enviada.

Minha mulher colocou sua taça de lado.

– Vocês perderam o juízo? São mais de 1.700 euros!

Helmut deu de ombros:

– Ele quis ser sincero.

Eu dei de ombros:

– Você queria que eu fosse sincero.

Naquele momento, eu não sabia como deveria me sentir. De um lado, estava num azedume danado, pois havia enviado aquela maldita declaração e com isso perdido 1.700 euros. Fiquei furioso por Hanni ter me convencido a ser sincero na declaração. Mas eu também queria defender meu projeto. Poderíamos então ter segurado a declaração até maio. Como sempre, procurei um culpado para meu próprio erro, e a culpada dessa vez era minha mulher – que, contudo, não parecia se sentir culpada. Com razão, e isso eu sabia naquele momento.

Hanni estremeceu quase o corpo todo.

– Será que você perdeu o juízo? Logo teremos um filho, precisamos de cada centavo, e você, idiota, joga 1.700 euros pela janela? Você perdeu todos os parafusos!

– Eu precisava ser sincero! Foi o que você disse há algumas horas!

Percebi que eu não sairia ileso do problema.

– Mas não precisava jogar 1.700 euros no lixo!

Helmut reconheceu a gravidade da briga e tentou apaziguar:

– Por um lado, vocês foram 100% sinceros, por outro talvez fossem pegos na malha fina.

Minha mulher acabou logo com a tentativa:

– Mas eles não teriam contestado tudo, não é?

– Com certeza, não.

– Quanto você acha que conseguiríamos?

Helmut me olhou, e eu apenas encolhi os ombros.

– Certamente de mil a 1.200 euros a mais, ou até mesmo tudo.

– Você vai pagar por isso, Schmieder!

Não falei mais nada. Peguei uma garrafa de vinho, tirei a rolha quase como um profissional e servi. Não tinha mais nada a fazer naquele momento – eu sabia que era minha e só minha a culpa por termos uma restituição menor. Ali, a plena consciência de não ter sonegado impostos e o fato de não ter informado tudo que todos enfiam nas declarações davam no mesmo.

Às vezes surge um sentimento estranho quando se faz a coisa certa. Ao se fazer uma doação para a abertura de um poço artesiano em alguma região longínqua, somos acometidos por um sentimento bom na região do estômago e ganhamos um recibo com o qual é perfeitamente possível deduzir impostos na declaração. Deixar 1.700 euros de forma nobre ao Estado e não receber por isso nem uma foto de um funcionário feliz não torna o momento belo.

– Sinto muito, Hanni. Ficaremos felizes com o que vamos receber. E, além disso, você não quis esperar e fez aquele olhar de pedido de casamento!

Minha mulher tomou um gole da água:

– Muito bem. Mas mesmo assim você deve pagar pelas ideias desastrosas que tem. Mil e setecentos euros! A partir de agora você vai ajudar com as tarefas de casa, lavar o carro, levar o lixo para fora, passar aspirador de pó, limpar o porão, comprar as bebidas e arrumar os armários! Eu ainda não estou acreditando que teremos um filho e ele joga dinheiro pela janela!

Ela olhava para Nina, que apenas murmurava uma *chanson* francesa. Acho que dessa vez era a letra original de "Milord". Estávamos no fim da noite e no fim do capítulo que nunca deveria ter existido.

6

9º dia

LIDAR COM
A SINCERIDADE

Um escritório, ninguém pode dizer o contrário, é um ambiente um tanto movediço. Acredito que Deus criou o trabalho – antigamente nos vinhedos e agora nos escritórios – apenas para realizar experimentos com os seres humanos, e lá no céu rolar de rir da nossa cara. Centenas de exemplares de diferentes espécies de humanos encontram-se ali diariamente e precisam compartilhar um edifício, um velho galpão de fábrica ou até uma construção hipermoderna de algum arquiteto da moda. Minha área protegida especial fica no vigésimo andar de um prédio que, de acordo com meu ídolo, o jornalista Kurt Kister, meu empregador construiu praticamente na Sibéria Ocidental. O vigésimo andar é perfeito para mim, pois dou razão a Kister, que, por ocasião da mudança do centro de Munique para a periferia, em Munique-Zamdorf, escreveu: "Sobre mim apenas Deus nosso senhor, o céu, o editor-chefe e a diretoria do jornal – e como dois desses quatro eu respeito muito, acho que é um bom lugar para estar".

Divido o escritório com uma colega muito atraente, que aumenta sua sensualidade por ser muito legal e a reduz com eventuais sacanagens. Ela não só valoriza nossa desarrumada sala com vista para o

Allianz Arena e para algumas das construções mais detestáveis da cidade – não apenas visualmente –, mas também traz conforto e empolgação em dias péssimos. Além disso, os colegas da ala masculina ficam com inveja por nos darmos tão bem. E como considero a inveja o mais elevado grau de reconhecimento, isso me cai muito bem.

Como mencionei, sou juergen.schmieder@sueddeutsche.de, mas acredito que as baias de escritório pouco diferenciam seus ocupantes no que se refere a relacionamento interpessoal, portanto dá no mesmo dizer que sou jornalista. Em qualquer empresa, como se diz por aí, as personalidades mais distintas convergem, e a única semelhança entre elas é realizar um trabalho mais ou menos bom para a companhia e dessa forma ganhar mais ou menos dinheiro. Cada um de nós tem sobre si um Deus, o céu, um chefe e um diretor-geral – e quem não gostar de no mínimo dois deles deveria trocar de emprego ou de religião.

Claro que alguns de meus colegas me acham um idiota. Ninguém ainda veio me dizer isso na cara, de forma que, se a eleição fosse feita através da comunicação oficial interna, eu poderia me candidatar com grandes chances ao título de funcionário mais querido. Contudo, suponho que em votação secreta eu ficaria apenas na média. Obviamente ninguém me disse uma coisa dessas, e eu próprio nunca confessaria o fato.

No escritório, ninguém deve expressar abertamente sua opinião, caso contrário se igualará a uma emissão de gás carbônico e será responsabilizado pelas "mudanças climáticas" do departamento. Devemos elogiar os colegas, criticá-los de forma construtiva, acima de tudo de maneira diplomática, e de jeito nenhum expressar abertamente e com todas as nossas forças nosso ódio a muitos deles. Não sei exatamente por que as coisas são assim. Só sei que revistas femininas, masculinas e treinadores profissionais ganham muita grana explicando aos leitores ou ouvintes como conseguem aplicar essas regras subentendidas e avançar no trabalho por meio de mentiras espertas.

O funcionário moderno precisa ser um verdadeiro camaleão; tem que se dar tão bem com o alto escalão quanto com porteiros doidos por futebol. Precisa acenar gentilmente e sorrir para todos, ser sempre doce e afável, mesmo quando pensa de outra forma.

Após finalizar os estudos universitários no prazo, o funcionário comum passa mais de oitenta mil horas de sua vida com os colegas de trabalho. Já indivíduos que desistiram da faculdade podem ultrapassar a marca de cem mil horas. De acordo com estudos, pode-se passar mais tempo com os colegas do que com a própria mulher.

Como eu havia lido algo sobre isso havia poucos dias, perguntei sinceramente a mim mesmo por que as pessoas fazem todo aquele alvoroço com relação ao indivíduo com quem saem, se juntam ou se casam, enquanto na escolha do emprego se atentam apenas ao pagamento, à aparência e ao tamanho da empresa. Os relacionamentos foram transformados em ciência, que, em sua atenção aos detalhes, lembra as preparações para o lançamento de um foguete, enquanto, na escolha do emprego, as pessoas conhecem apenas os funcionários do departamento pessoal, com os quais mais tarde vão se relacionar somente se houver erro no cálculo do salário.

Não deveria ser o contrário? Digo, se realmente refletirmos sobre os fatos? Não deveríamos ter o cônjuge escolhido por um assistente de departamento pessoal, enquanto primeiro nos encantaríamos com os colegas em um encontro e decidiríamos sobre sua contratação apenas após falar com seus pais? Será que alguém já pensou nisso?

Acredito que 80% dos meus colegas nem se relacionariam comigo se não tivéssemos de dividir o mesmo andar. Temos interesses distintos e não rimos das mesmas coisas. O escritório é um verdadeiro campo minado verbal sobre o qual temos de correr dia após dia; em todo canto há perigo de explosão. Sinceridade, sinceridade real, no sentido de Honestidade Radical, no ambiente de trabalho é tão adequada quanto uma pulada de cerca no dia do casamento.

Talvez eu ainda precise dizer que entre nós só trabalham autoexploradores. Ninguém sai do escritório ao fim de uma semana sem ter trabalhado no mínimo cinquenta horas. Isso significa pressão e estresse – por isso, frequentemente as pessoas estão afobadas e estressadas.

São produzidos duzentos textos por dia – e tudo é sempre tão rápido que outras pessoas, nesse mesmo tempo, não teriam nem tomado o café da manhã. É muito prazeroso e também uma honra trabalhar com esse tipo de gente tão inteligente – mas também é tão cansativo que os nervos ficam tensos a ponto de explodir. Alguém que briga e ofende sem parar realmente não contribui para melhorar o ambiente.

Acho que acontece comigo o que ocorre na maioria dos escritórios. Mente quem disser o contrário e estiver convencido de que sempre diz a verdade no trabalho.

Reflita comigo. Uma frase do tipo: "Desculpe, não tenho tempo, estou cheio de coisas para fazer" é uma mentira quando seu *e-mail* pessoal está aberto na tela do computador. É uma desculpa gentil, mas uma mentira. Uma fala como: "Seu texto está perfeito" é uma mentira quando na verdade se pensa que o texto é no máximo mediano. Trata-se de algo agradável, mas é uma mentira. E mesmo o fato de cumprimentar um colega que não lhe agrada apenas para contribuir para a paz geral significa mentir.

Calar-se também pode ser uma mentira, como já dissemos. Quem ainda não vivenciou uma situação em que um colega se irritou por terem expressado uma opinião na cara dele? Quando ele pergunta novamente como o documento deve ser arquivado, depois que isso foi ensinado a ele 347 vezes? Ou quando o trabalho dele é tão ruim que ele realmente precisava ouvir isso? Contudo, não dizemos nada; no máximo umas palavrinhas pelas costas – e os mais maldosos levam o caso aos superiores.

Na maioria dos casos, a gente se cala. Mas por quê? Por um lado, porque não queremos ofender os colegas e, o mais óbvio, para evitar uma verdadeira guerra no trabalho.

A autora francesa Marie-France Cyr comenta o fato no livro *La vérité sur le mensonge* (A verdade sobre a mentira), dizendo que isso se deve a uma mistura de interesse pessoal e altruísmo. Mentimos para parecer bons aos colegas, crescer profissionalmente e assim ganhar mais dinheiro. Porque não queremos magoar os colegas por conta de bobagens como a falta de um "bom dia" floreado e, desse modo, ameaçar a paz no escritório. Pois a maioria dos funcionários fica ofendida se quisermos cuidadosamente "Só se for pra você" ou "Não tenho tempo", embora o "bom dia" floreado esteja tão distante da sinceridade quanto o noticiário noturno de um programa engraçado. Qual seria a reação se alguém dissesse logo: "Isso aqui é simplesmente horrível" ou "Não estou com a mínima vontade de ajudá-lo agora"? A segunda regra mais importante no escritório, depois da famosa "Onde se ganha o pão, não se come a carne", na minha opinião é: "Não seja sincero com tanta frequência".

Eu não estava apenas no nono dia do meu projeto, mas também no primeiro dia de trabalho no escritório durante o projeto. Eu estava nervoso, e prevenira os colegas na semana anterior com o seguinte *e-mail*:

Caros colegas,

Conforme conversamos na reunião semanal, estou me dedicando ao Honestidade Radical, um movimento psicorreligioso de – podem acreditar – Washington, D.C. O objetivo é dizer A VERDADE, sem atenuações ou digressões – e sem qualquer filtro entre o cérebro e a boca. Ou seja, as pessoas que quiserem saber logo o que acho delas, podem vir até mim. Já quem preferir não saber, mantenha distância.

E não se preocupem: a verdade nem sempre é negativa, talvez haja até surpresas positivas – quem sabe, não é mesmo?

Na esperança de não ter um olho roxo durante a semana, deixo meu abraço.

Jürgen

Com o boné enterrado na cabeça, entrei sorrateiramente na reunião matutina e esperei que ninguém falasse comigo. Queria deixar as coisas correrem lentamente, e não receber uma advertência no primeiro dia por... hmm, por que mesmo? Sinceridade? Indiscrição? Ofensa? Eu não estava bem certo, mas contava veementemente com uma advertência durante o projeto.

Sobrevivi à reunião sem grandes imprevistos e imediatamente me dirigi de fininho para a minha sala.

– Vamos lá, Schmieder! – alguém me chamou. Na porta estava a dupla dinâmica do fumacê, o gerente de produção, Ralf, e o técnico Andreas, com os quais formo o trio da nicotina.

Assim como o pebolim, fumar é uma das maneiras de desestressar. Como só podemos fumar em salas individuais, nos refugiamos na sala do chefe de TI, que nos deixou entrar para seu clube de fumantes pela taxa mínima de uma garrafa de *scotch* por ano por membro. Peguei um cigarro de um maço que só mulheres e iniciantes teriam na bolsa. Andreas escolheu um cigarro mais forte de origem tcheca, Ralf fez o seu próprio.

– Conte aí, Schmieder, que história é essa de sinceridade? – Ralf perguntou e bateu com o pé no chão. – Você sempre diz o que pensa, não é?

Com a justa camisa polo, ele queria evidenciar o fato de que estivera na academia no dia anterior e que, para um quase quarentão, podia mostrar uma musculatura abdominal que não se deveria subestimar.

– É o que parece!

Acendi meu cigarro, dei uma tossidinha e olhei para Ralf. Ele esticou o antebraço e bateu novamente o pé no chão. Andreas estava alheio.

– E se eu não quiser ouvir?

– É só ficar longe. Mas que seu cabelo parece cada vez mais com o de John Travolta em *Pulp Fiction* e que você fica tão vesgo quanto a Barbra Streisand depois de seis cervejinhas, isso eu tenho que falar. Digo, também é preciso aguentar a verdade.

Ralf fez um movimento como o de Lucky Luke quando ele ainda podia fumar nos quadrinhos e não precisava carregar nenhuma palha constrangedora entre os lábios. Ele enrolou o cigarro, lambeu, colou, colocou-o na boca e acendeu – tudo isso em um movimento contínuo que achei realmente impressionante e que provavelmente lhe ganhou muitas garotas em sua adolescência.

— E temos que ouvir isso apenas porque você diz que precisa ser sincero? E não podemos fazer absolutamente nada contra isso?

Dei uma tragada em meu cigarro, e não parecia tão descolado quanto Ralf, o que é uma boa razão para eu não ter conhecido tantas garotas na minha adolescência.

Nesse meio-tempo, Bastian também entrou no fumódromo. Ele é um dos meus colegas de trabalho favoritos; e não só colega, mas amigo. É um pouco mais novo do que eu e me lembra, não sem certa melancolia, de um tempo que há muito se foi. Ele é boa-pinta, atencioso e sempre bem-humorado – o tipo de homem que os outros indivíduos do mesmo sexo não conseguem suportar, porque ele é simplesmente melhor e mais querido. Apesar disso, gosto dele; ele me trata como se eu fosse seu irmão mais velho, que deixou para trás os bons tempos, mas ainda assim sempre está pronto para a diversão e ouve todas as suas aventuras do fim de semana. Além disso, temos o mesmo objetivo: criar a música *pop* perfeita. Achamos que tem de ser uma mistura de "Puppet on a String", de Sandie Shaw, "The Legend of Xanadu", de Dave Dee, e "I'm Gonna Knock on Your Door", de Jimmy Osmond. De qualquer forma, precisa ter um chicote, um sininho de bicicleta e um tambor esquisito. Estamos prestes a enviar uma fita demo para uma gravadora.

Bastian fuma um cigarro forte, mas o segura de um jeito ainda mais afeminado que eu. Ele entrou dizendo:

— Bom dia. O que está rolando?

— A semana da verdade do Schmieder – respondeu Ralf. – E ainda estamos decidindo se aceitamos isso ou não.

Eu disse:

— Espere um pouco, vocês podem simplesmente retrucar. Não é olho por olho, mas, digamos, sinceridade por sinceridade.

Ralf quis falar alguma coisa, mas Bastian se antecipou:

— Cuidado, quando o Schmieder latir, é melhor não latir de volta.

Todos riram, menos eu.

— Se não fosse contigo, você também daria risada – comentou Bastian.

Nesse momento, não consegui segurar e sorri.

– Ah, Schmieder, então a gente pode dizer como você engordou nos últimos anos. Naquela foto na sua sala, você tinha uns bons vinte quilos a menos.

Ralf bateu novamente o pé no chão, como sempre faz quando diminui um colega ou precisa convencer um superior sobre a insanidade de um projeto.

Isso não estava nos planos. Eles não esperaram até que minha expressão se ajustasse ao que tinham acabado de dizer, mas continuaram.

– Você também precisa de um corte de cabelo urgente – disse Andreas.

– E é meio constrangedor, para um jornalista, andar pela redação com uma camiseta de *O grande Lebowski* – completou Bastian. Apenas nesse instante minha cara pareceu ter se ajustado às palavras deles.

Isso não estava nos planos mesmo. Eu queria ser o justiceiro da verdade que acerta os outros no *saloon*, não a vítima. Naquele momento, eu era o boneco que pulava pra lá e pra cá no palco com os tiros alheios.

– Gente – eu disse –, calma aí. Eu ainda não falei nada.

– Não faz mal – disse Ralf –, é preciso aguentar a verdade. Fala sua, gordinho. – Ele não bateu o pé novamente, mas balançou a cabeça. Um revelador sinal de agressividade, como você vai poder conferir mais tarde.

– Isso não tem a mínima graça – falei, apagando o cigarro.

– Não? É divertido sim irritar o baleia do Schmieder – respondeu Ralf. Claro que ele apagou o cigarro como um bom macho conquistador.

– Vocês não deveriam me ofender, mas ser sinceros!

– Mas é fato que você tem barriga, não uma ofensa – disse Ralf. – Não é só sincero, mas também verdadeiro.

Eu não poderia imaginar que os comentários me atingiriam daquela forma. Claro que eu havia engordado um pouco, mas eles não precisavam esfregar isso na minha cara daquele jeito. Fiquei aborrecido.

Mas quem quer sinceridade precisa aguentá-la.

– A gente se vê no almoço para o pebolim – disse Andreas.

Andreas, Bastian, Ralf e eu não somos apenas companheiros de cigarro, mas também ferrenhos adversários no pebolim. Nosso redator-chefe nos presenteou, em seu primeiro dia, com uma mesa relativamente profissional, tão utilizada que dois dos jogadores se machucaram gravemente, e a bola parece com aquela de depois da final da Copa do Mundo de 1954. Temos uma arena própria; a placa "Arquivo" foi pendurada na porta. Havia ainda duas horas até o grande jogo, que realizaríamos para voltar ao trabalho na parte da tarde com a cabeça fresca.

Naquela manhã, eu tinha de escrever um artigo sobre Alex Rodriguez, a estrela do beisebol que se recusara a participar do campeonato mundial alegando uma antiga contusão no quadril. Sua equipe, New York Yankees, estava chocada e tentaria, por meio de treinamento dosado, fazer com que ele ficasse em forma para a próxima temporada. Pouco antes, Rodriguez confessara o uso, entre 2001 e 2003, de anabolizantes e de uma substância para queima de gordura chamada Ripped Fuel. O jornal *New York Daily News* noticiou que o jogador, depois dessa época, também se envolvera com substâncias proibidas. A liga mundial havia anunciado rigoroso controle *antidoping* para o campeonato mundial. Portanto, era quase óbvia a suposição de que Rodriguez fingira a lesão para não ser pego.

Colhi informações em fóruns americanos na internet em que fãs de beisebol estavam indignados: o esporte estaria contaminado pelo *doping*, e os problemas em torno de Rodriguez seriam apenas um capítulo da tentativa de varrer a crise para debaixo do tapete. O jogador se doparia como sempre, porém a liga não conseguiria bloquear seu carro-chefe por dois anos inteiros. Alguns jornais também apresentavam suas suposições.

Eu estava diante de um dilema: também acreditava que a lesão de Rodriguez era apenas uma desculpa para escapar do teste. Um dia antes da decisão, houve um encontro entre Rodriguez e os responsáveis da liga, em que se discutiu o passado de *doping* do jogador – e no dia seguinte ele aparece lesado.

No entanto, sou jornalista e tenho um compromisso com a objetividade. Não houve comprovação de *doping* – se eu escrevesse que acreditava que Rodriguez continuava a usar substâncias proibidas sem poder apresentar provas, tanto meu empregador como eu correríamos o risco de ser processados pelos atarefados advogados de Rodriguez. Eu tinha de escrever a matéria com bastante cuidado, não podia fazer afirmação nenhuma nem citar fofocas – e com isso tinha de ser insincero no sentido de Honestidade Radical. Eu não podia simplesmente escrever o que pensava.

Naquele momento, tive de aceitar que é simplesmente impossível expressar o tempo todo o que considero sincero. Faz parte das obrigações de um jornalista informar o leitor, contudo eu precisava manter minha opinião para mim e me ater aos fatos, mesmo que as coisas parecessem diferentes do meu ponto de vista. E as evidências levavam a crer que Rodriguez não cometera nenhum delito.

Não deveria ser sincero, pois isso esbarraria em minha ética profissional.

Escrevi apenas os fatos e terminei o artigo desta forma:

"Estou chocado e preocupado", afirma o treinador dos Yankees, Joe Girardi, acostumado a minimizar lesões. As declarações drásticas, não costumeiras nos Estados Unidos, são consideradas um indício de que os Yankees querem proteger seu jogador. Por fim, o time afastou sua estrela de um torneio no qual severos controles *antidoping* foram anunciados.

Muitos colegas leram o artigo, assim que foi publicado. Tudo em ordem.

Rompi com meu projeto pela primeira vez, mas fiquei satisfeito. Não pude ser totalmente sincero, mas consegui sugerir que havia mais do que uma lesão por trás do afastamento do jogador do campeonato mundial. E me mantive no campo dos fatos.

Pela primeira vez desde o início do projeto, ficou claro para mim como pode ser complicado ser sempre totalmente sincero – e em muitas situações isso se torna total e completamente impossível. Ninguém pode ser sincero o tempo todo. Seguindo a linha do Honestidade Radical, naquele momento eu fracassei.

Como naquela manhã, tirando o artigo, nada de especial aconteceu, pude depois do almoço no refeitório – onde disse a um cozinheiro que achava todos os pratos "intragáveis" e não conseguia entender como a pesquisa sobre o restaurante da empresa pôde ser "totalmente positiva" – me dedicar por inteiro ao duelo de pebolim. Andreas era a zaga de minha equipe, eu, o atacante, e me orgulhava não só de manter o recorde da liga bávara de maior quantidade de gols perdidos, mas também de manter o mesmo recorde na arena do pebolim.

Ganhamos o primeiro tempo por 6 a 2. Fiz dois gols elaborados e uma defesa contra o Ralf – que o atingiu tão em cheio que foi como se alguém tivesse dado um peteleco no seu saco.

– Não faz mal – disse Ralf. – Schmieder sempre começa forte. Depois fica achando que a partida está no papo, não joga nada e perde o jogo.

Talvez eu precise acrescentar agora que posso lidar com críticas – mas não de forma muito boa.

– Vou acabar com vocês como o Barcelona fez com o Bayern semana passada – eu disse. – Sem chance para vocês!

Seguimos rapidamente para 3 a 0, então a síndrome de Kevin Kurányi* se instalou em mim. Fiz avanços geniais, fintas e passes ótimos – para em seguida mandar a bola para escanteio. Meus chutes colocavam em risco a vida de Ralf. Perdemos de 6 a 3, o que pedia um desempate.

– Schmieder, você está fazendo um joguinho de merda – disse Andreas.

Meu próprio companheiro de equipe.

– Ó, somos um time!

---

* Jogador brasileiro naturalizado alemão famoso sobretudo pela indisciplina. (N. do E.)

— Mesmo assim, você está ruim demais.

Tomei isso como encorajamento por pressão, conheço bem a tática por conta do meu pai. Porém, Ralf disse o seguinte:

— Schmieder, você é muito ruim mesmo.

— Tá maluco? Sou melhor que todos vocês!

Como se tivessem ensaiado, os três disseram:

— Ah, claro.

Dessa vez minha expressão mudou de maneira assustadoramente rápida. Olhei para Ralf com ódio.

Naquele dia, Bastian estava mesmo jogando muito. Ele fazia fintas incríveis, rolava a bola e chutava, e assim nossos adversários ganharam mais uma vez, com placar de 6 a 2.

Eu até quis reclamar da falta de sorte, do fraco apoio do meu zagueiro e me safar dizendo que mesmo uma galinha cega encontra um milho perdido de vez em quando. Mas então percebi que tinha de ser sincero.

— Tá certo, eu estava mesmo muito ruim hoje. Bastian jogou muito, e talvez seja mesmo melhor que eu no pebolim. Andreas, me desculpe, eu entreguei o jogo. Ralf, você me deixou todo atrapalhado com suas paradas.

Não consigo nem expressar quanto essas frases foram difíceis para mim.

Fora muito mais fácil xingar uma funcionária da companhia ferroviária, dedurar meu melhor amigo e perder 1.700 euros na declaração de imposto de renda do que confessar que os outros haviam jogado melhor que eu e assumir o fato de não ser tão genial no pebolim quanto sempre acreditei.

Para mim, um elogio sincero era muito mais difícil do que uma ofensa sincera.

A humildade sincera é mais complicada do que a arrogância sincera.

Os outros ficaram congelados, como se alguém tivesse dito a eles que a Angelina Jolie na verdade é homem.

— Schmieder, não conhecíamos esse seu lado. Você não surtou quando perdeu, nem nos ofendeu — comentou Ralf.

Os outros também perceberam que eu conseguia perder de um jeito pior ainda do que lidar com críticas.

– O que devo dizer? Sou sincero, e sinceramente vocês foram melhores.

Bastian não se segurou:

– Uau, um elogio vindo da sua boca. Isso é mesmo inesperado!

E Andreas completou:

– Mas é legal.

Olhei para os três e disse:

– Sim, sim, agora chega.

– Dentro de você se esconde um cara legal, de verdade – falou Ralf.

– Mas se esconde bem lá no fundo, e muito bem escondido – brincou Bastian.

Eu fui à forra:

– Um cara legal se esconderia dentro de mim apenas se eu, por acaso, o tivesse engolido e não digerido. Amanhã é a revanche!

Deixamos a sala de pebolim, que depois de três partidas estava tão quente como o metrô em horário de pico.

– Schmieder, essa coisa de verdade fez bem para você. Você até consegue confessar que não é o melhor, o mais bonito e o mais legal. Isso é realmente estimulante.

Sim, ele disse "estimulante".

Eu me perguntei por que fora tão difícil para mim me retratar e elogiar os outros. As outras pessoas se alegram, e eu não fico maior nem menor quando expresso meu respeito por um colega ou adversário.

Refleti a tarde toda por que nenhum elogio sincero me vem à boca, de forma que o dia de trabalho passou mais rápido que um passeio de montanha-russa.

Brad Blanton escreveu, em sua bíblia da sinceridade, que quem tenta ser sincero pode descobrir mais de si mesmo do que gostaria. Não apenas sobre seu presente, mas também sobre seu passado.

Refleti sobre isso a tarde toda. E decidi que eu tinha urgentemente de testar minha criação no relacionamento com meus pais.

7

12º dia

DESESPERO SINCERO

É incrível como às vezes é difícil fazer o que realmente gostamos. Sou jornalista, e como tal preciso lidar com as palavras, já que meu forte não é especialmente a área investigativa. Além disso, é quase parte integrante da ética profissional do jornalista lançar um olhar crítico sobre as coisas e às vezes resmungar sobre elas. Mas não consegui mesmo avançar com a carta que tinha elaborado em minha mente dias antes.

Sentei-me à mesa da cozinha e tentei deixar claro ao estilista que ele havia desenhado um vestido de inacreditável mau gosto. E que eu estava especialmente irritado porque minha mulher gastara dinheiro com ele.

O problema é que, no quesito moda, só consigo diferenciar alta costura de *prêt-à-porter* desde que um amigo querido esclareceu ao cabeçudo aqui que alta costura são roupas malucas que nem mesmo esposas surtadas de milionários vestiriam. *Prêt-à-porter* são roupas malucas que pessoas malucas – que se nomeiam "excêntricas", já que são suficientemente ricas para tal – usam em eventos que recebem o nome de *vernissage* ou golfe beneficente. Entendi a diferença, e nesse meio-

-tempo também a vivenciei diversas vezes. No entanto, não sei muito mais que isso sobre moda e roupas. Acho que as calças boca de sino deviam ser modernas em alguma época, e as camisas polo, nunca. Toda vez que caminho por Munique, vejo quanto eu evidentemente estou enganado.

Minha tentativa de me vestir de forma moderna é vista entre amigos e colegas como a lendária seção de certo e errado na moda das revistas femininas. De acordo com minha falta de noção no que se refere a listras e formas e meu senso de cores drasticamente distinto, me falta conhecimento técnico para esclarecer ao dito estilista que achei sua criação um horror absoluto, e não entendo por que minha mulher gastou com aquilo a cota mensal de multas de trânsito. Se eu lhe escrevesse: "O vestido é horroroso", a carta iria para a pilha de papéis para reciclar mais rápido do que uma multa chega até mim, e no fim das contas o estilista ainda se sentiria autorizado por um zero à esquerda da moda como eu não o compreender.

Até aquele momento, eu havia escrito que o tal vestido de verão seria mais algo para o carnaval carioca, mas não conseguia embasar de fato minha opinião, e temia que minha carta efetivamente séria parecesse apenas risível. Além disso, não consegui saber quem era o estilista – a única coisa que eu sabia era que o vestido vinha de uma dessas redes de *fast fashion*, que são como o McDonald's da moda. De qualquer forma, encontrei o código do produto: 24-1406.

Eu tinha de escrever aquela carta, porque sinceramente odiei o vestido e cheguei à conclusão de que se calar em um momento em que se deseja falar alguma coisa também se enquadra no conceito de mentira – do contrário, não seríamos sinceros conosco.

Ao meu lado, a televisão exibia propagandas. Primeiramente Heidi Klum tenta me convencer de que ela e suas seguidoras magrelas vindas do inferno de algum *casting* se entopem diariamente de *fast-food* e ainda assim conseguem entrar em roupas PP. Então um quarentão atraente diz que cerveja sem álcool tem o mesmo gosto de cerveja normal e, para completar, uma mulher, que certamente nunca precisou fazer faxina na vida, me explica que com aquele produto é possível tirar as piores manchas do carpete.

Sinceramente, eles acham que somos idiotas? As pessoas que gravam esses filminhos de merda pensam mesmo que caímos nesse papo? Que acreditamos nessa baboseira toda? Há pouco li em um artigo que os negócios de *fast-food*, cerveja e produtos de limpeza prosperam também em meio à crise financeira, o que me leva a concluir que as pessoas devem ter perdido toda e qualquer noção. Somos enganados, e apesar de tudo compramos como se não houvesse amanhã. Quem compraria um produto anunciado assim: "Não somos os melhores nem os mais baratos, mas ficaríamos felizes se você ainda assim comprasse essa besteira"? Não sou exceção, também como *fast-food* e compro coisas no supermercado, embora toda vez minha mulher me explique que o outro produto, que fica vinte centímetros abaixo na prateleira, é mais barato e tão bom quanto o que está ao alcance do braço. E é claro que minha abundante autoconfiança me obriga a me considerar inteligente e a não me deixar influenciar por propagandas – mas definitivamente não rola. Eu me deixo enganar e não luto contra isso – e em algum lugar do mundo um diretor de comerciais está rolando de rir.

Temos ciência de que somos trapaceados o tempo todo, e ainda assim apoiamos isso ao comprar. Deveríamos boicotar esse tipo desonesto de anúncio e ainda reclamar com os fabricantes por meio de cartas, mas aceitamos o fato de que todos agem assim, e por isso está tudo em ordem. Porque todos mentem, achamos que isso é menos pior. A própria burrice não parece tão burra assim quando todos os outros são burros também. Nós certamente também aceitaríamos o estupro e o assassinato se todos agissem assim. Nós, seres humanos, somos engraçados.

Fiquei desesperado – não só pela carta, mas pelo projeto todo. Apenas doze dias haviam se passado, e devo confessar que me sentia em um beco sem saída. Na verdade, não era um beco sem saída, mas um imenso caminhão de lixo cheio de restos de comida fedorentos no qual eu havia caído e rolava de um lado para o outro. Não tinha mais certeza se podia afirmar que "já" ou "só" doze dias haviam se passado.

Porque, por um lado, eu achava que até aquele momento tinha aprendido pouco com minha experiência de sempre ser sincero. Não podia fazer nenhuma tese ou mesmo refutar um filósofo importante. Não podia ir para as ruas com uma camiseta "A mentira é uma merda" nem crer que um programa popular faria uma reportagem sobre mim.

E eu tinha planos tão grandiosos...

Por outro lado, nos doze dias anteriores, eu já apanhara uma vez colocara meu casamento em risco e fizera uma doação involuntária de 1.700 euros à receita federal. Eu temia que, nos próximos 28, as coisas não melhorassem no que se refere à minha saúde, ao casamento e ao saldo bancário – além disso, eu ainda não experimentara coisas realmente interessantes, como uma conversa sincera com meus pais, um conflito com colegas ou um *ménage à trois* sinceramente desejado com minha mulher e a cantora Nicole Scherzinger.

De acordo com o Honestidade Radical, no máximo depois de uma semana um sentimento de liberdade e felicidade deveria se instalar em meu interior. Eu supostamente deveria gritar "uhu" e desejar saltar em algum prado verdejante. Em vez disso, o que eu pensava era: *Só uma mentirinha não faz mal a ninguém.* A sinceridade deveria, em uma descrição ainda mais patética, se tornar minha mãe, que me alimenta e me protege. Mas, se ela realmente tivesse se tornado minha mãe, eu teria pensado de verdade em correr para um orfanato e pedir que me colocassem na lista de adoção. Até aquele momento, a sinceridade não havia trazido nada a quase ninguém, muito menos a mim – e sou suficientemente egoísta para confessar que isso me incomodava brutalmente.

Para a receita federal, era indiferente se eu havia sido honesto ou não. Os leitores do meu artigo sobre Alex Rodriguez provavelmente agradeceram o fator de eu não ter exposto minha opinião e ter me atido aos fatos. E em relação a Niko, eram bem provável que para ele tanto fizesse se sua ex-namorada achasse ou não que ele era um traidor, contanto que ele pudesse me espancar por causa disso. Mas o que aconteceria se eu tivesse de ser sincero com meus melhores amigos? Com meus pais? Com Hanni? O que eu ganharia, e o que eles ganhariam?

Questionei-me seriamente sobre o sentido do meu projeto – além do fato de que eu não aguentava mais.

Minha mulher não estava em casa naquele dia, ela se despedira com a observação de que queria comprar mais vestidos no McDonald's das roupas, e eu pouco podia fazer a respeito, pois, após a noite da declaração de imposto, eu ainda estava em um tipo de condicional, evidenciado pelo fato de ter recebido o sofá como cama e a tarefa de lavar a louça após as refeições – inclusive daquelas das quais eu não participara. E, claro, ela estava com o vestido amarelo florido e, além disso, com uma jaqueta *jeans délavé*, que eu também acho uma porcaria. Sou da opinião de que jaquetas *jeans délavé* muito grandes pertencem a um tempo naftalinado que se extinguiu nos anos 70.

Então ela bateu a porta de casa um pouco mais forte, de forma que a folha afixada por mim com o mandamento "Não mentirás" caiu no chão, o que interpretei como um sinal. Além disso, o esquilo na varanda saiu correndo. Havia meses que a fêmea se estabelecera ali, construíra um ninho e tivera filhotes. Hanni achou muito fofo, e eu achei um saco, porque a minha permissão de fumar na varanda foi cassada com isso – claro que também podia ser porque, pouco antes do Ano Novo, eu quase incendiara a área toda com um cigarro mal apagado, mas ainda prefiro a explicação dos esquilos. Sempre tive a impressão de que o bichinho não me suportava, já que a cada visita minha ele me parecia hostil, inclusive sumindo como um raio pela parede da casa. Considerei sua volta uma verdadeira provocação e decidi reativar minhas imbatíveis capacidades com o estilingue. Fury – Hanni batizou assim a coisinha, o que achei totalmente exagerado – me deu uma olhadinha. Achei que ela estava rindo de mim. E então desapareceu novamente. Fui até a varanda e acendi um cigarro. O primeiro trago me subiu à cabeça como se eu tivesse tomado um gole de uísque puro.

O que há de tão horrível assim na mentira? Antes minha vida era simples e, exceto por incidentes menores no fim da adolescência, tranquila — se você também teve incidentes na adolescência, sabe exatamente do que estou falando. Se não teve, então também não vou revelá-los aqui. Apenas naqueles últimos dias minha vida se tornara penosa e infeliz. E isso tudo só porque fui sincero. Valia mesmo a pena?

Que o mundo se degenere em um lugar de traição e mentira, pensei comigo. Para que todos nós acordemos com a cara virada para trás após uma mentira ou rastejemos em uma cloaca! Dante descreveu exatamente dessa forma. Que os jogadores de futebol beijem o escudo de um time enquanto assinam contrato com outro. Que os políticos digam nos discursos que pensaram em encher os bolsos do Estado e não os deles mesmos.

Sou um pouco fatalista, tenho a sensação de que minha sinceridade não fará com que eu tenha uma vida plena e também não fará do mundo um lugar melhor, como belamente pregado por Brad Blanton, do Honestidade Radical. Esse mundo belo e são de Brad Blanton se tornara para mim o nono círculo do Inferno de Dante.

Não foram acontecimentos como a totalmente sincera declaração de imposto de renda ou a porrada certeira de Niko que me fizeram vacilar. Foram mais os pequenos fatos cotidianos que me trouxeram problemas. Sinceridade não é, como erroneamente supus, um seminário de fim de semana, do qual se volta iluminado, curado ou no mínimo totalmente zen.

Não é muito diferente de parar de fumar ou renunciar às guloseimas. Nesses casos, porém, podemos sentir os primeiros efeitos positivos depois de poucos dias — deixamos de ser descritos por nossa mulher como cinzeiros ambulantes e, na pelada com os amigos, podemos voltar a ser escolhidos para o time dos sem camisa.

Com a sinceridade é diferente. Trata-se de um campo minado, e ninguém sabe ao certo onde estão escondidas as minas que de repente explodirão. Às vezes são minas terrestres com sensor de movimento, que não são ativadas ao se pisar nelas, mas apenas quando a gente se movimenta — o que por acaso deu origem a uma cena incrivelmente tensa no filme *Terra de ninguém*, que recomendo a qualquer fã de cinema. Mas isso já é outra história.

Na noite anterior, eu havia pisado em uma dessas minas. Sobrevivi sem acidentes ao jantar preparado por Hanni, apesar de minhas críticas – fiz comentários sobre a comida com frases do tipo "Não gostei, está nojento" –, e isso se deu acima de tudo porque os hormônios da gravidez provocam nela uma calma que perde apenas para a tranquilidade das vacas hindus. Ela não fez nenhum comentário sobre a minha crítica, porque ela não tinha de ser sincera. No entanto, pude ler claramente em seu rosto: "Como você é idiota com esse projeto! Coma logo esse negócio e cale essa boca, ou eu vou meter a mão na sua cara!" Mas ela ajeitou a louça sem dar nenhum pio, só na hora de colocar tudo na lava-louças fez uma barulheira como nunca antes vista.

Também não se pronunciou quando eu disse que não queria ficar abraçadinho com ela no sofá enquanto víamos algum filme romântico, mas preferia confirmar no computador minhas habilidades como um dos melhores jogadores de futebol virtual de Munique. Seu olhar disse: "Seu idiota! Eu estou grávida e preciso de carinho", mas de sua boca vieram apenas as seguintes palavras: "Tudo bem, vou ficar aqui e fazer uns telefonemas".

Não falávamos sobre o bode que estava no quarto e ficava cada vez mais fedorento. Também não reclamei de sua falta de sinceridade, preferi jogar no computador.

Poderia ter ficado bastante evidente para mim que, a partir daquele momento, eu estava sobre uma mina que explodiria no próximo movimento – mas é claro que eu não percebi, porque meu estômago revirava com a comida e eu estava ocupado tendo de aceitar que não era o melhor jogador do vigésimo andar da empresa. Tudo bem, sejamos sinceros: perdi de Bastian por 5 a 0, embora ele jogasse com o Stuttgart e eu com o Barcelona. Ele se despediu dizendo: "Até que foi divertido, mas você ainda precisa treinar um pouco", e eu fui escovar os dentes sem responder.

Mais tarde, na cama, Hanni e eu conversamos sobre se estressar e se desconectar das coisas. A situação correspondia um pouco àquela da mina, em que não podíamos nos mover sem que tudo explodisse. Eu disse que era por isso que eu tinha problemas para dormir, pois pensava o tempo todo, meu cérebro não desligava. Comparei-me a um computador de alta capacidade que não pode ser desligado e por isso funciona 24 horas a todo vapor. Achei a comparação só um pouco exagerada, então ainda pude deixá-la passar como sincera.

— Comigo é parecido — disse Hanni. — Também não consigo desligar meu cérebro.

Lá estava ela, a mina terrestre. Eu poderia ter ficado quieto, poderia ter respondido: "Que legal. Mais uma coisa em comum", poderia ter deitado com ela de conchinha.

Teria sido tão fácil.

No entanto, eu disse:

— Eu ficaria feliz se você ligasse seu cérebro com mais frequência.

Bum!

— Seu filho da puta arrogante. Você acha mesmo que é o cara mais esperto do planeta, não é? Saia daqui ou vou chutar você de um jeito que nosso filho vai ser o único que você vai ter sido capaz de fazer!

Ainda pude ver estilhaços da mina voando para cima de mim, e estava certo de que não podia me desviar deles. Também não havia nada que eu pudesse dizer para amenizar a situação, pois a bomba já fora detonada. Ficou claro para mim que a única salvação era deixar a zona de conflito e montar uma cama de emergência no sofá. Ali eu dormi imediatamente, meu cérebro desligou depois de poucos segundos. Apenas o remorso me fez despertar algumas vezes e olhar Hanni, mas ela dormia de forma profunda e pesada. No entanto, seu rosto dizia que seu cérebro funcionava a todo vapor.

Esses foram os fatos que vivenciei naquela época. E ninguém disse: "Acho muito legal você tentar". Ninguém disse: "Assim você vai para o céu". A maioria disse: "Vá para o inferno!" ou "Que ideia idiota". Ou ainda: "Filho da puta arrogante!"

Eu tinha de dizer a verdade, embora estivesse muito óbvio para mim que seria mais inteligente simplesmente fechar a boca — eu não ganharia nada mesmo sendo sincero. Quem conta aos amigos que acaba de parar de fumar consegue olhares encorajadores, assim como alguém que conta que sofreu uma grave lesão no futebol e vai ter de usar muletas por oito semanas. Mesmo um ataque de fúria é perdoado, pois a pessoa parou de fumar, portanto é normal que fique um pouco tensa e estressada.

Mas quem anuncia o desejo de ser sincero e também age com sinceridade recebe apenas incompreensão e ódio das pessoas. Sinceramente, eu quis desistir. Não via mais sentido nisso tudo. Queria ser recompensado por seguir à risca o oitavo mandamento bíblico, como as Testemunhas de Jeová. Deus é verdadeiro, justo e fiel, assim está no livro de Moisés, nas "Cartas aos hebreus" e no primeiro capítulo do livro de Tito – e isso significa que os verdadeiros e justos serão recompensados pelo esforço. Minhas únicas recompensas até agora haviam sido pancadas e prejuízo financeiro, além de uma noite no sofá.

Ainda não sentira a satisfação de ter feito algo bom – aquela sensação reconfortante de quando ajudamos uma jovem mãe a tirar o carrinho de bebê do metrô, de quando vamos à igreja ao menos na Páscoa ou de quando não cometemos o erro de votar no partido envolvido no último esquema de corrupção. Mas, ao contrário, eu me sentia um traidor, um idiota grosseiro ou, resumindo, um lixo.

Até no trabalho houve o breve momento em que não me senti orgulhoso de ter sido sincero, e sim fracassado. Foi na terceira reunião matutina durante o projeto. Falávamos sobre os temas do dia e sobre os textos que deveriam aparecer no *site*, na coluna "No meio do Absurdistão", que também apareceria no jornal impresso. Discutíamos a qualidade dessa pequena anedota, quando um de meus mais estimados colegas fez a seguinte observação: "Ah, por favor, até o Schmieder pode escrever sobre isso". Fiquei furioso, pois tomei o comentário como ofensa e provocação, e soltei a primeira coisa que me veio à mente. Falei baixo, mas alto o suficiente para que todos na sala pudessem ouvir: "Cafajeste de merda".

De repente o silêncio imperou, e mesmo aqueles que liam jornal, conversavam ou descansavam ficaram chocados e interessados no que viria em seguida. "Tenham modos!", alguém sussurrou, outros três balançaram a cabeça, alguém suspirou assustado – e eu sabia que tinha feito bobagem.

Depois da reunião, fui até meu colega e expliquei-lhe que havia ficado furioso e, em virtude do meu projeto sinceridade, tinha de ter resmungado o que me viera à mente. Para ele a situação estava encerrada ali, pois é um cara tranquilo e, além disso, sabe de minha admiração e respeito por ele. Mas não havia terminado para um de meus superiores. Ele imediatamente me chamou e me passou um sermão sobre a relação com os colegas de trabalho. Em vez de me desculpar, apenas murmurei: "Tá, tá, já entendi". Eu sabia que nem todos os colegas presentes na reunião confirmariam minha capacidade de trabalho em equipe em uma carta de recomendação. E novamente me senti um perfeito idiota.

E onde estava a recompensa por ter sido sincero?

Houve ainda um pequeno incidente que me mostrou que pessoas totalmente sinceras também podem ser totalmente grosseiras. Bastian me contava, no fumódromo, sobre seu fim de semana. Ele é do tipo de homem que certamente seria protagonista de filmes como *Do que as mulheres gostam* ou *Clube da luta* e que vai ao cabeleireiro com a foto de um astro de Hollywood. Ele vive fins de semana como os protagonistas de *Do que as mulheres gostam* ou *Clube da luta* e depois conta seus feitos como Chuck Palahniuk ou Bret Easton Ellis escreveriam sobre eles. Para alegria dos outros funcionários, comparávamos quase diariamente quem era o melhorzão – e preciso confessar que, como no futebol de computador, eu estava perdendo feio.

Ele queria registrar uma de suas, a seu ver, grandiosas histórias, com as quais eu, como homem casado e, portanto, monogâmico por obrigação, por um lado ficaria com inveja e, por outro, ficaria irritado. Então eu disse:

– Olha só, não tenho saco para histórias que só me entediam. No que você vai trabalhar hoje? – e fiz aquela cara de quem lia as notícias do dia para ele.

Ele ficou irritado

— Ficou maluco? O que está acontecendo com você? Não queria contar nada chato, só de uma gata na balada...

Era óbvio que ele estava irritado, eu não queria deixar que ele mostrasse que era o bonzão.

— Desculpe, não estou interessado no seu fim de semana. Talvez mais tarde. Agora eu gostaria apenas de fumar e não ouvir nada.

Ele me olhou confuso e disse:

— Então vá se foder!

Levantou-se e saiu. Um cigarro fumado pela metade ficou no cinzeiro. O lado bom: até hoje ele não me contou mais nenhuma aventura sexual. O lado ruim: acho que ele contou para todo mundo que sou invejoso.

Novamente, nenhuma recompensa pela sinceridade. E agora ainda sou visto como alguém com dor de cotovelo.

Só conseguia pensar numa tirinha genial de *Calvin e Haroldo*, quando Calvin exige da mãe: "Me dá o último pedaço do bolo! Sem dividir com ninguém, quero o pedaço inteiro!" Sua mãe reclama: "Calvin, não seja egoísta". E ele responde: "Então, a verdadeira lição aqui seria: não seja sincero". Calada, ela lhe dá o bolo, o pedaço inteiro.

Onde estaria o meu pedaço de bolo?

Eu realmente não acreditava que o Deus verdadeiro, justo e fiel havia planejado me recompensar pelas duas semanas que haviam se passado e pelas quatro que viriam — porque eu ainda tinha de encontrar meus pais, meu irmão e alguns amigos e expressar a eles minha opinião. E eu não queria nem imaginar como seria o encontro com o Todo-Poderoso quando eu dissesse a ele que não conseguia entender por que ele não se revelava pessoalmente para as pessoas e por que permitia que guerras acontecessem e crianças morressem. Eu esperava mesmo não morrer nas próximas quatro semanas, caso contrário poderia haver um escândalo no céu.

É bem provável que Deus me acusasse de ter feito as pessoas à minha volta sofrer, e teria razão. Ele me lembraria que eu dedurara meu melhor amigo como Judas traíra seu filho, e teria razão. Talvez até dissesse quão idiota eu era por ter deixado 1.700 euros para o fisco, embora não fosse totalmente divino ferrar com a receita federal, que parece muito com o inferno, e ele teria razão.

E certamente diria que nunca fui sincero com essa história de sinceridade, mas só comecei o projeto porque, por um lado, minha vida até aquele momento era muito chata e, por outro, desejava ficar rico e famoso com um livro e fazer com que as pessoas que afirmaram que eu não daria em nada revirassem no túmulo ou, no mínimo, na cama à noite. Nesse caso, ele também teria razão.

Resumindo, eu queria desistir.

Naquele momento tão dramático, no quarto, sentado diante de uma carta endereçada a uma grande rede de vestuário, casado com uma mulher que comprava vestidos de verão pavorosos e com a costela esquerda dolorida, o telefone tocou.

(Por força da sinceridade, tenho de confessar, enquanto escrevo este trecho, que na verdade as coisas ficaram dramáticas momentos depois, quando notei que não havia nenhum dos meus chocolates preferidos – mas, como autor, me reservo o direito de adiantar um pouco o momento do clímax dramático.)

Naquele momento, Steffi ligou. Eu a conheço desde quando aprendi a utilizar o vaso e abandonei o penico. Ela é doutora em administração de empresas, o que não a impede de se comportar em encontros como uma colegial de 18 anos no cio, o que a torna muito querida em nosso círculo de amizades, pois todos nós nos comportamos em encontros como colegiais de 18 anos no cio. Ela seria uma mulher ainda mais atraente se escolhesse suas roupas de acordo com sua idade e não desfilasse por aí como uma assistente de diretoria de 37 anos ou como uma adolescente mal-amada. Ela sofre da síndrome de Roger Federer, ou seja, quer ser tão perfeita em qualquer situação que mesmo "excelente" significa fracasso para ela. Por isso tem medo de que as pessoas não gostem dela se não for simplesmente perfeita. Provavelmente conhece o *Kama sutra* de cor para exercer a perfeição também na cama – mas isso é apenas suposição.

Além disso, ela poderia brilhar nas seguintes categorias do programa de perguntas e respostas:

- gestão de fundos de investimento privados;
- tênis;
- enfileiramento de relacionamentos;
- minigolfe;
- *raves*;
- perseguição pelo azar;
- pingue-pongue de cerveja.

Enfim, Steffi me ligou, e parecia ainda mais desesperada do que eu, me deixando surpreso e preocupado. Ela disse algo sobre sacada, luz do sol e garrafa de vinho, o que entendi como uma proposta tentadora, e no fim das contas irrecusável, já que eu precisava de um pouco de sol e no mínimo de meia garrafa de vinho.

Joguei o cigarro na direção do ninho, mas errei feio o alvo, e achei ter ouvido um risinho. Eu não gostava mesmo daquele esquilo.

Steffi mora a apenas alguns metros de casa, e em poucos minutos eu estaria aproveitando o sol com uma taça de vinho na mão. Parecia que ela mal conseguira dormir – o que não é raro por conta de seu trabalho.

– Não posso acreditar – disse ela após nossa habitual troca de beijos e pequenas fofocas do círculo de amizades. – Passei o fim de semana na casa do Uwe.

A combinação dessas frases já me fez prever o tamanho do inferno de Dante que enfrentaria – e aquele do círculo mais interno. Uwe era seu namorado havia mais de catorze anos – de quem senti um ciúme animalesco no mínimo durante os primeiros cinco anos, já que Steffi afirmava que ele era muito parecido comigo, me dando a impressão de que ele poderia ser um pouco mais bonito ou legal, ou até mesmo melhor de cama, senão ela teria se apaixonado por mim. Eles tinham um relacionamento que poderíamos definir como de uma normalidade enfadonha. Sempre tinham problemas, que dramatizavam ao extremo — porém, no fim das contas, ficava claro que eram tão apaixonados ou tinham se acostumado tanto um com o outro que jamais conseguiriam terminar o relacionamento. Ambos carregavam sua culpa pelo relacionamento estar aparentemente ruindo, mas no fim tudo permanecia muito estável. Tudo que eu sabia era que as frases "Não posso acreditar" e "Passei o fim de semana na casa do Uwe" tornavam essa solidez um pouco menos sólida.

— Nós nos encontramos na estação de trem — disse ela. — E então ele me mandou embora com a desculpa de que queria andar de moto com os amigos e não queria que eu fosse com ele.

Para mim ficou claro naquele momento que Uwe não se encontraria com outra mulher, pois, por um lado, ele é a alma mais fiel que se pode imaginar e, por outro, uma desculpa péssima como essa nunca convenceria ninguém.

— De qualquer forma, pensei comigo mesma: *tempo ótimo, corrida de moto, gente bacana*. Eu não iria para a casa dos meus pais, queria passar um tempinho com ele e talvez fosse junto. Então telefonei e disse que, apesar de seu pedido para ir sozinho, eu estava a caminho. Ele gritou comigo no telefone dizendo que eu nunca o deixava fazer nada com os amigos.

Naquele momento eu quase não ouvia o que Steffi dizia, mas imaginava o que Uwe poderia estar escondendo. Os raios de sol, a sacada e o vinho de repente não estavam mais tão agradáveis. Então o segundo cigarro do dia não bateu tão forte quanto o primeiro. Na varanda dela não havia nenhum esquilo rindo da minha cara.

— Então eu chego lá e o vejo sentado em uma moto novinha, e não era de um colega, mas dele! Ele gastou o seguro de vida do pai dele com isso e queria esconder de mim! Depois de catorze anos de relacionamento!

Percebi que Steffi segurava sua taça de vinho como se fosse uma barra de *pole dance* num estabelecimento à meia-luz. Ela, a comedida doutora em administração, acostumada a lidar com milhões de euros e ministrar palestras em mesas de bar sobre como ficar ou permanecer rico apesar da crise financeira, estava tão fora de si que mal podia respirar. Tentei acalmá-la e perguntei:

— Mas como ele achou que poderia esconder isso de você?

— Não sei.

— Ele tinha de saber que uma hora ou outra a verdade apareceria. Não dá para esconder uma moto de sua companheira. Uma moto não é um relógio, um sapato ou uma meia.

— Obviamente ele pensou que nunca teria de me levar com ele, ou planejava falar algum dia, assim como quem não quer nada.

— Que idiota! Cedo ou tarde você iria com ele e descobriria, não é?

Steffi deu um gole vigoroso, com o qual minha mulher ficaria bêbada no ato.

— Ou talvez ele teria dito que a moto era do irmão dele.

— Ou seja, a primeira mentira levaria à segunda.

— Exatamente.

Olhei para ela e tomei um gole do vinho.

— E o dinheiro? Como ele explicaria?

— Provavelmente diria que o dinheiro veio de aplicações ou de alguma coisa assim. Como eu saberia?

— Mais uma mentira.

— E outra, e outra e mais outra. Mas a qualquer momento eu descobriria, como aconteceu agora.

Nesse meio-tempo, o sol se escondeu por detrás de uma nuvem.

— Ele se enrola cada vez mais em mentiras. E o pior nisso tudo é que, se ele mente para mim nessas coisas, fico sem saber quando devo acreditar nele ou não. O que ele faz então com coisas piores?

Tenho de aceitar o fato de que, até aquele momento, eu havia sido um ouvinte útil. O que eu não tinha muita certeza era o que ela queria ouvir: Um conselho? Uma palavra de consolo? Queria um abraço?

Antes que eu pudesse decidir, ela continuou a falar, então resolvi que gostava do papel de ouvinte vaca de presépio, com um olhar de certa forma compreensivo. Isso deu a Steffi a oportunidade de um monólogo de dez minutos, ao qual eu não respondia para não chateá-la. Por outro lado, não poderia responder porque não estava ouvindo direito, pois tinha de pensar em meu projeto.

O que existe de bom numa mentira? Absolutamente nada. Claro que Steffi e Uwe viveram felizes com a mentira por muito tempo. Ele podia andar de moto sem chateação e ela o considerava seu namorado querido que administrava com parcimônia o próprio dinheiro.

Uma mentira pode ser útil quando não desmascara ninguém.

Nós mentimos porque esperamos nunca ser apanhados. Só que uma mentira leva a outra que leva à próxima, e no fim tudo explode. Bem, pelo menos na maioria das vezes.

E, de uma simples mentira sem consequências, a coisa toda se torna uma traição concreta. Dúvida, crise no relacionamento, briga. No pior dos casos, até uma guerra.

Comigo aconteceu o mesmo, com a querida colega Ruth e seu estilo de se vestir. Ela não usa vestido florido com jaqueta *jeans* como minha mulher, mas, se chamássemos seu estilo de ousado, seria um dos maiores eufemismos da década. Normalmente ela usa saias que apenas alguém em uma viagem de LSD poderia criar, além de camisetas com personagens de histórias em quadrinhos e meias engraçadas, que atribuo à década de 70 e amaldiçoo assim como faço com as jaquetas *jeans délavé*. Resumindo, só quem pode usar essa combinação é alguém que tenha extraordinária autoconfiança.

Certa vez eu disse a Ruth, em um *happy hour*, que achava seu estilo bacana e ousado. Fiz isso porque queria que ela gostasse de mim e para que não tivéssemos nenhum estresse. Havia três dias, mais uma vez conversávamos sobre seu estilo. Eu disse:

— Acho totalmente exagerado e deselegante.

Ela me olhou como se alguém dissesse a uma boxeadora que acha mulheres no boxe um erro total.

— Mas há poucas semanas você disse que gostava!

— Era mentira.

Agora ela não estava apenas furiosa pelo fato de eu não gostar de suas roupas, mas também sabia que eu havia mentido sem pestanejar.

O que ela vai pensar quando eu lhe disser que achei um texto dela realmente bom? Provavelmente: "E eu devo acreditar agora, seu mentiroso de uma figa?"

E tudo isso só porque não consigo lidar com o fato de alguém não gostar de mim. Eu esperei que a mentira nunca viesse à tona, mas ela seria descoberta de qualquer forma, pois é claro que em fofoca com outra colega eu disse aos quatro ventos que não gostava do estilo "daquela travesti", e isso chegaria a seus ouvidos. A mentira não ficaria de pé por muito tempo.

Teria sido melhor se ela tivesse ficado brava comigo de uma vez, mas me considerasse um cara confiável e sincero.

Muitas mentiras, e isso ficou bem claro para mim, cedo ou tarde são descobertas, e então a coisa fica ainda pior do que estava. Nós deveríamos refletir bem: Vale a pena mentir agora, ou é melhor dizer a verdade de uma vez? Machuco mais o outro com a sinceridade, ou vai doer mais se mais tarde ele descobrir minha mentira? E o que a mentira vai trazer para mim? Acho que a mentira é útil em raríssimos casos.

Visto dessa forma, penso novamente em meu projeto.

Talvez não seja fácil e com certeza voltarei a mentir em algum momento – e depois disso vou saber bem quais mentiras valem a pena e quando o melhor é ser sincero. Mas neste momento também quero ser sincero.

Talvez não se trate de exaurir, com esse projeto, minha veia masoquista ou tornar o mundo um lugar melhor, mas antes de determinar quanta sinceridade meu mundo direto suporta. Depois disso, com a medida correta de mentira e sinceridade, esse pequeno cosmo será melhor.

Comecei a refletir por um momento quais dos quase 2,2 milhões de mentiras que contei durante a vida realmente tiveram efeito positivo – tanto para mim como para os que foram enganados. Claro que aquele que é partidário da mentira inofensiva vai argumentar que um alegre "Bom dia, vou bem, obrigado", um educado "Sim, você está ótimo", ou "Ontem bebi apenas duas cervejas" não prejudica ninguém e ainda mantém um convívio harmônico. As pessoas ainda nos considerarão gentis, educados e charmosos, e todos ficarão satisfeitos.

Por pouco tempo e em muitos casos, isso pode ser o correto, e não gostaria de atribuir a essas pequenas trapaças nenhum sentido ou justificativa. Em longo prazo, porém, isso pode ter consequências desastrosas. Se uma amiga disser antes de uma entrevista de emprego: "Sim, você está ótimo", embora a camisa esteja desajeitada e o desodorante vencido, a consideraremos uma ótima colega, mas não conseguiremos o serviço. E só porque ela quis ficar em paz ou simplesmente ser agradável. Na verdade ela não nos ajudou, muito pelo contrário. E o melhor amigo diz ainda: "Tudo bem", pois é isso mesmo que dizemos, embora ele preferisse nos contar sobre sua última crise existencial. E uma esposa – há alguns anos eu já posso falar sobre casamento – sabe exatamente quantas cervejas seu marido bebeu. Talvez naquela noite especificamente ela aceite a desculpa de que devem ter sido apenas duas. E talvez ainda ache graça na frase "Ficamos bêbados com apenas *uma* cerveja" – mas na verdade não sabemos se foi a 13ª ou a 14ª. Contudo, em longo prazo, ela não só achará que o marido é um alcoólatra, mas também alguém que não consegue aceitar que bebeu demais e precisa negar o fato. Essas pequenas mentiras podem trazer a paz por um curto instante e facilitar o convívio – não sabemos, porém, quais seriam as consequências de longo prazo.

Nós nos convencemos de que tudo bem nos valermos de uma mentirinha aqui e ali, pois em geral é aceitável. Shakespeare escreveu em seu "Soneto 138": "Quando jura ser feita de verdades,/ Em minha amada creio, e sei que mente./ [...]/ Mas crendo em vão que ela me crê mais jovem,/ Pois sabe bem que o tempo meu já míngua./ [...]/ Por isso eu minto, e ela em falso jura,/ E sentimenos lisonja na impostura".

Não vemos que Shakespeare também era míope ou mesmo cego diante do amor. Quando digo a minha mulher de forma elogiosa – ou seja, insincera – que ela está muito gostosa quando pergunta se seu traseiro parece gordo num certo biquíni, ela então comete o erro quase fatal de acreditar na mentira e compra o traje de banho. Então os conhecidos vão tirar sarro dela, embora eu pudesse tê-la poupado da vergonha com uma opinião sincera. Não é de fato nossa obrigação como cônjuge e, assim, pessoa mais confiável e próxima poupá-la desse momento em público?

E não é o maior crime de todos mentir às crianças, mesmo quando fazemos isso o tempo todo? Claro, superficialmente, o fazemos para protegê-las do mundo – contudo queremos na verdade nos divertir ou no mínimo não dar alguma explicação tediosa sobre como o mundo realmente funciona. As crianças, no entanto, não têm a possibilidade de checar as informações e desmascarar a mentira. Acreditam em quase toda mentira, acima de tudo naquelas ditas pelos pais. De qualquer forma, o filósofo Bertrand Russell era da opinião de que, moralmente, não seria de fato aceitável que adultos mentissem para crianças.

Continuei refletindo sobre qual mentira tivera efeito realmente positivo em minha vida. Lembro-me de ter mentido para o dono de um *wine bar* para conseguir um emprego de *barman*. Ele acreditou que eu era um exímio conhecedor de vinhos, embora eu não tivesse a menor ideia de nada. Fui atrás de informações e me tornei um funcionário útil, e, encarada dessa forma, a mentira se tornou uma vantagem para nós dois.

Lembro-me de pequenas mentiras, como quando convenci minha sobrinha de que ela passaria em uma prova – embora eu estivesse mais do que convencido de que ela não passaria. Ela passou com uma nota muito boa, provavelmente por conta das palavras encorajadoras da família. Foi de fato uma mentira útil.

Mas uma grande mentira, uma traição que não tenha prejudicado ninguém e me trouxe benefício? Desculpe, mas isso não aconteceu. Então, talvez meu projeto não seja assim tão ruim.

Minha coragem se revigorou e fiquei grato a Steffi por ela não ter precisado me ouvir, mas ter me contado seu sofrimento. Eu a abracei, o que fez muito bem para ambos – por motivos bem diversos, é claro.

Disse a ela:

– Fale para ele que ele tem de ser sincero daqui para frente, senão você não vai conseguir ver futuro no relacionamento, mesmo depois de catorze anos. E diga que sempre será sincera com ele. Isso com certeza o impressionará, pois ele não vai conseguir fazer nada além de ser sincero com você também. Se ele não aceitar, você precisa dizer com todas as letras que o relacionamento acabou.

Achei que foi um bom conselho.

Voltei para casa. Hanni já me esperava.

– Onde você estava?

– Na Steffi, tomando vinho e conversando.

– Tá. Uma garrafa inteira?

Vi sacolas de compras.

– Ah, eu fumei na varanda e tentei acertar o ninho do maldito esquilo com o cigarro.

Vestidos de verão, jaquetas e saias estavam pendurados nas portas.

– Você é mesmo um estúpido.

– Sim, mas um estúpido sincero.

– Mas ainda assim estúpido! E a cozinha ainda não está arrumada e a louça está nojenta.

– Eu precisei ir até a casa da Steffi.

– Tanto faz, arrume essa bagunça!

Nenhuma pergunta. Com isso, minha condicional ganhou um adicional de três dias. Escrevi a carta ao estilista, na qual expliquei de modo curto e grosso por que não gostava do vestido. Escrevi que provavelmente ele teria mais sucesso se a combinação de amarelo e flores não fosse tão horrorosa. Além disso, recomendei que incluísse novamente em seu repertório calças boca de sino. Assinei com meus melhores cumprimentos e dizendo que esperava uma resposta. Então coloquei a carta em um envelope com a intenção de enviá-la na manhã seguinte.

Sentei confortavelmente no sofá, gritei para Hanni um "eu te amo" como resposta e olhei pela janela. Fury estava entretida na varanda, virou-se de costas para mim e imaginei ter visto o esquilo levantar de leve o rabo para me mostrar onde eu poderia beijá-lo.

8

14° dia

SER SINCERO
TRAZ SOLIDÃO

Aaaaaaaaaargh!

Eu acabara de explodir. Sou um morteiro chinês, solto pacificamente na rua – mas muitas pessoas acendem o pavio ao mesmo tempo, lentamente o fervor segue até a pólvora e então tudo fica sujo e barulhento. Nas comédias da TV, essa situação acontece a cada quatro episódios, na forma do colega de quarto conservador e realmente controlado – na vida real, acontece quase que diariamente. Ao menos comigo. Ou eu tenho um carma incrivelmente ruim ou a Lei de Murphy escolheu minha vida como campo de testes.

Eu estava louco de raiva.

Poucos minutos antes meu humor estava radiante, eu era um mestre zen, um monge shaolin em treinamento, uma vaca hindu em um prado indiano. Estava na Odeonsplatz, em Munique, e olhei ao redor, como o capitão de um destróier olha para alto mar e então segue satisfeito pela ponte.

Eu superara a pequena crise por conta do meu projeto e havia decidido continuar com ele. Estava certo de que até o momento minha sinceridade se restringira ao microcosmo de minha vida – mulher, colegas e amigos. Nas demais situações, eu ficava mudo e, com isso, cheio de mentira por aí – como dito anteriormente, calar-se também pode ser uma mentira. Saí para a rua e não disse nada quando avistei uma bela mulher, embora ela pudesse ter ficado feliz com um elogio. Quando o elevador fedeu, não disse uma única palavra, embora eu soubesse que alguém tinha soltado gases por ali e não tivera coragem de confessar e se desculpar. Quando vi dois adolescentes fumando na plataforma do metrô, olhei para o outro lado, em vez de dizer que deviam jogar o cigarro fora. O Honestidade Radical ordena que sejamos sinceros *em todos os momentos*. Então, a partir dali, eu gostaria de tentar, depois de ter deixado pra lá nas primeiras duas semanas, já que me calei em situações em que gostaria de ter dito alguma coisa – e assim violei a segunda regra que havia definido para o tema: "Calar é mentir".

Eu estava caminhando no centro de Munique, na área para pedestres entre a Odeonsplatz e a Marienplatz. Trata-se de um belo lugar, pois, diferentemente da área em torno da estação central, as paredes não são sujas e ninguém se sente à vontade para jogar coisas no chão. Como Munique fica linda quando as pessoas sabem se comportar...

Queria chegar ao monumento Sendlinger Tor, o que normalmente leva nove minutos a pé. Sei desse número exato porque trabalhei na região por três anos e, nesse período, desenvolvi um cronograma rigoroso para não perder as partidas do metrô. Além disso, já observara a posição com mania de capitão, mirara o campo e desenvolvera um plano. Na área para pedestres acontecia um evento, cujo ponto central presumi ser na Marienplatz. Isso é tão fatal para o fluxo de pedestres entre a Odeonsplatz e o Sendlinger Tor que é como se dois caminhões houvessem batido na estrada que liga a cidade ao litoral no início das férias de verão. O pior de tudo: as pessoas simplesmente não avançavam, como fazem em geral.

Elas se arrastavam.

Sim, se arrastavam. É como andar, mas com velocidade reduzida para quatro quilômetros por hora e, olhando de perto, pareciam zumbis. Geralmente quem se arrasta são homens trajando calça de sarja e camisa polo, com um suéter sobre os ombros e de braço dado com uma mulher bronzeada acima da média. Na maioria das vezes, fazem isso nos calçadões à beira-mar, em quadras de tênis ou em coquetéis. Em lugares assim, são fáceis de ultrapassar e por isso não prestamos atenção.

Em uma concentração de no mínimo três pessoas por metro quadrado, contudo, até o pedestre mais razoável se transforma em um molenga – e, com isso, em obstáculo ao movimento. Olham para a esquerda, para a direita, muitas vezes até para cima, embora haja apenas o céu e algumas nuvens por ali. Às vezes param de fato e apontam para algum lugar lá em cima, onde há apenas o céu e algumas nuvens, antes de continuar se arrastando.

Odeio gente molenga.

Para mim até o flanar, reservado exclusivamente aos poetas, é repugnante. Certa vez tentei flanar durante a Eurocopa de 2008 na cidade francesa de Mulhouse. Só consegui realizar esse feito por uma hora e meia porque Hanni havia ficado tranquila com três bolas de sorvete e um balão de gás do Pato Donald. Ainda não consigo começar a caminhar, variante criada para famílias com no mínimo duas crianças, uma da quais começa a chorar porque precisa diminuir o ritmo. Por que explicar aos pais, nos inúmeros cursos de preparação para o parto, cada uma das respirações anatomicamente corretas no início do processo, e não que, para o filho no início da puberdade, só espinafre e calça de sarja laranja são piores do que um passeio de horas com os pais?

Eu queria chegar de A a B o mais rápido possível, até porque entre eles não existia um ponto C, que poderia ser um restaurante *fast-food* ou um *outdoor* com a Angelina Jolie. Não queria me arrastar, passear ou flanar. Eu conseguia gostar disso menos que de fofocar, dois motivos pelos quais muitos amigos e colegas me consideram socialmente incompetente. Eu queria declarações claras e diretas e nenhuma conversa fiada como aquecimento para a conversa verdadeira. Bill Gates, ao contrário, me respeitaria, ele inclusive promoveu um funcionário – ao menos é o que se diz em alguns fóruns na internet – só porque ele não foi ao *campus* da Microsoft pelo caminho predefinido de prédio a prédio, mas escolheu um eficiente atalho pelo gramado e assim economizou sete segundos por trecho.

Eu seria um funcionário desse tipo.

Não queria ser um molenga, mas simplesmente chegar até a estação de metrô no Sendlinger Tor. Não queria sorvete e balão, e também não queria ouvir a banda que tocava na Marienplatz. Não queria ver o grupo de dança, não queria namorar a vitrine da loja da Apple e não queria conversar com as patrulhas de Testemunhas de Jeová.

Logo fiquei mal-humorado. Será que acontece tão rápido assim também com monges shaolin e vacas hindus? De qualquer forma, ninguém é molenga em mosteiros tibetanos.

Em geral, eu resmungaria rabugento para mim mesmo e me prepararia para uma corrida pelas molengas estacas de esqui. Assim eu receberia, pelo jeito apressado de caminhar, aqueles olhares de recriminação que recebemos quando falamos demais em um momento errado na ópera ou levantamos na igreja, quando deveríamos ajoelhar. O olhar de "Veja só aquele grosseirão destruindo o clima de passeio com sua pressa". Então eu pararia exausto na escada rolante do túnel do metrô e assistiria à porta do vagão fechar e o trem partir lentamente. Pela já mencionada educação, claro que eu apenas sussurraria dez palavrões comuns, me sentaria e esperaria o próximo metrô, que eu tomaria se simplesmente tivesse me juntado aos molengas.

Não há nenhum conceito psicológico para meu comportamento. Não é maquiavelismo, confabulação ou síndrome de Münchhausen. Não alcanço o meu objetivo porque minto para as pessoas, e poderíamos muito bem classificar meu comportamento sob o conceito da imbecilidade. Desculpei-me cordialmente pelos empurrões, embora achasse que as pessoas deveriam sair do caminho – e, no fim, eu me irritei. Minha mentira não fazia sentido, mas apesar disso segui em frente. De fato, eu também poderia me arrastar – claro, o Bayer Leverkusen também poderia ganhar a Liga dos Campeões.

Nos Estados Unidos, há um episódio famoso sobre uma unidade militar na Guerra do Vietnã. Uma noite, um vietcongue arremessou uma granada de mão no meio de soldados americanos. Um dos homens se jogou em cima da granada, que explodiu e o matou – mas seus amigos foram salvos. Às vezes, as pessoas estão prontas a se sacrificar para salvar os outros. O soldado se tornou um herói.

Muitas pessoas evitam a raiva como o soldado fez com a granada. Deixamos que esse sentimento se instale, preferimos nos machucar a incomodar o próximo. Acreditamos que, com isso, salvaremos nossos companheiros. A curto prazo, isso termina na maioria das vezes com um chute na parede; a médio prazo, no consumo excessivo de álcool; e, a longo prazo, em úlcera estomacal. Nós nos sacrificamos por causa de nossa querida paz e porque não queremos machucar os outros – e porque não queremos que os outros nos machuquem. Pensamos que nosso ódio apresenta perigo de morte.

Para situações assim, Brad Blanton escreve a bela frase: "Raiva não é granada".

Precisamos deixar rolar. O ódio precisa sair, devemos nos concentrar em ser sinceramente raivosos em vez de legais e justos, como fazem as crianças. Se riem, o fazem com sinceridade. Quando têm dor de barriga, choram com sinceridade. E quando estão iradas, berram com sinceridade. Para elas, tanto faz o que pensam as pessoas à sua volta. Elas não fingem ficar iradas, simplesmente *ficam* e também demonstram sua raiva.

Devemos antes agir como as crianças. Ser sinceros e autênticos, por que não? Poderíamos simplesmente gritar nossa raiva.

Claro que isso não vai aparecer em nenhum manual de comportamento. Ali será definido que ira e raiva não ajudam ninguém e que diplomacia e crítica construtiva são a medida de todas as coisas. Mas por que é assim que funciona? Por que não devemos ser destrutivos aqui e ali? Gritar de vez em quando com as pessoas? Quebrar alguma coisa?

A ira faz parte do ser humano, assim como o amor e o medo – mas ninguém é visto como errado quando demonstra o amor abertamente. O medo é desconfortável e a ira não é socialmente aceita. E assim criamos uma bela úlcera no estômago, da qual precisaremos nos livrar por meio de cirurgia. E começamos então uma nova criação ao receber a conta do hospital.

Com que frequência metemos a mão na cara de alguém em nossa imaginação? Quantas vezes em nossos sonhos não explodimos a secretaria de exames da universidade? O pior é que as fantasias vão ficando cada vez mais brilhantes e detalhadas. Há dez anos visualizei a secretaria de provas da Universidade de Regensburg simplesmente voar pelos ares. Então veio a imensa pedra redonda diante do auditório, que rolava sobre a sala dos funcionários. Mais tarde, foram fogos de artifício no prédio principal, e a ponte entre os departamentos de ciências humanas e ciências naturais ardia em chamas.

Uma bela imagem. Não, não sou um maníaco homicida. Ao menos, espero que não.

Eu não teria tido esses sonhos e elaborado o plano com Helmut se tivéssemos expressado claramente nossa opinião bem na cara dos funcionários incompetentes e grosseiros, e talvez até chutado a porta. Não temos tendência à violência de forma alguma – até as moscas podem se sentir seguras em nossa presença, desde que não cheguem perto da cerveja –, mas um pouco de gritaria na secretaria de exames com certeza teria nos feito bem.

Ainda havia tempo para evitar um ataque maníaco homicida, reduzindo um pouco a agressividade. Decidi então simplesmente soltar a fera e ser destrutivo.

– Saiam da frente, suas lesmas de muleta! – gritei.

Com a aplicação direta dos cotovelos, trabalhei para frente e precisei agir como um péssimo jogador de rúgbi – sendo o rúgbi dos poucos esportes que apreciam minhas formas físicas.

– Seus molengas desgraçados! Abram caminho para quem tem pressa! Vocês enchem meu saco com essa lerdeza! Tem gente que não tem todo o tempo do mundo, caramba!

Eu empurrava os adultos, que me olhavam como se alguém tivesse furado a fila da comunhão. Mas ninguém dizia nenhuma palavra.

Utilizava os cotovelos e ombros com habilidade, meu olhar exercia um poder psicológico que não era de subestimar. E eu ainda era um cara legal.

Quase três quartos do trecho haviam se passado com louvor. As pessoas se deixavam empurrar sem problemas, no que eu ajudava com um "Sai da frente, molenga!" em alto e bom som. Quando alguém realmente dizia "Ei!", eu me virava rapidamente e gritava: "Então acelera, idiota. Ou quer tomar uma porrada na cara?" E logo o silêncio imperava outra vez.

Às vezes eu simplesmente jogava as pessoas para o lado.

É impressionante como as pessoas baixam a cabeça apenas para tirar um confronto sério do caminho.

Na altura do Starbucks – perfeitamente aceitável como um dos pontos C mencionados anteriormente – encontrei um molenga corajoso. Dei um toco leve, mas perceptível, acompanhado por um "Sai que eu tô com pressa".

Ele gritou:

– O que é isso? Não é assim que funciona, amigo!

Virada rápida e:

– Vá se danar!

– Então vem cá me ajudar!

Ele sustentou sua ameaça, me chamando para a briga, com o rosto cada vez mais vermelho. Ele estava realmente irritado. Não haveria um ataque homicida, mas simplesmente uma rápida troca de socos – e era isso. Um cara bacana.

Fiquei levemente tentado a testar a sorte, afinal ainda não brigara de verdade durante o projeto e achei que uma história sobre um tumulto faria bem. Mas, por outro lado, era um homem dez centímetros mais alto e vinte quilos mais gordo do que eu e, além disso, estava armado com uma caneca vazia gigante, e eu tinha uma missão a cumprir.

– Não posso, estou com pressa! Outro dia quem sabe. Será um prazer encher sua cara de porrada.

E logo continuei, ileso, meu trajeto. Ele ainda gritou alguma coisa, mas não consegui entender bem o que era. Achei que tivesse sido "Seu babaca". Mas ele não me pararia e dez minutos depois já teria me esquecido, ou me tornaria o protagonista de uma divertida história de bar.

Na estação de metrô, finalmente reinava a reconfortante afobação. Como os demais, desci as escadas e me dirigi à minha plataforma. Um trem acabara de chegar, e eu entrei bem devagar. Quando as portas se fecharam, respirei fundo. Eu havia conseguido. Deixara para trás molengas e flanadores e chegara a tempo de pegar o trem que queria. Não comprei briga, recebi apenas alguns olhares raivosos e gritos de "Ei!" de pessoas que nunca mais verei na vida. E não fiquei mal-humorado, quem ficou foi o grande molenga de cara vermelha e caneca vazia.

Às vezes a sinceridade pode ser simples assim. Eu estava tão tranquilo, como raramente fico. Via-me pastando com outras vacas hindus.

Foi uma das primeiras experiências bem-sucedidas do meu projeto. Em vez de raiva, eu sentia apenas serenidade. Sim, eu atropelara um punhado de gente e ofendera outro tanto. Mas eles vão sobreviver, é bem provável que nem se lembrem mais que foram empurrados e ofendidos. Além disso, peguei meu metrô. Fui egoísta, claro, inamistoso e grosseiro. Mas e daí? Fui sincero, e naquele momento eu me sentia realmente feliz.

O motivo de ter desejado tanto ser pontual naquele dia fora o convite de minha mulher para um *sushi* com amigos, do qual forçosamente eu tinha de participar e, por isso, precisava chegar no horário. Não tenho nada contra os amigos dela, mas contra a modinha de considerar peixe cru uma iguaria e comida saudável, embora, dependendo da quantidade, uma porção de *sushi* represente para o Vigilantes do Peso a mesma quantidade de pontos que uma bisteca. Em meu *ranking* de principais antipatias, o consumo de *sushi* está entre boxe feminino e molengas – ao que minha mulher e seus amigos, por sua vez, são totalmente indiferentes. Também são egoístas, mas isso não me incomoda. Viva e deixe viver. Ficam parados enquanto, na esteira, passam pequenos pratos sobre os quais oleosos nacos de atum jazem em arroz grudento, segundo prescrições estritas do *feng shui*. Mas eu não reclamei, pois no fim das contas tenho uma predileção por feijões assados de acordo com a receita original de Bud Spencer, o que com certeza os fãs de *sushi* acham uma excentricidade. Cada um tem suas iguarias culinárias importantes.

Além disso, me consolei porque surgiam aqui e ali na esteira pedaços de frango frito, e pude deixar nosso padrinho de casamento, escolhido por Hanni, maluco, já que toda vez eu pedia para ele pegar um pratinho e me servir.

Depois de ter empilhado ao meu lado quase vinte minipratos, decidi que era o momento de me dedicar à sobremesa. Para não abusar de meu estômago, que submeti a quase toda variedade de carnes que apareceram, permaneci nas frituras, só porque a sobremesa devia ser banana deliciosamente empanada. Por sua vez, dei ao padrinho cada vez mais irritado a incumbência de pescar para mim os pratinhos com banana empanada.

– Nossa, eu não conseguiria comer isso – disse a irmã de Hanni, Kerstin, que acabara de colocar algo na boca que imaginei ser um polvo que poucos dias antes cortejara uma fêmea. Na sua frente, havia algo que parecia um linguado e cheirava a anchova. Quem sabe o que realmente acontece lá embaixo no mar?

Eu disse:

– Por que, o que não te agrada?

Ela me olhou como um vegetariano olha uma pessoa que acaba de morder um joelho de porco. Em seguida deu uma olhada no meu prato. A teatralidade de sua expressão para acompanhar suas explicações confundia as outras pessoas – além de nós dois, havia ainda sete presentes.

– É esse creme – disse ela e levantou o nariz, como faz um vegetariano quando alguém segura um joelho de porco logo abaixo dele –, branco e viscoso na banana, que parece...

Ela não continuou, mas todos na mesa concordaram com a empanadas e torceram o nariz ao mesmo tempo.

— Esperma com coco — eu disse e enfiei um pedaço de banana empanada com creme na boca.

Sei que essa frase é pouco adequada, mas foi sincera. Todas as caras com nariz torcido de repente ficaram enojadas. Pareciam a de um vegetariano que teve um pedaço de joelho de porco enfiado na boca.

— Que inferno! — disse Hanni, e tentou me chutar por baixo da mesa. Por muito pouco não me acertou.

— O que foi? — respondi, com a expressão de um arrogante sabe-tudo. — A Kerstin não queria dizer exatamente isso?

Nesse meio-tempo, minha cunhada fez cara de "essa coisa é meu cunhado" e retrucou:

— Mas não precisava falar.

A propósito, minha mulher lançou mão do olhar "casei com essa coisa", mas esse eu conheço tão bem que nem dei atenção.

— Foi o que todos pensaram.

— Não importa! Falando alto fica ainda mais nojento!

Fiz cara de indignação.

— Só porque completei seus pensamentos asquerosos, eu sou nojento. Não pode ser assim! E sou o único que está comendo!

Kerstin não admitiu que eu poderia ter razão, mas fincou o cotovelo na mesa e disse:

— Agora ninguém vai querer comer. Quem quer ouvir isso e imaginar a coisa?

Decidi não desistir simplesmente e passar por cima do nojo, mas tentei ainda me justificar.

— Bem, com certeza há mulheres e provavelmente também homens que curtem esperma com coco.

Sei que essa afirmação foi não só sincera, mas também verdadeira. Contudo, um pedaço de salmão caiu da boca do nosso padrinho de casamento, três bocas soltaram um "Ai" e me deram uma mesa separada pelo restante da noite — o que considerei exagero, mas, pela regra democrática do círculo de amigos de Hanni, não pude mudar. Ainda precisei pagar a conta.

Depois da minha experiência libertadora no centro da cidade, eu era novamente o idiota que ofende todo mundo, mas não me senti culpado. Quem não consegue lidar com a sinceridade deve sair logo da minha frente.

— Schmieder! — disse Hanni. Ela só me chama pelo sobrenome quando quer se separar e deseja adotar novamente o nome Stadtler. — Feche a boca quando souber que ninguém quer ouvir o que você tem a dizer.

— Preste atenção: primeiro eu fui sincero, depois falei apenas o que me veio à cabeça. E para quem não tinha pensado, eu dei uma ajudinha.

Fiz cara de inocente.

— E você realmente se surpreende com o fato de ninguém admirar sua competência social ou seu comportamento cavalheiresco.

Mesmo assim, minha avaliação do dia ainda era positiva. Havia dito aos molengas o que achava deles, havia alcançado o metrô, comi catorze pedaços de banana empanada com creme. E foi divertido falar com que o creme parecia. Em dois anos, certamente será uma história divertida, assim espero. Inclusive me lembrei da observação de Eminem na fantástica música "The Real Slim Shady", em que diz: "Todo mundo pensa, mas apenas eu tenho colhão pra falar na frente de todos".

E eu não precisei pernoitar no sofá.

Não tenho mais raiva dentro mim, mas uma calma satisfeita. Sim, fui egoísta, fui nojento. Sou assim, e daí?

O "Aaaaaaaaaargh" de cinco horas atrás tornou-se um suspirar satisfeito antes de eu dormir nos braços de minha mulher e sonhar com vacas hindus e um barril de creme branco.

9

17º dia

SINCERIDADE NÃO É LEGAL

Tenho uma questão moral para a seção de perguntas e respostas das revistas: dirijo meu carro até um posto de gasolina. Ali, quatro adolescentes esperam; o mais velho, acredito eu, tem 16 anos. Despreocupado, ele abraça uma garota que tenta desesperadamente parecer que tem 16, embora tenha no máximo 14 anos. Os outros dois, uma garota e um rapaz, agem de maneira bastante casual, contudo percebo que veem o de 16 como líder.

O líder me abordou e perguntou se eu não poderia comprar cerveja e bebida destilada para eles, para uma festa. Ele me chamava de "amigo", o que me deixou lisonjeado, mas também de "senhor", o que me trouxe real preocupação com a minha idade. Fiquei diante de um conflito: por um lado, não queria que as crianças tivessem acesso a bebidas alcoólicas pesadas. Por outro, precisava levar em conta o fato de que conseguiriam o álcool de qualquer forma, pois o próximo que chegasse ao posto compraria para eles. Então pensei em comprar a cerveja, mesmo sabendo que agiria na ilegalidade e as crianças se embebedariam com a minha ajuda. Qualquer um certamente compraria as bebidas para eles.

Claro que os psicólogos conselheiros das revistas citariam poetas e filósofos e, no fim, dariam uma sentença salomônica e perfeitamente formulada – mas não tenho tanto tempo assim e só consigo citar poetas e filósofos quando procuro no Google.

Era a terceira noite de sábado do meu projeto de honestidade radical; eu estava em um posto de gasolina em Ramersdorf, Munique, quando fui abordado pelos adolescentes. O mais velho vestia uma camiseta com o Eminem estampado, o que a princípio o deixou simpático a meus olhos, mas ele acabou destruindo tudo com o penteado emo. Emo e Eminem combinam quase tão perfeitamente como Pink e Jessica Simpson, ou celebridades de quinta e cargos públicos.

Atrás dele estava um jovenzinho de camisa branca e gravata preta, que sem maiores discussões poderia se passar pelo filho de 14 anos do tenista alemão Ben Becker, o que a princípio não o tornava nada simpático para mim. As meninas usavam lenço palestino, meias quadriculadas verde e vermelha e minissaia de couro – era óbvio que tinham acabado de chegar da primeira fila do *show* de uma banda *teen* de *punk rock*. Tentei deixar gravada a cena em minha memória de longa duração para mais tarde passar ao meu filho restrições estritas no que diz respeito à vestimenta. Aquelas mulheres pré-menstruação me olhavam tão assustadas como esquilos que acabaram de transar, enquanto os dois garotos tentavam baixar a temperatura do corpo para 25 graus, o que identifiquei como atitude pedante, pois na idade deles eu também tentava sem sucesso.

Talvez eu precise fazer a observação de que sou um tio orgulhoso de cinco sobrinhos, e, desde o nascimento da mais velha, que está com 18 anos, tenho a missão desesperada e conflituosa de ser o tio mais legal do mundo. Imagino que a série *Two and a Half Men* foi criada à minha imagem e semelhança. Acompanhei meus pequenos parentes como tutor em festas na praia e aumentei em uma hora e meia o toque de recolher dos pais – mas tive apenas participação indireta quando o segundo mais velho vomitou por toda a parede da escadaria e tentou pintar por cima do vômito com a tinta da garagem.

Converso com Carina, minha sobrinha mais velha, sobre amigos, sexo, contracepção e as vantagens espirituais da utilização ritual de drogas leves, o que é embaraçoso apenas na presença de seu namorado do momento. Jogo com meu sobrinho – aquele que vomitou por toda a parede da escadaria – Counter-Strike e Guitar Hero, e inesperadamente perco o primeiro jogo de maneira fragorosa e venço o segundo também de forma inesperada. Em sua festa de Ano Novo, controlei a presença de fogos de artifício proibidos para menores e bebidas *ice*. E creio que minha sobrinha só fica um pouquinho envergonhada quando vai à danceteria da cidade com amigas e encontra seu tio na pista de dança.

Por isso eu não me descreveria como exemplo para meus sobrinhos e sobrinhas, mas com isso espero ser descrito como *sinistro,* ou *da hora,* ou *show,* ou seja lá o que os jovens de hoje costumam dizer em casos assim – na minha época de adolescente, poderia ser definido como *bacana.*

Faço jus à geração Dorian Gray. Minha imagem fica cada vez mais velha, enquanto luto desesperadamente para que os 30 anos durem vinte ou mais. Não se trata de modinha – hoje em dia membros da geração são recrutados em todas as faixas etárias. Os de 40 anos atraem mulheres de 22 na academia. Os de 50 festejam o aniversário não com um banquete, mas com uma festa de arromba na boate badalada do momento. Aposentados não saem mais para passear, mas se jogam na balada ou correm maratonas. Eles definitivamente não são molengas. Precisamos experimentar de tudo, mas nada mais certinho. Somos turistas japoneses de nossa própria vida – procuramos momentos interessantes, tiramos uma fotografia rápida e logo estamos a caminho da próxima atração.

Sou um dos membros mais jovens da geração Dorian Gray. Estou com quase 30 anos e me visto como se em poucos dias fosse para a viagem de formatura do ensino médio. Nessa idade meu pai já tinha um ótimo emprego em um banco bacana, uma mulher bacana e dois filhos bacanas – e no testamento ele já mencionara que não teria nada contra o terceiro, ou seja, eu. Um aborígine é enviado para passar um ano na floresta quando faz 11 anos, depois disso é considerado adulto, é reconhecido na tribo, se casa e faz filhos. Estou com 30 anos, ainda não cresci nem tive de sair para uma viagem dessas.

Tento ser jovial, bacana e descolado – pois ser jovem, bacana e descolado é ainda mais importante do que ser rico. Há pouco tempo, no cabeleireiro, apontei uma foto de um ator de 20 anos quando precisei escolher um corte de cabelo. Sei como se baixa um toque de celular, tenho mais de trezentos amigos no Facebook e há pouco tempo fui a um *show* das Pussycat Dolls. Sei o que é *happy slapping*. É muito simples: eu não quero crescer, nunca. Pode me chamar de Peter Pan, Lucien de Rubempré ou Dorian Gray.

Nossa aparência é ditada por Ed Hardy, Tommy Hilfiger ou Ralph Lauren. Os homens de 30 vão ao salão de beleza, usam máscara facial e aperfeiçoam seu tanquinho três vezes por semana na academia. Queremos ter a mesma aparência de quando tínhamos 20 anos. Na minha idade, meu pai já exibia uma bela barriguinha de cerveja.

É ainda característico da minha geração não viver no presente, mas no passado ou no futuro. Mentimos a nós mesmos o tempo todo, porque nosso presente é determinado por empregos das nove da manhã às seis da tarde e programas de TV enfadonhos. Ou seja, contamos sobre nosso tempo de adolescência e faculdade, que naturalmente era muito mais louco e interessante do que o de todas as outras pessoas. Trata-se de um efeito psicológico simples: o cérebro elimina de nossa lembrança anual 320 dos 365 dias. O restante é editado e recheado de efeitos especiais – e assim um filme caseiro enfadonho vira um megassucesso psicopornô de ação. E de repente mesmo um professor de latim, que na adolescência era tímido demais para peidar na escola, pode contar aos filhos que foi um garanhão selvagem.

Ou louvamos o passado ou glorificamos o futuro. Com isso, ostentamos tudo aquilo que planejamos na vida para fugir do presente quase insuportavelmente enfadonho. O que acaba desembocando em frases como "Em dois anos com certeza vou correr uma maratona, só preciso emagrecer e começar a treinar", ou "Em breve vou trabalhar menos, então descansarei nas areias de Ibiza com uma gatinha de 20 anos e aproveitarei a vida", ou "Em algum momento vou voltar a fazer sexo".

É a característica mais importante da geração Dorian Gray: queremos estar presentes. Como a maioria de nós não quebrará nenhum recorde mundial, não salvará vidas nem fará um gol decisivo numa final de Copa do Mundo, é de tremenda importância vivenciar algum acontecimento no mínimo como espectadores. Mario Barth conseguiu entrar para o *Guinness* com seu *show* de comédia no Estádio Olímpico de Berlim. As pessoas nas filas do fundo não viram, tampouco entenderam Barth – o que não foi assim tão ruim –, mas estavam lá, no recorde mundial. Um bombeiro resgata um homem de um carro capotado – e nós passamos por eles bem lentamente para poder contar detalhes na mesa do bar, mesmo que nunca salvemos outra pessoa. E claro que assistimos à final do campeonato, de preferência no estádio, mas em caso de necessidade a televisão também serve. Assim, estamos de alguma forma presentes – quando não como protagonistas, ao menos como espectadores. E ninguém se pergunta o que deu errado na vida para nunca ter estado no centro, mas todos nos damos tapinhas nas costas por pelo menos estar lá, à margem. Antigamente havia o ditado alemão: "Quem gosta de fazer da própria vida um *show* em algum momento vai ter de comprar um ingresso para si mesmo". Hoje poderia ser alguma coisa assim: "Quem não faz o próprio *show* tem ao menos um ingresso para ver o *show* alheio".

Essa adolescência duradoura é o período mais confortável da vida. Por um lado, tenho idade suficiente para não deixar que pais e professores mandem em mim. Por outro, me convenço de que serei para sempre jovem o suficiente para mudar completamente minha vida. O futuro sempre vai esperar por mim. Trata-se de ilusão: "Então vou pedir demissão, viajar pelo mundo e abrir uma pousada na Tailândia. Sabe, mãe, as pessoas não têm muita coisa por ali, mas ao menos sabem viver". Só mais uma daquelas frases...

De acordo com um estudo recente, temos uma faixa etária cuja taxa de mortalidade nos países industrializados cresce de maneira desproporcional: pessoas entre 16 e 30 anos. Ninguém quer procurar os reais motivos, então culpam os jogos de computador, o *rock* ou a internet. Isso também pode se dar pelo fato de que nossa adolescência dura muito, e em algum momento percebemos que a ilusão não pode mais ser sustentada e que mentimos para nós mesmos por quinze anos. Então enlouquecemos. Morremos de *overdose*. Corremos a 160 por hora numa estrada e socamos a cara num trator. Atiramos em outras pessoas e então cometemos suicídio.

Até aí não importa o fato de que nosso emprego paga mal, moramos em um buraco e não fazemos sexo há um ano. Porque, e isso está no catecismo da geração Dorian Gray: "Na escola e na faculdade eu era descolado, tinha dinheiro suficiente e dormia com pelo menos uma mulher por semana – em dez anos vou ganhar muito dinheiro, viajar pelo mundo e ter uma mulher dez anos mais nova. Isso aqui é só uma fase". O ópio não é a religião, mas o embelezamento do próprio passado e a esperança de um futuro mais interessante.

Mentimos para nós mesmos o tempo todo, pois não queremos ser tediosos de jeito nenhum. E eu, como um dos membros dessa geração, minto para mim mesmo.

E eu estava no posto de gasolina e quatro adolescentes me pediam para comprar bebida alcoólica. Um aborígine simplesmente diria: "Fique um ano na selva, então terá sua cerveja".

Em princípio sou da opinião de que uma cervejinha não faz mal nenhum a alguém de 15 anos. Pelo contrário. No meu aniversário de 15 anos, após o consumo ritual de quatro cervejas, Niko – aquele com a namorada traída e que socou e fissurou violentamente minha costela – vomitou no jardim dos meus vizinhos, o que não impediu que ele se tornasse um dentista fantástico – e ainda hoje a história rende umas risadas nos encontros da turma de escola. Não só por isso, tenho uma posição normalmente muito liberal sobre juventude e álcool.

Além disso, eles me pediram com muito respeito e até mesmo me abordaram com "Senhor, com licença" – embora isso me cause certa melancolia e irritação por ser chamado de senhor fora do ambiente de trabalho.

Então, por que não comprar umas bebidas? Não ia fazer mal.

Mas, por outro lado, eu não estava com a menor vontade de cometer um crime só para que um bando de adolescentes, que eu nunca vi na vida e que não dão a mínima para mim, conseguisse álcool. A chance de eles me convidarem para a festa estava bem abaixo de 0%, e, no caso de haver um convite, a chance de eu encontrar ali uma bela mulher inteligente com cerca de 25 anos era ainda menor. E, no fim das contas, eu ainda teria, em minha momentânea fase negativa no que se refere à polícia, problemas jurídicos – nas últimas semanas, havia sido parado três vezes em batidas policiais, pois me convencera de que também fazia parte da sinceridade dirigir sinceramente em alta velocidade. Recorri de uma multa (obviamente, sem sucesso) com a justificativa de que naquela via, em vez de cem, a velocidade permitida deveria ser de 130km/h, e que aquilo serviria apenas para o ganho da polícia. Além disso, nas últimas semanas vira diversas reportagens sobre bebedeiras juvenis e não queria de jeito nenhum que um desses programas abrisse com uma foto minha e as fatídicas palavras: "É incrível como hoje em dia até adultos como esse senhor compram bebidas para adolescentes!" Decidi que não desperdiçaria meus quinze minutos de fama em um programa sensacionalista.

– Que foi, velho? Tem problema? – perguntou o de 16 anos em um tom que o tornava ainda mais o líder. De qualquer forma, o "velho" eu já conheço e sei que ele não falou por mal. – Precisamos de dez cervejas, uma garrafa de vodca, uma de Campari e uma de espumante.

Era pouco antes das nove da noite, por isso achei que os quatro ficariam ali por um tempo, no frio com aquelas roupas leves, e esperariam alguém que comprasse a bebida para eles. De qualquer forma, as meninas pareciam estar realmente congelando. Na nossa adolescência, costumávamos folhear revistas pornô, fazer cigarros com guarda-napo e rasgos na calça *jeans*. Hoje em dia, existem calças *jeans* rasgadas que custam muito caro e os jovens perambulam por postos de gasolina. Trata-se de uma ocupação também.

Olhei por um tempo para eles e disse:

— Entrem comigo.

— Sinistro!

Ah, é "sinistro" que se fala hoje em dia. Realmente uma palavra idiota que deveria se extinguir, como "irado" e "bem louco" — em contrapartida, deveriam festejar a volta grandiosa de "bacana" e "da hora". Mas sempre são as palavras pavorosas que de alguma forma sobrevivem.

Fui direto ao caixa. Os dois garotos se dirigiram para a geladeira de cerveja, as garotas vinham com as outras bebidas. Eles conheciam a rota melhor que o *wide receiver* no futebol americano, o que me deu a certeza de que não era a primeira vez que faziam o percurso. Olhei para eles de novo, por um bom tempo.

O balconista estava sentado e folheava entediado uma revista masculina — pelo que pude deduzir, ele também pertencia à geração Dorian Gray. Provavelmente naquele momento ele sonhava em terminar a faculdade e comprar o posto de gasolina, combinar com a companheira de comprar uma Kombi e ter filhos.

— Boa noite, bomba número quatro? Algo mais?

Olhei para o balconista.

— Sim, um maço de Philip Morris.

— Azul?

— Isso.

Na verdade, todas as caixas de Philip Morris são brancas, mas de alguma forma a denominação "azul" se fixou para a versão mais forte. Não tenho ideia de como as pessoas chamam o mais fraco. Azul-claro, talvez.

— Algo mais?

Olhei novamente para os adolescentes, que já embalavam as bebidas em sacolas que aparentemente haviam trazido. O líder levou as sacolas na minha direção e me olhou.

– Sim – olhei para o balconista. – Os quatro aqui estão tentando comprar algo proibido e queriam me usar para isso. Eles querem cerveja, vodca, Campari e espumante. Eu não vou comprar nada para eles. Caso um outro adulto entre e compre essas coisas, você pode ter certeza de que esses quatro estão esperando lá fora. O senhor é quem decide se quer vender bebida alcoólica para adolescentes. Eu não quero comprar nada para eles, não estou nem um pouco a fim de aparecer em uma reportagem ruim de algum programa sensacionalista.

Minha respiração estava acelerada. Minha pulsação havia subido para 180, como sempre andava fazendo quando eu era sincero. Fiquei arrepiado e senti a adrenalina correndo pelo corpo. Ser sincero me emociona. Como não tenho experiência com drogas pesadas, não consigo fazer uma boa comparação – mas, de acordo com amigos experientes no assunto, deve ser bem parecido. Eu sentia o sangue sendo bombeado pelo corpo e, sobretudo, pela cabeça. Minha carótida pulsava, meu dedo mínimo esquerdo tremia, meu lábio inferior simplesmente não conseguia ficar parado.

É um sentimento fantástico. Sério mesmo. Vicia.

Os quatro ficaram com cara de quem acaba de receber a notícia de que na viagem de formatura haverá um grupo feminino e um masculino e ambos viajarão para cidades diferentes.

O balconista franziu a testa e olhou para mim do mesmo jeito como fitei meu pai quando ele chamou balada de "discoteca". Eu me sentia como se tivesse 60 anos. Com se fosse meu pai, como se fosse a imagem envelhecida de Dorian Gray.

Ninguém disse nada. Em dez segundos envelheci trinta anos. Minha viagem pela floresta. Virei adulto. Um sentimento aterrorizante.

Ao fundo tocava uma música que meu pai gostaria de ouvir.

Pus o cartão de crédito sobre a mesa, o balconista pegou sem dizer nada e passou pela máquina, que apitou, chiou e emitiu uma nota que eu assinei.

Ele não disse nada. Eu me senti como se estivesse sentado no banco dos réus de um tribunal de descolados sem um advogado ao meu lado. Os quatro adolescentes eram os jurados, o balconista era o advogado – e eu acabava de receber uma sentença contra mim.

Eu tinha me comportado como alguém que nunca quis ser. Fui sincero. E sincero significava que eu havia me tornado um pequeno--burguês idiota.

Eu fui como acho que eram aqueles que no passado eu socara no pátio da escola. "Idiota pau no cu", assim chamávamos os pseudoadultos naquela época. "Não confie em ninguém com mais de 30 anos", diz o ditado. Eu tinha apenas 29 e era um pequeno-burguês idiota. Sentia vergonha de mim mesmo. Via-me no reflexo do vidro do posto de gasolina – lá estava um homem com aparência de 30 e comportamento de 60. Vi olheiras, o início de uma papada e pequenas marcas de expressão na testa.

– Que idiota pau no cu do cacete – disse o líder para seus amigos. Falou tão alto que não era bem para seus amigos que ele estava falando, mas para mim. Com certeza eu não seria convidado para a festa.

Não pude falar nada, pensei apenas que a descrição da palavra "idiota" não havia mudado desde a minha adolescência. E eu sabia que eles tinham razão.

Eu era um idiota pau no cu.

Assinei, peguei meu comprovante e fui para fora sem olhar para os quatro. Uma das garotas colocou mais uma palavra no meu caminho: "Babaca". Sentei no carro – que por acaso é de uma marca que eu atribuía àqueles que costumava socar no pátio da escola. Sem ligar o rádio, dirigi até em casa. Nessa noite não joguei no computador, não bati papo na internet, não fui para a balada e não baixei nenhum toque de celular.

Apenas sentei e refleti sobre o que havia se tornado o cara que no time de futebol ainda mantinha o recorde de maior número de tequilas tomadas em uma festa de fim de temporada: 23! O que havia acontecido com o rebelde que levava mulheres escondido para o quarto no sótão da casa dos pais e sempre tinha cerveja e vodca por lá? Com o adolescente que perguntou à professora onde ela havia passado as férias, complementando: "As coisas lá devem ser deliciosas – dá até para rebolar!" Essa pessoa existe apenas em fotografias, enquanto na realidade se tornou um velho pequeno-burguês. Como fui sincero, percebi isso – e naquele momento socaria a mim mesmo. O que mais me incomoda na juventude de hoje é o fato de eu não fazer mais parte dela.

Não sei se os psicólogos das revistas ajudariam no meu caso. Tanto faz para mim. Não pertenço mais à juventude. *Velho*, *antiquado* e *repugnante* são adjetivos diferentes, mas às vezes são sentidos de forma muito semelhante.

19° dia

A SINCERIDADE É UMA ARTE

Uma pergunta sincera: Quando foi a última vez que você fez um elogio realmente sincero? Não estou falando da frase feita "Sim, ficou ótimo" quando alguém pergunta, nem do enfadonho "Você fez um bom trabalho hoje", e tampouco estou me referindo ao meloso "Lindos olhos", que não é um elogio de fato, mas apenas um prelúdio do cortejo masculino com o objetivo de induzir ao sexo uma mulher que não quer transar. Estou falando de elogio sincero e bem pensado, que necessita de grande esforço e declara explicitamente ao outro que ele está realmente muito bem, ou o que no trabalho dele foi tão excelente, ou o motivo de seus olhos serem realmente excepcionais. Um elogio em que também se revele um pedaço de sua própria alma e talvez dê até um pouco de vergonha quando enunciado.

Outra pergunta sincera: Quando foi a última vez que você criticou alguém com honestidade? Sem contar o "Não fica bem em você" ou "Não ficou legal" – e também sem levar em conta aquela repreensão de cinco minutos contra o estagiário porque o chefe ficou nervoso e você teve de descontar em alguém e não tinha mais ninguém por perto. Uma crítica em que você explique ao colega, cônjuge ou amigo, de maneira tranquila, direta e acima de tudo fria, o que lhe incomoda, de modo que o interlocutor perceba que você pensa nele e se preocupa, e não quer apenas aliviar sua própria frustração reprimida.

E ainda mais uma pergunta: Quando foi a última vez que você fez uma confissão sincera a alguém? Admitiu um erro de modo aberto e calmo e em todas as suas facetas?

Francamente, no meu caso, eu não faço isso há muito tempo. Acho que a última vez foi no Ano do Rato, ou seja, 2008.

Tomei consciência disso numa tarde de domingo, no estádio Weser, em Bremen. O clima de crise financeira imperava. Após o resultado da crise, o Bayern de Munique empatou em 0 a 0 com o Werder Bremen. Eu estava na zona mista, onde se encontram jornalistas e jogadores depois das partidas de futebol. A dois metros de distância estava o ex-jogador e presidente do Bayern, Uli Hoeness, que resmungava sobre um colega do jornal *Abendzeitung*. Ele parecia ter superado dois ataques cardíacos antes de um aneurisma cerebral, a cor de seu rosto era de um vinho envelhecido sete anos. Vociferava algo como "insolência", "safadeza" e "loucura" e estava visivelmente irado. Dois metros adiante, à esquerda, estava Jürgen Klinsmann, o treinador do time, que tentava se livrar das perguntas dos jornalistas com sorrisos. Visivelmente ele não estava tão irado.

Resolvi ser sincero e escolhi o jogador para o qual a coisa toda estava sendo mais difícil. O homem que, em campo, gosta de agir como guarda de trânsito em cruzamento de Manhattan, para o qual o lema "dar uma lição" significa acertar em cheio o calcanhar de Aquiles do adversário ou no mínimo bater o antebraço contra o peito dele. Aquele que é chamado de *líder agressivo* pelos treinadores, que no linguajar da arquibancada significa nada mais, nada menos que "tosco filho da mãe". Eu queria ser sincero com Mark van Bommel. Ele estava diante de mim e esperava que eu fizesse uma pergunta. Estranhamente parecia bem-humorado, o que não diminuía em nada meu medo. Entrevistar Mark van Bommel após um jogo ruim, no qual ele jogou mal, é quase tão esperto quanto pedir a introdução de um mês sem salário para os parlamentares para ganhar popularidade entre eles.

E tudo que eu disse a Mark van Bommel foi: "Cara, você jogou muito mal hoje!" Ele me olhou sorrindo, disse: "Sim, é verdade" e continuou andando – e eu fiquei desapontado. Não com Mark van Bommel, pois ele reconheceu sinceramente que falhara, mas comigo mesmo.

Havia tantas possibilidades para criticar aquele jogador. Eu poderia ter dito a ele o que eu não gostava em seu jeito de jogar, o que exatamente eu achava ruim e por que achava que ele poderia jogar melhor. Contudo, não fiz nada disso, apenas soltei uma frase provocativa e esperei que o cara ficasse nervoso, pulasse a proteção e metesse a mão na minha cara.

Fui sincero, mas me esforcei tanto quanto um adolescente de 16 anos com a lição de casa. Ficou claro para mim que nos últimos tempos isso andava acontecendo com frequência. Eu era um justiceiro da sinceridade, cuspia minhas tagarelices como uma metralhadora, mas tinha a precisão de uma escopeta. O que eu dizia era mesmo sincero – mas servia apenas como uma provocação entre iguais. Por que Mark van Bommel se interessaria pelo que eu estava falando se eu apenas o reprovei por ter jogado mal? Por que um colega se interessaria pela minha opinião se tudo que eu fazia era reclamar que sua jaqueta era de mau gosto? (Aliás, a reação dele foi: "Ué, quem arrisca ir ao trabalho com uma camiseta de *O grande Lebowski*...") Por que Hanni deixaria de comprar roupas medonhas só porque eu disse, sem o menor fundamento, que não gosto delas?

Com os elogios acontece a mesma coisa. Eu disse a uma colega que a achava extremamente atraente. Sua reação: um sorrisinho amarelo. Com essa frase barata, eu havia esperado uma avalanche de empolgação, embora provavelmente fosse a 3.476ª pessoa que dizia isso a ela. Com meu elogio sincero, eu não era em nada melhor que todos os babões que haviam dito a mesma coisa na esperança de que, nas festas de Natal, ela ficasse sóbria o suficiente para se lembrar deles – e bêbada o bastante para não achar que eram patéticos. E o estagiário também não ficou muito satisfeito quando, ao passar por ele, sussurrei um "Você fez um bom trabalho hoje". Eu não disse a ele o que havia achado bom, ou seja, deve ter soado como uma frase feita simpática que as pessoas trocam no fim do expediente. E minha mulher bocejou quando mais uma vez garanti que a amo. Eu tinha de lhe explicar por que a amo – todo dia, repetidamente.

Ficou claro também que sinceridade tem muito a ver com paixão e amor. No início do meu projeto, havia aquela emoção, aquela sensação de frio na barriga, coração disparado, arrepio. Era fascinante ser sincero com as pessoas – com a funcionária da estação de trem, com a namorada do meu melhor amigo, com a receita federal. Era empolgante ver a reação no rosto das pessoas e, olhando para trás, tomar uma porrada na costela também foi uma experiência prazerosa. Essa coisa de sinceridade era nova, tinha algo de proibido, era excitante. Era, de fato, um pouco como estar apaixonado.

Depois dos primeiros desesperos, primeiros sucessos e o retorno contínuo do frio na barriga, a rotina se instala, há uma quantidade de experiências engraçadas e algumas dolorosas – mas a empolgação desaparece. Queimei minhas melhores observações, pois tinha mesmo de ser sincero, isso fazia parte do meu projeto. Eu fazia elogios como se lesse as notícias do jornal das oito em um *teleprompter*. É verdade, nunca mais parei para pensar. Eu me acostumei à sinceridade, não fiz o menor esforço. Minha relação com ela havia esfriado, acabou ficando tão empolgante quanto um filme caseiro. Eu conhecia tão bem as principais reações das pessoas que às vezes nem prestava mais atenção. O sistema era sempre o mesmo: eu criticava alguém rapidamente e ganhava um olhar feio ou uma crítica. Caso fizesse um elogio sem amor, recebia de volta um sorrisinho breve ou uma palavra gentil. Sim, a sinceridade havia se tornado uma namorada com a qual eu estava desde os 13 anos e não fazia sexo havia seis meses.

Decidi que naquele momento eu precisava investir mais em minha amizade com a sinceridade. Tinha de me preparar, ultrapassar minhas próprias limitações se quisesse receber mais que olhares feios e sorrisos amigáveis. Talvez a empolgação da primeira vez não voltasse, mas talvez a experiência ficasse mais intensa. É como um relacionamento amoroso que acabou ficando tedioso. Nesse caso nem terapia de casal, visita a uma casa de suingue ou férias em uma ilha deserta ajudarão – pois quem não leva o amor consigo não vai encontrá-lo em lugar algum.

Eu queria salvar meu relacionamento com a sinceridade.

Digitei uma mensagem no celular, a destinatária era minha mulher. Escrevi: "Oi, tudo bem? Só queria dizer que agradeço pelo fato de você estar na minha vida. Sem você, provavelmente eu estaria dormindo debaixo da ponte e esperando ferrado pelo fim da faculdade ou do mundo – o que acontecesse primeiro. Além disso, você tem o rosto mais lindo que eu já pude ver ao vivo. Até amanhã. Te amo!"

Preciso confessar que fazer esse elogio foi bem fácil. Não recebi resposta, provavelmente ela já estava dormindo ou pensou que eu tinha sido atingido por um raio.

A mensagem seguinte foi mais difícil, a destinatária era uma ex-namorada. Pedi para nos encontrarmos num fim de semana e escrevi que gostaria de ter uma conversa sincera com ela. Havia muitos anos, e por motivos inconsistentes, eu terminara com ela, e desde então tinha o sentimento de que lhe devia uma explicação – claro que essa explicação nunca aconteceu, já que eu era muito covarde. Ela respondeu com três pontos de interrogação, mas, em outra mensagem, se dispôs a encontrar comigo. No dia seguinte estávamos sentados em um café. Sem grandes frases prontas – disse apenas que seria sincero –, comecei a confissão. Contei que nem sempre tinha sido fiel em nosso namoro (sua reação: "Eu já imaginava") e que em algum momento fiquei entediado pela rotina que se instalara em um relacionamento adolescente (sua reação: "Comigo aconteceu a mesma coisa!"). Confessei algumas outras coisas que não vou reproduzir aqui, porque não significam nada para outras pessoas além de nós – mas quem teve um namoro turbulento quando era um(a) adolescente guiado(a) por hormônios pode imaginar. Expliquei que terminara o relacionamento não porque ela havia mudado – eu tinha usado isso como desculpa na época –, mas porque não sentia mais tesão por ela, não gostava mais dela e ela me irritava. Eu era culpado, pois não me interessava mais por ela e acreditava que encontraria algo melhor. E, sim, naquela época tive outra namorada. Por isso me desculpei de forma sincera e afável.

Você sabe como é duro falar isso na cara de alguém? Mesmo depois de tantos anos? A sensação voltou, a coceira, o frio na barriga. Bem-vindo à sinceridade.

Ela ouviu minha confissão pacientemente, e às vezes balançava a cabeça. Quando terminei, ela disse:

– Você era um tremendo babaca. De verdade. Todos pensavam isso, não apenas eu.

Bem-vindo à sinceridade.

– Tudo que você me contou eu já tinha imaginado. Mas é bom ouvir da sua boca.

Conversamos por mais meia hora sobre os velhos tempos, nos abraçamos e combinamos de manter contato.

E de repente fui acometido por um sentimento realmente bom. Uma confissão sincera assim é complicada. Claro que também teríamos levado felizes nossa vida se eu tivesse mantido a mentira com meu silêncio. Passaria despercebido se eu não tivesse feito absolutamente nada. Mas o fato de eu ter tomado essa atitude não passou despercebido.

Nos dias que se seguiram, investi ainda mais em meu projeto. Reservei uma hora para dizer ao meu estagiário o que eu achava bom em seu trabalho e por que o considerava competente. Expliquei seus erros e descrevi com paciência o que ele poderia melhorar. Ele ficou feliz. Toquei a campainha do vizinho e deixei claro, com calma e sem emoção, que me irritava profundamente o fato de ele sempre estacionar na minha porta, que não cabia um segundo carro atrás, embora pudesse haver espaço suficiente para os dois se ele fizesse um pouco mais de esforço para estacionar. Desse dia em diante, ele começou a estacionar de maneira exemplar. Confessei à minha mãe que no passado eu roubara uns trocados de sua bolsa, porque não tinha dinheiro para pagar a entrada da danceteria.

Disse à minha colega o que exatamente eu achava atraente nela e garanti que meu elogio não era uma frase feita indiferente. A reação ainda foi um sorrisinho, mas de qualquer forma não foi amarelo. E escrevi em uma folha para minha mulher o que exatamente eu achava lindo nela. Ela esperou impaciente o dia todo por uma nova mensagem e me agradeceu como apenas adolescentes guiados por hormônios fazem.

Sinceridade — não se trata apenas de pensamentos jogados. Exige coragem e respeito. Sinceridade é uma arte.

E algum dia, quando eu tiver coragem suficiente e encontrá-lo sozinho, sem câmeras, sem outros jornalistas e fora da zona mista, também explicarei a Mark van Bommel por que joguei na sua cara que ele jogou mal aquele dia no estádio Weser.

11

21º dia

A SINCERIDADE
NO LIVRO DOS LIVROS

Terça-feira, 21º dia do meu projeto, e eu me sentia muito bem, física e psicologicamente, o que nem sempre acontece. Mandei a carta ao tal estilista – sempre tive certeza de que só um homem seria capaz de fazer um vestido daqueles –, não o ofendi, mas expliquei de forma racional por que a peça não me agradava e por que achava incompreensível minha mulher ter gastado mais de cinquenta euros com ele. Hanni suspendera minha condicional desde que eu começara a deixar pela casa bilhetinhos nos quais escrevia o que achava de mais maravilhoso nela.

Pude até voltar a dormir na cama, o que fez bem para minhas costas e era a razão da melhora em meu estado psíquico. Na cama, também podia fazer coisas que não faziam tão bem assim para as minhas costas, mas melhoravam sensivelmente meu equilíbrio espiritual. Veja só, eu tenho a mulher mais bacana do mundo!

Além disso, estava em férias havia uma semana, o que ajuda a melhorar e muito o humor de uma pessoa normal, como água tônica e aspirina após uma noite de arromba. A primeira metade do período de Quaresma sincera ficara para trás; eu tinha a impressão de que aprendera um pouco sobre verdade, sinceridade e universo. A sinceridade e eu éramos amigos agora. Talvez não como Matt Damon e Ben Affleck em *Gênio indomável*, mas mais como Bud Spencer e Terrence Hill em *Dá-lhe duro, Trinity*. A partir de agora, seria contagem regressiva. Tinha a impressão de que os piores dias já tinham sido vencidos.

Poucas vezes antes eu errei tanto na vida, pois apenas naquele momento eles haviam de fato começado. Eu era como Sísifo, que rolava uma pedra montanha acima na esperança de que ela ali permanecesse – e, na melhor das hipóteses, Eurídice trouxera cachos de uva. Eu ainda não sabia se a rocha já havia rolado morro abaixo mais uma vez e agora me aguardava, perversa, para levá-la novamente morro acima. Aprendera algo sobre a sinceridade. Minha mulher havia se adaptado à sinceridade, como as mulheres se adaptam a coisas como ronco de marido bêbado ou meias de futebol sujas. Inclusive alguns de meus colegas também encontraram a sinceridade. A sinceridade e eles ainda não eram amigos, e sim colegas distantes – mas podiam vir a ser. No entanto, várias pessoas que me são importantes ainda não conheciam minha nova amiga. E eu decidira apresentar-lhes. Essas pessoas eram meus pais, meu irmão e meus melhores amigos.

Hanni e eu fomos à casa de meus pais para termos comida e roupa lavada decentes – e, claro, também para que eles vissem que eu ainda estava vivo e tomava banho no mínimo uma vez ao dia. Sei que é um tanto constrangedor alguém com quase 30 anos levar suas roupas para a mãe lavar, mas, por um lado, minha mãe nasceu com genes samaritanos e, por outro, assim eu honrava a promessa que tive de fazer à minha mulher para poder voltar para a cama: "Nesta semana, eu cuido da roupa". Além disso, está no catecismo da geração Dorian Gray: ser dependente dos pais aos 30 anos – seja no âmbito financeiro, emocional ou, no meu caso, doméstico.

O fato é que, ao ultrapassar a soleira da porta, transfiro à minha mãe todos os cuidados do lar. Ela quer que seja assim. Minha mãe tem um senso de ordem maior do que qualquer outro mamífero do planeta, e mais senso familiar que avestruzes e pinguins. Para alguns, pode parecer estranho que uma senhora de 64 anos carregue cestos de roupa até a lavanderia, enquanto seu filho de 30 fica na poltrona massageadora tomando cerveja e decidindo entre as funções "rotação" e "vibração". Mas, por um lado, minha mãe está incrivelmente em forma para a idade – e eu sou assustadoramente frágil para a minha – e, por outro, não devemos renunciar às tradições.

No caminho – exatamente quando saí da estrada estadual para a via sem faixa, e dois carros com as letras "FC" na placa vinham de encontro a mim – decidi que deixaria a verdade chegar aos poucos para meus pais. Abordaria com cuidado aquilo que queria dizer a eles, de maneira sincera e direta. Ninguém aparece de repente com uma nova amiga na mesa de jantar dos pais. Achei sábio ser sincero e dizer o que pensava nessa visita – mas parecia ainda mais sábio conduzir os temas das conversas para coisas inofensivas da vida, como futebol ou a ampliação da praça central.

O psicólogo alemão Friedemann Schulz von Thun, em seu livro altamente recomendável *Saber comunicar, saber dialogar*, chama isso de *autenticidade seletiva* – conceito introduzido pela psicóloga Ruth Cohn. O indicador para liberar tudo que está dentro de nós, com a justificativa de que é problema dos outros se não conseguirem lidar com isso, corre o risco de ser mal interpretado. Em uma conversa não há apenas o emissor – nesse caso eu, que desejava ser sincero acima de tudo –, mas também um receptor, que possivelmente não está em sintonia com o emissor. Assim, era bastante conveniente apresentar o projeto sinceridade a meus pais, prepará-los com verdades selecionadas e só mais tarde ser claro. Em entrevista, Cohn disse: "Acredito que a franqueza absoluta seja tolice". É inacreditável como muitas pessoas inteligentes, entre filósofos, matemáticos e até psicólogos, se ocupam tão pouco com a franqueza e a sinceridade.

Como disse anteriormente, a franqueza e a sinceridade se tornaram minhas amigas – mas talvez isso resida no fato de eu não ser uma pessoa especialmente inteligente.

Ao menos naquele dia, contudo, concordei com os sábios, que são significativamente mais espertos do que eu – pois, coloquemos nestes termos: me borrava todo com a possibilidade de ser sincero com meus pais.

Eles já sabiam do projeto, mas não sabiam ao certo como deveriam lidar com isso – para eles, era como se eu tivesse dito que minha nova namorada, católica fervorosa, havia se especializado como tatuadora e agora queria sair em turnê como dançarina do Metallica. Meu pai, que ainda não conseguira entender que escrever é visto como um trabalho até que sério, comentou meu plano com um desmotivado "ãhã", que significava "Que conversa fiada". Minha mãe, que considerava sério qualquer trabalho de seus filhos, exceto tatuadora e dançarina do Metallica, também disse "ãhã", que significava "Lá vem ele com mais uma ideia maluca". Obviamente eles tentaram, durante a criação dos filhos, deixar claro que a sinceridade estava entre as principais virtudes de uma pessoa. Como religiosos, me ensinaram os Dez Mandamentos e leram a Bíblia para mim. Mas também era claro para eles que a mentira equilibrada faz parte da vida, e é por isso que meu pai desde sempre se considera veementemente não fumante, embora fume no mínimo dois cigarros por dia – e não se incomoda em dizer a quem o rotule como fumante que esse indivíduo é maluco e ignorante. Minha mãe está entre os mentirosos amigáveis, dizendo: "Gosto de lavar sua roupa", mesmo que seu olhar diga: "Você já tem 30 anos, cresça logo e cuide de sua vida de uma vez por todas". Ela também finge não saber que meu pai fuma. Só às vezes solta um "Depois não reclame que tudo em você dói". Eles se enganam, mas de qualquer forma o joguinho funciona.

Na primeira noite da minha visita, nós três tentamos não falar sobre os temas verdade e sinceridade. Contei sobre as primeiras semanas, reveses e conhecimentos iniciais – no relato a respeito da declaração de imposto, vi meu pai enxugando uma lágrima dos olhos –, mas de alguma forma cada um tentava se esquivar e mudar de assunto. Depois de algum tempo, por meio de atalhos, chegamos à Bíblia. Minha mãe entrou em êxtase quando eu disse que havia lido a Bíblia – sim, realmente em êxtase. Nunca pensei que alguém pudesse ficar arrebatado, exceto o jovem em um filme caseiro dos anos 50 que volta a seu vilarejo e, pela primeira vez depois de vinte anos, revê seu amor de juventude. Mas minha mãe ficou realmente extasiada. Ela acabara de levar a roupa para a lavanderia e estava sentada à mesa da cozinha coçando as próprias costas. Acho que aquilo tudo lhe causava coceira.

De fato, a Bíblia havia se tornado uma linha condutora de meu projeto. No fim das contas, tentei seguir um dos Dez Mandamentos em toda sua radicalidade, e esperava pelo conselho do Livro dos Livros. Tenho de confessar, com sinceridade, que no início do período sem mentiras baixei uma versão eletrônica da Bíblia e procurei pelas palavras--chave "verdade", "sinceridade" e "mentira". Eu tinha a impressão de que encaixar uma citação adequada aqui e ali bastaria para que eu parecesse no mínimo meio culto e religioso. Contudo, fiquei fascinado pelas passagens e decidi que precisaria ter sempre uma Bíblia por perto, porque ali são relatadas histórias realmente emocionantes, que contêm a sabedoria que pode mudar uma vida. Só que tais histórias não são lidas na missa, é preciso procurá-las de verdade.

Nesse meio-tempo, pesquisei a versão com imagens de Marc Chagall, presente do meu irmão no começo dos estudos; leio quase que diariamente no mínimo uma página e me surpreendo com as interpretações do pintor.

Relatei a meus pais, em um tom totalmente espertalhão, que os autores da Bíblia não se prendiam muito à verdade e à sinceridade — o que fez desaparecer o arrebatamento de minha mãe e a colocou na mesma posição defensiva que torcedores do Bayern assumiam quando, nos últimos dez anos, se tocava no assunto da política de transferência do clube com relação a zagueiros sul-americanos e meio-campistas. A postura defensiva também podia estar relacionada a suas costas, mas ela era muito religiosa e também uma pessoa transcendente em relação às coisas mundanas, o que me convenceu de que, se minha mãe não chegar ao céu ou no mínimo ressuscitar como rainha, nenhum de nós tem a menor chance de salvação. Ela vive sob o lema: "O que

Jesus faria?", enquanto os primeiros 29 anos de minha existência foram regidos pelo lema: "O que Jesus não faria?" Não raro ouço a frase "O que fizemos de errado?", recitada por minha mãe em sereno desespero e por meu pai cheio de raiva e com menção de deserção.

Falávamos sobre Noé. Acho que chegamos a esse ponto porque minha mulher, na febre da gravidez, colocou "Noé" no debate pelo nome de nosso filho, o que foi rebatido por mim com a menção do nome Kurt. Falávamos da construção da arca e da escolha do número correto de animais. Ele deveria incluir um macho e uma fêmea dos animais impuros; dos animais puros, sete exemplares de cada; e dos pássaros, sete machos e sete fêmeas, conforme o livro do Gênesis. Chagall ilustrou a cena com um fundo azul profundo, um cabrito colorido de vermelho intenso, um alce amarelo brilhante, e as pessoas verde-escuras. O rosto de Noé é verde-claro, parece doente. Além disso, são retratados animais que nunca vi na vida, e a entrada da arca parece o túnel de uma mina. Gostaria de escrever uma carta a Chagall e reclamar da feiura do quadro e da dificuldade de interpretação causada pela escolha de cores, mas ficaria sem resposta por conta de meu nascimento tardio.

– Esse negócio de arca é uma completa idiotice – eu disse, não sem lançar um olhar questionador para o céu, para ver se o Todo-Poderoso me castigaria pela blasfêmia (ele não o fez, mas acho que o congestionamento a caminho do trabalho, nove dias depois, foi a sua vingança). Minha mãe defendeu a construção do navio de madeira e a salvação das espécies, me acusando de não ter os olhos suficientemente abertos.

– Mas, mãe – eu disse –, há milhões de espécies de animais no mundo. Como caberiam numa arca?

Sua resposta foi:

– Mas era uma arca muito grande!

Fiquei indignado, realmente indignado. Como o jovem daquele filme caseiro quando é informado de que o bar de seus avós precisa ser fechado.

— Muitos animais vivem apenas na África, muitos na selva amazônica, outros no Polo Norte. Como conseguiram encontrar a arca?

O contra-ataque de minha mãe:

— A arca era enorme para que pudesse ser localizada. Tinha de poder ser vista!

Mas eu ainda tinha uma carta na manga.

— Mas na arca havia leões e antílopes, formigas e antas, pássaros e minhocas. Eles teriam se devorado lá dentro.

Minha mãe me olhou e disse:

— É como hoje: em tempos de crise, todos devem viver em harmonia. E pode continuar a discussão!

Porém, preferi coçar o saco. Não se tratava de um ritual de masculinidade nem de uma brincadeira com as bolas, apenas coçava, e achei que também os gestos precisavam ser sinceros. Minha mãe percebeu e logo lançou o olhar de "O que fizemos de errado?". Mas não disse nada. Ela me olhava como olharia minha nova namorada se ela fosse tatuadora e dançarina do Metallica.

Não tinha sentido argumentar contra a fé de um religioso. Minha mãe sempre vai tentar defender a existência de Deus e a veracidade da Bíblia, além de trazer de volta para o caminho da retidão apóstatas como eu — mesmo que na Bíblia se tenha mentido como mentem os pescadores, pois uma arca enorme afundaria. Isso também explica uma de minhas piadas preferidas, que a caracteriza bem e, claro, ela não nega:

Uma senhora religiosa vai todos os dias até a varanda e grita: "Louvado seja Deus!" Toda manhã, o vizinho, ateu, grita de volta: "Deus não existe!" Assim passam-se semanas de "Louvado seja Deus" seguido por "Deus não existe". Certo dia, a senhora enfrenta dificuldades financeiras e não pode mais fazer compras para casa. Então, vai até a varanda, pede ajuda a Deus e termina a oração com: "Louvado seja Deus!"

Quando, na manhã seguinte, se dirige até a varanda, encontra ali uma cesta com as mais suculentas guloseimas. Obviamente, ela grita: "Louvado seja Deus!" Então o vizinho corre para fora e berra: "Ha ha ha, eu comprei essas coisas. Deus não existe!"

A senhora então sorri e volta os olhos para o céu: "Louvado seja Deus. O senhor não só me trouxe tantas guloseimas, como fez o próprio Satanás pagar por elas..."

E assim continuaram as conversas com a minha mãe. Meu pai mantinha-se alheio a essas discussões – ele desenvolvera um pragmatismo com relação à religião e à vida que pode ser expresso na seguinte história:

> Um casal é recebido nas portas do céu por são Pedro, que diz: "Bom dia! Ali atrás já estão à espera dos senhores sua mansão com piscina e um conhecido *chef* que cuidará de suas deliciosas refeições. As camareiras já arrumaram a cama, os charutos Cohiba estão preparados e um coquetel já está pronto. Aproveitem a eternidade no céu". No caminho para o casarão, o homem diz a sua mulher: "Sem aquelas cápsulas de alho, poderíamos ter chegado aqui há pelo menos dez anos..."

Lembre-se da piada e das caracterizações, elas poderão ser importantes mais tarde.

Voltemos à Bíblia. É evidente que aquilo que está na Bíblia sobre a arca é mentira. Trata-se ao menos de exagero e, com isso, não corresponde à verdade. Por isso cristãos fiéis sempre argumentam que não se deve levar a Bíblia ao pé da letra, mas entendê-la como uma série de parábolas a se interpretar e de acordo com as quais se deve viver. Você pode ler como é viver estritamente de acordo com as regras da Bíblia no fantástico livro *Um ano de vida bíblica*, de A. J. Jacobs. Como em seu experimento a verdade também tinha papel importante, também fui inspirado por Jacobs a me envolver neste projeto – ele também fez uma breve tentativa com a sinceridade radical.

O que me surpreende é que diversas passagens da Bíblia são interpretadas pelos fiéis de forma rígida, como se fossem regras irrefutáveis, a palavra de Deus em pessoa. Outras, por sua vez, são interpretadas de modo mais livre, como um romance de Patricia Highsmith.

Para mim é algo incompreensível. Não me considero especialmente fiel, tampouco ateu. Minha posição religiosa pode ser descrita por meio desta história:

> Um homem joga *blackjack*, o famoso vinte e um, em Las Vegas e coloca na mesa seus últimos cem dólares. Ele pega um dez e um nove e quer parar, quando então uma voz sussurra: "Pegue mais uma". Ele olha surpreso ao redor e pega mais uma carta: um ás, ele tem vinte. Ele deseja parar, então ouve novamente: "Pegue mais uma carta". Ele se surpreende, mas pede novamente uma carta. Mais uma vez um ás, e ele então tem 21! A voz então diz: "Simplesmente inacreditável!"

Meu problema com a Bíblia e o seguinte: trata-se do Livro dos Livros. O livro mais vendido e mais lido de todos os tempos. Deve conter verdades – ou mesmo ser a única verdade – e servir de diretriz para os fiéis a respeito de como encontrar a salvação no caminho da retidão. Sim, tem de ser a palavra de Deus! O atual catecismo da Igreja Católica está definido com muita clareza, em seu artigo 140: "O Antigo Testamento apresenta o Novo, enquanto este dá cumprimento ao Antigo. Ambos iluminam-se mutuamente e são a verdadeira palavra de Deus". E o Livro de Concórdia da Igreja Evangélica explica que tanto o Antigo quanto o Novo Testamento são "o único juiz, regra e guia", de acordo com os quais "todas as doutrinas devem ser reconhecidas e julgadas boas ou más, justas ou injustas".

No entanto, na própria Bíblia há uma frase que me deixou perplexo. No salmo 116,11, está escrito: "Os homens são todos mentirosos"! Ou seja, estão incluídos nisso também os autores da Bíblia. É como o paradoxo de Epimênides. O filósofo grego escreveu o belíssimo poema "Cretica", cuja segunda estrofe é a seguinte: "Cavaram uma cova para ti, ó Santo e Altíssimo./ Os habitantes da ilha de Creta são sempre mentirosos, animais ferozes, comilões preguiçosos./ Mas não estás morto, vives e permaneces para sempre./ Pois em ti vivemos, andamos e somos".

A segunda frase também está na Bíblia, em Tito 1,12-13: "Um de seus profetas disse: 'Os habitantes da ilha de Creta são sempre mentirosos, animais ferozes, comilões preguiçosos'. E o que disse é verdade".

Daí se formou o paradoxo de Epimênides. Se ele afirma, como cretense, que "Os habitantes da ilha de Creta são sempre mentirosos", alguma coisa aí não bate, porque a frase não pode se concretizar nunca. Como mente por ser cretense, então sua afirmação não pode ser comprovada, pois pode-se supor que ele mente. Se refletirmos bem sobre isso, podemos ter uma bela tontura.

Ou seja: como a Bíblia pode ser o livro da verdade se seus próprios autores afirmam que todos os homens mentem? E por que há ali uma história tão ultrajante como a da Arca de Noé? Discuta isso com alguém como minha mãe! Ela não participaria de nenhum programa mais elaborado de perguntas e respostas, por isso as perguntas a que responderia sem pestanejar para ganhar o prêmio máximo no *Show do milhão* seriam:

- Liste todos os produtos que podem ser comprados em um bazar de caridade!
- Qual é o nome do marido da personagem bíblica Lia?
- Quem foram os três papas no ano dos três papas?
- Diga a palavra mais falada nos filmes de Rosamunde Pilcher!
- Qual o nome da organização humanitária que ajudou nos terremotos da China?
- Quanto dinheiro doado é necessário para enviar uma criança para a escola na Tanzânia?
- Qual o ingrediente secreto da Coca-Cola?

Não é só porque muitos pontos na Bíblia parecem indecisos, impossíveis do ponto de vista científico ou bem exagerados que devemos discutir sobre isso com fiéis. Minha mãe, por exemplo, como muitos fiéis, desenvolveu um sistema para decidir por si só qualquer discussão sobre fé e Bíblia. De alguma forma está claro que a Terra não foi criada em sete dias. Contudo ela, por um lado, fundamenta essa afirmação no fato de que Deus e os homens claramente possuem conceito temporal diferente e, por outro, afirma que "antigamente tudo acontecia muito mais rápido". Argumente contra se for capaz...

Por que os autores da Bíblia simplesmente não conseguiram escrever sem emoção e com sinceridade o que aconteceu? Naquela época a sinceridade já não era uma boa amiga e uma companhia confiável.

Foi ainda pior quando tentei argumentar com embasamento científico. A concepção imaculada de Maria, por exemplo, é para mim um fenômeno biológico incompreensível. Minha mãe disse que eu pensava assim por causa de minha falta de fé e anunciou com fervor que eu poderia mover montanhas se minha fé fosse apenas do tamanho de uma semente de mostarda. Além disso, a ciência teria se enganado tanto nos últimos séculos que ainda hoje não se poderia confiar nela. Quem sabe talvez em quinhentos anos a concepção imaculada seja a coisa mais normal do mundo!

A condenação imposta pela Igreja Católica a Galileu Galilei no século XVII – o papa Urbano VIII afirmou que as múltiplas manifestações da natureza operadas pelo Todo-Poderoso fugiriam para sempre do limitado entendimento humano –, embora ele não refutasse a opinião da Igreja, desejando apenas alertá-la de um equívoco, minha mãe considerava um errinho bobo na história da Igreja. A condenação foi revogada em 1992, o que mostra que a Igreja pode admitir seus erros.

Meu pai é muito pragmático e não se deixa envolver em discussões com o filho. Ele diz: "É assim e ponto final". Fim da discussão. Esse é meu pai, que por conta de diversos infartos e derrames não poderia encarar grandes emoções em um programa de perguntas e respostas. Poderia então responder às seguintes perguntas no *Show do milhão*:

- Quem fez os gols da seleção alemã na semifinal da Copa do Mundo de 1954?
- O que acontece no terceiro minuto do filme *Três homens na neve*?

- Diga as variantes de uma gaita harmônica!
- Calcule de cabeça a equação: 24 vezes a raiz quadrada de 5.820.463 multiplicado pela raiz de 49.198.246 dividido pela raiz de 482.812!
- Diga o dia de fundação de todas as emissoras de TV privadas!
- Responda a qualquer pergunta que tenha a ver com os anos 60!

Eu cresci desse jeito. Com a Bíblia como o Livro dos Livros e pais que não permitiam discussão. Isso ainda terá um papel importante em meu futuro encontro com eles.

Surpreendo-me cada vez mais com quanto se mente na Bíblia, como se fosse a coisa mais normal do mundo. Claro que se poderia argumentar que a mentira pertence ao ser humano bem como o mau hálito e a dor de barriga depois do peru de Natal. Mesmo as pessoas mais santas são acometidas por ela. Por que a serpente no paraíso disse: "De modo algum morrereis. Pelo contrário, Deus sabe que, no dia em que comerdes da árvore, vossos olhos se abrirão e sereis como Deus, conhecedores do bem e do mal"? Por que não disse apenas: "Oi, Deus vai expulsar vocês do paraíso, vai torná-los mortais e desprezá-los. Mas comam de qualquer forma, essas coisas são uma delícia"?

Aposto com qualquer um que Adão e Eva teriam se servido...

Meu exemplo preferido é Pedro. Jesus anunciou que ele o trairia. Pedro – aquele combatente do senhor que foi tão longe no monte das Oliveiras que arrancou a orelha de um soldado apenas para proteger Jesus – senta-se com outras pessoas em um pátio e espera o que vai acontecer ao seu senhor, quando então é acusado de ser seu apóstolo. Pedro nega, mente, jura, amaldiçoa a si mesmo. Até o galo cantar, Pedro reconhece seu erro e corre para fora, onde chora amargamente. Nessa passagem, sempre pensei comigo mesmo: Por que Pedro não voltou e disse: "Tá bom, pertenço a Jesus. Acredito que ele é filho de Deus. E agora fazei o que quiserdes".

Medroso.

No outro dia, confrontei meus pais com isto:

— Como podem acreditar tão fervorosamente se há tantas mentiras ali? Nunca tiveram a menor faísca de dúvida? Não estou dizendo que por isso precisam deixar a Igreja ou algo do tipo. Mas precisam ao menos aceitar que existe a possibilidade de que aquilo tudo seja um amontoado de mentiras, e é melhor que não acreditemos nisso, pois não faz o menor sentido. Claro que podem continuar acreditando. Só deviam ter cuidado, pois podem se enganar.

Os dois me lançaram aquele olhar de "O que fizemos de errado e por que ele apareceu aqui com uma tatuadora?". Pensei se deveria mesmo usar tanta sinceridade com eles ou se deveria ser um pouco mais seletivo com minha autenticidade.

— Por que deveríamos duvidar?

Não, eu tinha de continuar.

— Porque existe a possibilidade de que tudo seja apenas uma bobagem e a vida não tenha mesmo sentido algum — eu já não estava indignado, mas empolgado. — Não estou dizendo que tudo é besteira, mas não se pode confiar cegamente que está tudo correto. É simplesmente burrice.

Percebi que meu pai me ameaçaria com a deserção, mas de qualquer forma eu apareceria em seu testamento (depois eu explico isso). Minha mãe, contudo, permanecia paciente como uma pediatra. Ela se sentou à mesa como a paciência personificada no belo quadro de Hans Sebald Beham. Meu papel seria o do pequeno dragão que a paciência delicadamente nina nos braços.

Então ela se levantou, foi até a sala de estar e voltou com a Bíblia, cuja idade eu estimava em cerca de duzentos anos. Colocou os óculos, que eram tão velhos quanto, e folheou o livro. Então, solene, proclamou uma passagem do Apocalipse, sendo estas as últimas frases:

Para todo aquele que ouvir as palavras da profecia deste livro, vai aqui o meu testemunho: se alguém lhe acrescentar qualquer coisa, Deus lhe acrescentará as pragas que estão aqui descritas. E se alguém retirar algo das palavras do livro desta profecia, Deus lhe retirará a sua parte da Árvore da Vida e da Cidade Santa, que se encontram descritas aqui neste livro.

Ela me lançou aquele olhar compassivo que os torcedores do Bayern de Munique lançam quando encontram o torcedor de um time que acabou de perder deles por 5 a 0.

Eu não disse mais nada. Peguei a Bíblia e fui para a cama. Sincera ou não, ela permanece minha companheira. No fim das contas, não quero arriscar meu quinhão na Árvore da Vida.

12

24° dia

A SINCERIDADE LIBERTA

Fiquei entediado. Não no sentido de "Estou há três horas sentado na ópera e fiquei entediado", ou como gracinha de férias: "Estamos no sol, fiquei entediado, vamos jogar vôlei de praia", ou no sentido de ameaça no jogo de cartas, como quando meu amigo Matthias reflete por dois minutos antes de descartar qualquer coisa.

Cheguei a pensar se não estaria sofrendo de esgotamento, a doença da moda da elite sofisticada da minha geração. Soa mais dramático do que "estressado" e não parece tão provinciano como a boa e velha úlcera estomacal. Em princípio as doenças são, com exceção da sempre presente e clássica hérnia de disco, modas temporárias. Apareça por aí com a doença da vaca louca ou com gripe aviária – todos o considerarão uma relíquia dos anos 90. Tem de ser gripe suína, melhor ainda em uma mutação, com a qual podemos deixar o vizinho com inveja por termos passado a última semana de férias em Honduras. Decidi então que no mais tardar em vinte anos terei hérnia de disco e que agora não sofro de esgotamento de forma alguma.

Fiquei apenas entediado, e isso já durava dois dias. A sinceridade tornou-se uma boa amiga – e bons amigos às vezes enchem o saco, pelo menos eu acho. O *frisson* e com ele também aquele encantamento, como se eu fumasse quatro cigarros ao mesmo tempo, bebesse três coquetéis e admirasse duas mulheres nuas na praia, desapareceram um pouco. Não sentia mais arrepios quando, em vez de "Bom dia", dizia apenas: "Oi, não quero saber como você está". Não tinha mais um sentimento opressivo quando informava a uma boa amiga que havia anos ela me dava nos nervos com suas histórias de tristeza e que ela deveria romper com sua zona de conforto e se arriscar em algo novo. Não ficava mais com remorso ao dizer à minha mulher que sua gravidez não tinha impacto apenas em sua barriga.

As mentiras antes representavam uma zona de conforto para uma vida sem estresse – como serviços com prazo de rescisão de seis meses e seguros contra invalidez, ou o fundo de investimento que o zeloso funcionário do banco me enfiou goela abaixo. Há 24 dias eu saíra de uma de minhas zonas de conforto – contudo, não tinha a sensação de que poderia ter uma queda grave. Balançava lá no alto em meu trapézio, pra lá e pra cá, e ainda assim estava entediado.

E isso acontecia única e exclusivamente comigo.

As pessoas ao meu redor haviam se acostumado aos meus comentários grosseiros, a expressão de choque em seu rosto sumira, pois já sabiam que eu expressaria minha opinião sem rodeios, mesmo que não perguntassem. Outros, que sempre tinham de estar comigo, como Hanni, sentiram uma evolução positiva. Ela se alegrava quando eu fazia elogios sinceros. Meu vizinho continuava estacionando de forma exemplar na frente de casa. Só o estilista não respondera minha carta.

Talvez isso também se desse pelo fato de que as pessoas não se interessavam por mim. Elas não se importavam comigo. Eu fazia o que queria – e elas davam no máximo uma balançadinha de cabeça. Naquele dia acordei e não tive vontade de me lavar ou me vestir. Havia apenas escovado os dentes, pois tenho simplesmente pavor de uma conta de dentista horrenda aos 30 anos. Coloquei um roupão branco, um boné nojento e me arrastei até a padaria. Lá pedi pãezinhos e, para minha mulher, biscoitos com recheio de geleia e açúcar de confeiteiro por cima. Desde o início da gravidez, ela ficou louca por essa coisa, embora isso não deixasse apenas sua barriga maior, como eu havia dito a ela e por isso ganhado um chute violento na canela e outro na região do estômago – por acaso, no mesmo local onde ainda havia um hematoma da pancada de Niko. Havia cinco pessoas na padaria e nenhuma me olhou estranho por causa da minha roupa. Ninguém balançou a cabeça ou riu com desprezo. E ninguém disse nada, nem: "Opa, acho que eu também estou precisando de férias".

Nada. Eu estava parecendo um mendigo e ninguém se interessou.

Tentei por um breve momento jogar a culpa pelo desinteresse na sociedade moderna, em que as pessoas se comunicam por computador, se concentram apenas em seus amigos do Facebook e estão tão ocupadas com a própria virtualidade que não têm mais olhos para o que acontece diante delas no mundo real. Contudo, lembrei que eu não era pessimista quanto à civilização e considerava a internet uma bênção ainda maior que a criação do Red Bull e dos bafômetros portáteis. Os motivos para meu tédio deviam ser outros.

Eu simplesmente não tenho nada de especial. O que há de tão ruim quando alguém de roupão vai à padaria – alguém que não é famoso –, é fotografado por um jornalista amador e no dia seguinte aparece em todos os jornais?

Nada.

Também pensei que minha nova tatuagem chamasse mais atenção. Eu não quis fazer nenhum caractere chinês no antebraço que significasse "pato agridoce", e também não queria um símbolo ornamental nas vértebras L4 e L5 ou uma variação da capa do disco de alguma banda de *heavy metal*. Tatuei uma inscrição no bíceps direito, onde eu tinha certeza de que o músculo poderia ser chamado de bíceps mesmo se não estivesse realmente malhado. Eu quis aquela tatuagem porque achei a citação realmente impressionante, contudo, antes das semanas de sinceridade, não pensava assim. Agora tenho no braço, num tipo de letra que se pode encontrar também na entrada de bares irlandeses: "He walks amongst us, but he's not one of us", que significa:

"Ele caminha entre nós, mas não é um de nós". Vem de *Lost*, e sei que é embaraçoso tatuar citações de séries de televisão. Mas acho que a frase está bem próxima de meu lema de vida e, além disso, traz em si uma mensagem transcendental que não se pode subestimar. No fim das contas, Jesus foi um dos primeiros rebeldes da história. Dá para pensar um pouco sobre isso.

Mostrei orgulhosamente a tatuagem a muitas pessoas. As reações mais intensas foram "Tá bom, se você acha", e um "Deve ser Jesus, né?". Uma pessoa até me perguntou: "Você acha mesmo que é você?" Ninguém riu da minha cara.

Então cortei o cabelo. Antes parecia que alguém tinha jogado palha na minha cabeça. Deixei-o com cerca de um centímetro e meio, porque sempre tive curiosidade de saber como ficaria quando a queda de cabelo geneticamente herdada começasse a agir. Quando voltei para casa, tive a impressão de que havia ido com o anuário da SS ao cabeleireiro.

— Ficou bonitinho, e quando crescer ficará como era. De qualquer forma, você também fica gatinho careca.

Essa foi a única reação de Hanni. Os comentários idiotas dos colegas (de "A cabeça cresceu" a "Sentido!") eu teria de aguentar com qualquer outro corte de cabelo. Minha avó até ficou feliz, porque "o menino finalmente parece ajuizado".

Novamente, nenhuma reação.

Fiquei em casa de roupão e mastigava meu pãozinho, enquanto minha mulher enfiava um biscoito açucarado na boca. Quando o telefone tocou, não corri para atender, porque não queria bater papo ao telefone. Ignorei o computador, pois não sentia nenhuma necessidade de me comunicar com outras pessoas, e não tinha a sensação de que tinha de colocar no Facebook o que estava fazendo o tempo todo. Não li jornal e não liguei a TV. Não tinha vontade de nada, e vivi aquele dia de forma bastante coerente.

Li um pouco da Bíblia, acariciei a barriga da minha mulher e me perguntei se o bebê havia me chutado ou dado um pontapé raivoso em um pedaço de biscoito. Então deitei no sofá e dormi um pouco. Profundamente.

E reconheci que não estava entediado, apenas calmo. Pela primeira vez em anos eu me sentia desse jeito.

Feliz como uma vaca hindu. Zen. Sem pensar em trabalho, nos amigos ou em aborrecimentos. Não pensava em nada, e a sensação era deliciosa.

Sem querer parecer sabichão ou dar uma de Dale Carnegie, autor de autoajuda: Quando foi que você simplesmente não pensou em nada?

Eu sempre me convenci de que o estresse em que me encontrava era extremamente necessário. Dizia coisas como: "Deus do céu, o trabalho está me deixando muito estressado. Estou viajando e ainda preciso escrever cinco artigos. Não sei quando vou conseguir fazer isso". Ou: "Minha mulher grávida não me deixa em paz, o tempo todo me manda buscar biscoitos, lavar o banheiro ou levá-la ao médico". Ou: "Os caras querem que eu jogue futebol hoje e depois vá beber cerveja com eles". Ou: "Preciso trabalhar mais para receber um merecido aumento de salário. Eu me ferro agora, mas no fim das contas consigo o que quero".

Tudo bobagem. Não é o mundo que me estressa, eu mesmo me estresso.

Um estudo do Centro de Controle de Doenças de Atlanta mostrou que 53% das pessoas que morrem com menos de 65 anos falecem por motivos diretamente relacionados a seu modo de vida. Não é a gripe do frango, a aids, os jogos de computador ou o rock'n'roll que apodrecem a gente, mas nós mesmos. Mais da metade das pessoas não curtem a aposentadoria porque fumam, trabalham demais, se entopem de comida gordurosa. Porque se irritam, brigam, se sobressaltam.

Não é a televisão que emburrece, mas somos burros quando vemos os programas errados. Não existe uma fábrica de idiotas, somos nós os idiotas fabricados. Os jogos de computador não têm sanha assassina, são as pessoas que não conseguem lidar com a própria vida.

Pare de responsabilizar os outros por seus erros!

Sou assim. Eu me ferro no trabalho, sou um fumante estressado, e na hora do almoço rapidamente mando goela abaixo a comida gordurosa do refeitório. Digo ao chefe: "Pode deixar, eu corro com isso aqui, envio o artigo lá pelas três da manhã e pego o trem noturno para chegar a tempo para a reunião da redação". Durante o trabalho, digo a mim mesmo: "Esse tanto de cigarro não me faz mal; se trabalhar menos, posso até parar". E claro que prometo a mim mesmo que logo vou me alimentar de forma mais saudável e voltar a praticar exercícios, assim que tiver um tempinho. Sou uma besta preguiçosa e estou me destruindo. Com certeza não vou envelhecer.

E sou o culpado de tudo. Ou melhor, era.

Agora eu sou sincero. Disse aos colegas que não queria trabalhar no fim de semana, porque não estava com a mínima vontade e gostaria de ficar deitado no sofá. Recusei a partida de futebol e a bebedeira em seguida. Não havia fumado aquele dia e meu café da manhã fora de fato saudável. Tinha comido até cereais e uma maçã. Não xinguei nenhuma vez a máquina de café, como costumava fazer, pois ela fora criada por anarquistas e só funcionava quando queria. Normalmente eu gostava do anarquismo, mas quando relacionado ao café a simpatia acabava.

Minhas únicas esperanças naquele dia eram dormir até o corpo doer, ler um pouco, ver um bom filme e acariciar outras partes do corpo de Hanni que não a barriga. Decidira ser um verdadeiro CDF nessa matéria. E eu atendera a todas as minhas expectativas.

E naquele momento eu estava deitado no sofá. Nem os bebês dormiam tão bem quanto eu. Não estava entediado. Estava liberado. Liberto.

Como não poderia estar bem alguém que informou aos seus amigos: "Sim, eu teria tempo para ajudar, mas não quero!"

Tinha de agradecer a Brad Blanton e à sinceridade radical. Naquele dia eu não disse: "Eu ainda preciso...", ou "Você quer mais uma vez que...", ou "Isso me faz...", ou "Sim, eu ainda vou fazer...".

Eu disse: "Tudo certo! Tudo bem comigo. Não estou a fim de te ajudar. Quero dormir".

Quando fora a última vez que eu disse isso de verdade? Não faço a menor ideia.

Não, não participei de um fim de semana de autoconhecimento, não foram os exercícios ou um seminário do tipo "Aprenda a se amar". Também não li um livro sequer de Dale Carnegie nem tenho a intenção de ler.

A sinceridade é uma ótima amiga.

Sim, me tatuei, arrumei um corte de cabelo ridículo e fiquei deitado no sofá, sem pensar em trabalho ou em qualquer outra coisa. É egoísta, mas não prejudica ninguém. Encarado dessa forma, segui os preceitos do filósofo britânico Herbert Spencer, que exigia que cada indivíduo tivesse direito a exercitar livremente sua predisposição, na medida em que o mesmo exercício das respectivas predisposições por parte de outros indivíduos fosse compatível. E naquele dia minha predisposição era a de mandar o mundo inteiro tomar naquele lugar, eventualmente mostrar o dedo do meio e simplesmente não fazer e não pensar em nada.

Nada mal.

No rádio tocava uma música nova da banda Silbermond. Um verso dizia: "Me dê nesse tempo corrido algo que permaneça". Trata-se de uma bela música, acho sobretudo a parte do meio poderosa e o coro ao fundo fascinante. Além disso, a cantora é lindíssima e tem uma voz extraordinária. Por fim, acho que adormeci com a música.

E se eu não tiver aprendido quase nada com esse projeto, pelo menos houve esse dia no sofá, com muito sono, bons livros e uma mulher maravilhosa que ficou de conchinha comigo e dormiu ainda mais pesado que eu. Nada além disso.

E foi o suficiente.

Esse dia permanecerá.

13

25° dia

SINCERIDADE NA JOGATINA

Ralf se sentou à minha frente e me encarava. Seu pé direito tremia e batia seco no chão, a respiração estava ofegante. A cabeça dele balançava como a daqueles cachorros de mentira postos na tampa traseira dos carros. Ele apertava o olho esquerdo como sempre faz quando quer demonstrar ao oponente a masculinidade mais masculina de todos os homens – que ele, como mencionado anteriormente, faz não só no pôquer, mas também ao enrolar o cigarro, ao chutar e sempre que pode. Ele apertava os lábios e os puxava para cima numa risadinha autoconfiante. Acho que naquele momento soava em sua cabeça a melodia de gaita do filme *Era uma vez no Oeste*.

Ele cheirava a cigarro, como a área de fumantes de um bar da estação central de Munique. Na mesa havia fichas, também disponíveis em cassinos tchecos nos quais proprietários de terras da fronteira perdem tanto dinheiro que não podem nem pagar por uma massagem tailandesa com "final feliz", ou pela gasolina barata pela qual teriam cruzado a fronteira, como explicaram antes à mulher. Sei disso porque nasci na região, da qual o Google Maps, no lado alemão, mostra apenas uma superfície verde com manchas cinzentas, enquanto a visualização da parte tcheca brilha de um jeito como só poderia reluzir Las Vegas ou Atlantic City.

Ainda não ficou claro para mim por que o pôquer, sobretudo na Alemanha, vive esse *boom*. Provavelmente isso ocorre porque as regras são mais fáceis de aprender que as do mau-mau e, com isso, é possível chamar um iniciante qualquer de jogador de pôquer. De todo modo, qualquer jogador de pôquer é um especialista e, acima de tudo, jogador. Nunca encontrei ninguém que dissesse: "Cara, sou muito ruim nesse jogo, por isso perco cem euros por mês". Todos ganham, porque em algum lugar em Gibraltar deve ficar sentado um homem incrivelmente rico que assumiu a identidade de mais de cinquenta mil jogadores *online* e perde quase um milhão de euros por mês para os iniciantes. Pois ninguém, absolutamente ninguém confessa que não domina o jogo e que sempre perde dinheiro.

E quando perde uma vez – o que raramente ocorre –, ouve-se em 103% dos casos a seguinte frase: "Eu estava bem na frente, um *call* de responsa. Mas o outro cara teve sorte no *river*". A regra máxima do pôquer parece ser: quem ganha está podendo – e quem perde também, foi apenas má sorte. Essas frases são extremamente importantes. É necessário conhecer tais conceitos para se destacar de jogadores inexperientes, que de fato não existem. Cada mão de saída tem um nome bacana, cada mão final também, e mesmo a aposta recebe um nome especial. E há frases como: "Saí com Anna Kournikova antes do *all-in* no *flop*, então veio o *set* e, mesmo assim, perdi no *river* contra o *runner runner flush*". Traduzindo: "Tinha boas cartas, empurrei todas as fichas para o meio, veio uma carta ainda melhor, mas perdi tudo para um safado sortudo do caramba". Os jogadores então balançam a cabeça, piedosos e compreensivos. Estão em terreno conhecido, porque no pôquer esses conceitos são intercalados na conversa, como acontece no futebol, em que se pode dizer sem mais explicações "gol fantasma" e "impedido".

Ralf me encarava.

Ele chamaria isso de *poker face*. Caso eu tirasse uma foto, poderia fazer o *upload* da imagem com a legenda "cara de chauvinista".

– *All-in* – ele disse e empurrou fichas no valor de vinte euros. – E agora? – perguntou. – Medo? – completou.

Ali éramos apenas Ralf, eu e 55 euros. Era o que havíamos apostado. Se eu permanecesse no jogo, seriam 75 euros. Eu me sentia como Steve McQueen no fim de *A mesa do diabo*. Eu era Kid, Ralf era Slade. Claro que no filme tinha muito mais dinheiro em jogo e também tinha a ver com quem era o melhor jogador de pôquer da cidade. Nós jogamos apenas por *hobby* na sala de jantar de um camarada, não nos fundos de um bar infame e cheio de fumaça do Meio Oeste. Também não se tratava de eleger o melhor jogador de pôquer da cidade – Ralf e eu não éramos nem os melhores jogadores da rodada. Claro que eu nunca confessaria isso publicamente. O próprio Ralf também não admitiria. Hoje, em vez de camiseta justa, ele trajava uma camisa de manga longa listrada, como um funcionário de uma rede de lojas, só que, em vez de listras brancas e pretas, eram pretas e vermelho-escuras. É bem provável que ele não tivesse ido à academia. Ele estava com sapatos que os vilões usavam nos faroestes de Bud Spencer e Terrence Hill.

Ele me encarava.

Dei uma olhada na mesa – primeiro os restos de cinco maços de cigarro que nós, oito jogadores, jogamos para dentro de nossos pulmões. Depois as cervejas que tomamos feito loucos. Um especialista em pôquer da TV – que, na vida real, é um péssimo jogador de pôquer – disse certa vez que ninguém deveria jogar cartas embriagado e nunca deveria se deixar guiar pelo orgulho. Ralf e eu definitivamente ignoramos ambas as regras.

Tentei manter a mente limpa. Olhava para as cartas sobre a mesa: um dois de espadas, um valete de paus, uma dama de ouros, um rei de paus e um oito de espadas. Tentei adivinhar a expressão no rosto dos demais jogadores. Olhei a minha própria mão de cartas: um dez de paus e um ás de paus.

Agora aquela bendita melodia de gaita tocava na minha cabeça, só que numa versão a 180 *beats* por minuto – achei que Ralf percebeu.

Ele ria, autoconfiante. Como aquele idiota podia rir desse jeito? Para quem não está acostumado com pôquer: eu tinha um *straight* de dez a ás, uma mão acima da média no pôquer, já que vence um par, dois pares e mesmo uma trinca.

E ainda assim Ralf colocou todas as fichas na mesa. Tá maluco? As pessoas acostumadas ao pôquer poderão objetar que Ralf não tinha como saber minhas cartas e, por isso, talvez tenha sido apenas um pouco descuidado. A elas eu tenho de responder: sim, ele sabia. Eu havia dito a ele.

Ele me perguntou e eu respondi com sinceridade:

– Tenho um *straight*.

Então ele empurrou as fichas para o meio da mesa, sem pestanejar.

Eu havia decidido, nesse quarto sábado do meu projeto, praticar a sinceridade também no pôquer. Que ideia descabida!

Quando poucas horas antes declarei que diria a verdade sobre que cartas tinha na mão, os demais me olharam como garotos olham para um cara que diz que no treino de futebol de hoje vai chutar só com o pé esquerdo.

– Você vai perder uma bolada de dinheiro hoje – enfatizou Uli, o anfitrião.

– Isso é burrice – comentou Marina, sua namorada de tirar o fôlego.

Só Ralf estava completamente empolgado:

– Maravilha, hoje eu vou arrancar dinheiro do Schmieder!

Ralf gosta de mim, mas gosta um pouco mais quando pode tirar algum proveito de mim.

Estávamos na casa de Uli, um amigo fã de pôquer, que a intervalos regulares organiza noites de jogatina em sua sala de jantar e sonha com uma vida de jogador profissional – tanto que estaria pronto para mudar para Gibraltar só para trabalhar em uma escola de pôquer *online*. Os *blinds*, ou seja, as apostas básicas feitas antes do jogo, ficavam entre 25 e cinquenta centavos, e cada um recebia fichas no valor de vinte euros. Era possível comprar mais a qualquer momento, se você não tivesse mais fichas. Os limites eram escolhidos de forma que ninguém arriscasse a própria existência, mas tomasse uma bela advertência da esposa, da namorada ou ao menos do cachorro quando perdesse – por essa razão, eu sempre ficava me perguntando sobre Ralf, por que ele jogava de forma tão cuidadosa, se em casa nem mulher, nem namorada e muito menos um cachorro esperava por ele. Uli evitava qualquer bronca, pois deixava a namorada participar do jogo. Ele se parece um pouco com Matt Damon em *Cartas na mesa* e é tão inteligente e refinado quanto o personagem do filme, o que o tornava um adversário perigoso no pôquer. Além disso, não tinha o menor problema em arriscar cem euros no jogo, o que o tornava um oponente ainda mais difícil.

Uli jogava regularmente e ganhava de profissionais no cassino – e descobriu no pôquer doméstico uma lucrativa fonte de renda. Ele tem uma mesa capaz de transformar a sala de jantar em um cassino totalmente eficiente em cinco minutos. Demos a ele, como presente de aniversário, fichas profissionais de cerâmica. Ele costumava terminar uma noite de jogatina com no mínimo cinquenta euros de lucro. Se Tom, um piloto da Lufthansa com predileção pelo risco – e eu sempre me perguntava por que um piloto tinha essa paixão toda pelo risco –, estivesse presente, o lucro poderia tranquilamente aumentar para duzentos euros. Em uma noite. O que fazia com que três noites de pôquer rendessem seiscentos euros ao mês. Em vinte horas de jogo, isso significava um salário de trinta euros por hora. Marina se parece um pouco com a atriz e deusa do pôquer Jennifer Tilly, o que fazia com que os outros jogadores sempre se deixassem encantar por ela, que também saía da mesa lucrando. Assim, os anfitriões ganhavam cerca de 850 euros por mês com pôquer. E como esse jogo, de forma incompreensível, é visto na Alemanha como jogo de azar, os lucros não precisam ser tributados. Na minha opinião, os profissionais do pôquer definitivamente não são nada azarados, já que ganham um dinheiro que não tem de ser tributado em plataformas localizadas em Gibraltar ou em uma província canadense.

Meu trabalho não paga tão bem.

Como muitos jogos de cartas, o pôquer baseia-se em probabilidade e psicologia. Depois de ler a prova de matemática no fim do ensino médio, deixei de lado a estocástica e preferi responder às perguntas de geometria e cálculo infinitesimal. Minhas capacidades teatrais foram desprezadas pelo crítico da escola – um professor que odeio até hoje por este julgamento – com os adjetivos "desajeitado e muito barulhento". Portanto, me faltam as habilidades básicas para ser um jogador de pôquer realmente bom. O jogo se baseia em mentiras e na capacidade psicológica de desmascarar as mentiras dos outros jogadores e, de acordo com suas reações – pode ser apenas um piscar de olhos –, adivinhar que cartas eles têm. Como praticamente não se fala no pôquer, estamos nos referindo a linguagem corporal. De acordo com diversos estudos, mais de 90% da comunicação humana se dá não pelo significado das palavras pronunciadas, mas pelo som da língua e principalmente pelos gestos e pela mímica. Um simples levantar de sobrancelha pode revelar uma mentira, uma batida de pé também, bem como um arrepio. Só é preciso prestar atenção.

A psicóloga Marie-France Cyr escreveu, em *La vérité sur le mensonge* (A verdade sobre a mentira), a respeito de como podemos avaliar as atividades corporais e desse modo detectar mentiras. Por exemplo, mãos agitadas são sinal de mentira – o que não ajuda em nada no pôquer, já que os jogadores mexem em suas fichas e, com isso, estão o tempo todo mexendo as mãos.

Nos últimos dias eu havia feito amizade com a sinceridade, de modo que não precisava agitar as mãos, podendo em vez disso me concentrar nas reações alheias. Um bom jogador de pôquer naturalmente presta atenção nas reações dos outros, mas, como eu já disse, não sou um bom jogador. E eu havia me tornado ainda pior, porque tinha de ser sincero. É impressionante como muitas ideias parecem plausíveis quando passam pela cabeça – e ficam idiotas quando postas em prática. Ser sincero nesse jogo é ainda mais estúpido do que ser sincero na corrida eleitoral pelo Senado. Ou do que ser sincero com sua mulher quando ela pergunta se o traseiro dela está grande – e ali pude perceber que quem quisesse ser sincero poderia acender uma vela na igreja ou, no melhor dos casos, fazer o Caminho de Santiago.

O próprio Brad Blanton confessou em entrevista que não dizia a verdade em dois aspectos de sua vida: no golfe e no pôquer – o que me fez especular um pouco sobre a que tipo de golfe ele se referia. Mas estamos falando de pôquer por aqui. Bem, senhor Blanton, senhor doutor da verdade, eu resolvi tentar mais uma vez. Seria mais honesto que o próprio fundador do Honestidade Radical.

Sentei-me à mesa, acenei para Marina e fiz uma piada sobre a camisa de Ralf:

– O Faustão ligou e pediu a camisa de volta.

Ele me disse que eu andava fazendo piadas demais com "fulano ligou", e além disso eu não devia confundir sinceridade com idiotice. E ainda acrescentou que eu estava mais gordo.

Minha mulher realmente não acreditava que eu teria sucesso aquele dia. Quando eu lhe disse que durante a jogatina diria apenas a verdade, a noite toda, ela riu:

– Que diferença faz? Você perde dinheiro, volta para casa puto e mais uma vez não aprendeu nada.

Sob a ameaça de recusar trabalhos domésticos, saí de casa. Deixei um bilhetinho na mesa: "Te amo, mesmo que motivação de funcionário e de marido não seja o seu forte". Quando entrei no metrô, recebi um torpedo dela: "Boa sorte. Vou vender alguma coisa no eBay para que ao menos alguém na família ganhe dinheiro hoje à noite". Quem tem uma mulher dessas pode realmente contar com uma existência feliz depois da morte, ou no mínimo com uma reencarnação como rei.

De volta à mesa. A rodada não começou de maneira espetacular, desisti na maioria das mãos e ganhei uns trocados. Perdia um pouquinho aqui e ali, sem que ninguém mostrasse interesse, como sempre. Por pouco não fiquei entediado. O pôquer pode virar uma questão bem difícil quando não recebemos cartas decentes.

Depois de quase uma hora, veio minha primeira chance: saí com dois reis. Esse par está entre as melhores mãos de saída do pôquer. Eu deveria me ater às dicas dos livros sobre o assunto: aposta pequena, expressão facial de inocente a entediado. Mas naquele dia eu não podia fazer isso, porque tinha de dizer a verdade. Tomei um gole de cerveja e anunciei, orgulhoso:

– Dois reis!

Acrescentei um euro aos *blinds* de cinquenta centavos, aumentando para 1,50.

– Vocês não têm a menor chance!

Eu me alegrei com os reis, mas me irritei com o fato de ter de anunciá-los como um babaca.

Kai me encarava como se eu tivesse acabado de dizer que bolinha de gude é uma modalidade esportiva. Ralf, Patrick e Milan desistiram sem comentários e falaram um pouco sobre um filme em cartaz. Uli continuou após certa hesitação e Tom apostou em seguida. Após dar um gole fenomenal em sua taça de vinho, ele disse:

– Aumento para quatro euros!

Ele me encarava como um adolescente que revela ao pior inimigo que dormiu com a namorada do cara. Eu cobri, Uli também. Aprendi com Marie-France Cyr que a aposta de Tom e o olhar exageradamente fixo eram um sinal de ameaça que não deveria ser levado a sério.

Não sabia que cartas tinham os outros. Meu coração pinoteava, meu braço esquerdo repuxava, embora eu tentasse impedir isso a todo custo. Tentei controlar as emoções, embora não precisasse, pois os outros sabiam quais eram as minhas cartas. Ou seja, eu poderia ficar sossegado. Mas não funcionava, eu de fato fico muito nervoso quando se trata de ganhar ou perder uns trocados.

Uli – nesse jogo ele era o *dealer* – abriu as primeiras três cartas: ás, dois e rei. Eu tinha uma trinca e apenas um ás, o que me deixou um pouco preocupado. Caso alguém tivesse dois ases na mão, eu não teria a menor chance. Mas a probabilidade de alguém receber dois ases é quase nula. Para ser exato: 0,454%. Tom jogou três euros na mesa, o que quase não me surpreendeu, porque ele sempre faz isso, e não fez mais seu gesto de ameaça. Uli desistiu. Encarei Tom e disse:

— Tom, tenho uma trinca! Três reis! Sem dois ases na mão, você não tem como ganhar.

Ele parecia não se importar. Mesmo quando subi a aposta para seis euros, continuou cobrindo e tentava às vezes me confundir com seu relógio e com a taça de vinho.

As cartas seguintes foram quatro e nove, ou seja, nenhum perigo de *straight* ou *flush*, inclusive um *full house* era impossível. Eu devia ter a mão mais forte. Disse mais uma vez:

— Tom, tenho uma trinca!

Eu o encarava como fizera com uma garota na oitava séria a quem queria garantir que não me apaixonaria por outra. Isso também o deixou frio, como fizera com a garota na época. Tom mais uma vez subiu a aposta e baixou o jogo: um ás e um dois – dois pares. Eu ganhei.

Peguei as fichas e disse:

— Você ficou maluco? Não tinha a menor chance! A probabilidade de você ganhar era quase nula e não justificava o aumento da aposta.

Olhei para Patrick, que balançava a cabeça em acordo, confirmando que a reprimenda era justa. Então olhei para Tom. Ele tomou um gole de vinho e disse:

— Não acreditei em você.

Acho que em toda minha vida só olhei para alguém com tanta surpresa quando soube da reeleição de George W. Bush em 2004.

— Mas eu falei que diria a verdade hoje!

— Não importa, não acreditei.

Eu me senti como se fosse Josef Schmitz ou Willi Eisenring no romance *Biedermann e os incendiários*. Nesse livro, dois incendiários vão até a casa de Gottlieb Biedermann e anunciam que vão incendiar sua casa. Ele não acredita nos piromaníacos e morre queimado. Uma das frases mais interessantes do romance é: "A piada é o terceiro melhor disfarce. O segundo melhor é o sentimentalismo. Mas o melhor e mais seguro de todos continua sendo a verdade nua e crua. Nessa ninguém acredita".

Max Frisch, autor do livro, era um gênio. Não foi só o fato de Tom, apesar do aviso, não ter acreditado na verdade – ele ainda pagou mais de dez euros para descobri-la!

A partir daquele momento, todos os jogadores enlouqueceram. Em cada mão que eu participava, eles perguntavam: "O que você tem? O que tem?" Eu respondia com sinceridade – e pude perceber como começaram a refletir, e funcionou como se tivessem ordenado ao *hamster* em seu cérebro que corresse um pouco mais rápido. Então, na maioria das vezes, contorciam o rosto e balançavam a cabeça – ou relaxavam e levantavam um pouco o canto da boca.

Percebi que eles começaram a ser mais sinceros do que eu jamais poderia ser, pois se concentravam apenas em se suas cartas eram melhores do que aquilo que eu havia lhes dito, revelando-as para mim. Por isso eu desistia quando tinha a sensação de que perderia e permanecia quando presumia vitória – e assim me tornei um grandioso jogador de pôquer, também porque não precisava mais me importar com o que os outros pensavam a meu respeito. Eu simplesmente jogava – e pela primeira vez, em vez de vinte, havia 75 euros diante de mim.

– Tem um engenheiro aí? Não estou conseguindo empilhar minhas fichas...

Achei que a rodada ficaria mais descontraída com a piadinha.

– Que merda, Schmieder – gritou Uli. – Cale a boca. Ninguém está interessado nas suas cartas! Isso me dá nos nervos, e o cara ainda ganha!

Uli aparentemente conseguia perder tão bem quanto eu.

– Então parem de perguntar. Vocês são os culpados.

– Que saco, não tem a menor graça.

Outro jogador concordou com ele:

– Realmente, isso aqui é um jogo de pôquer bizarro.

Percebi claramente que a atmosfera estava contra mim – e, como eu sabia que a raiva é o amigo da onça do pôquer, fiquei ainda mais feliz e continuei jogando. Pensei comigo mesmo: *A sinceridade é uma ótima companheira.*

Quando aumentei a aposta e disse que aquilo era burrice, já que eu tinha apenas um sete de copas e uma dama de paus, todos saíram do jogo. Ou tinham cartas piores que as minhas, ou não acreditaram na minha verdade. Ainda chamei os jogadores de "Biedermanns". A verdade no pôquer é bem divertida – especialmente quando ninguém acredita nela.

Eram quase duas da manhã, hora de ir embora. Eu havia tomado cinco cervejas e espreitava minhas cartas quando vi um dez e um ás. Apenas Ralf acompanhou – era o momento do *showdown*, ou seja, hora de mostrar as cartas.

Tentei ler Ralf de acordo com as regras de Cyr. O pé batendo no chão era sinal de desejo de atacar o oponente, o tronco inclinado para frente também. Ele girava os ombros para trás, o que significava desinteresse no que eu tinha a dizer. Respirava de maneira calma e não piscava, seu rosto não estava enrubescido. Ele queria me colocar sob pressão e não temia uma desgraça. Não eram bons sinais para mim.

Meu detector interno de mentiras dizia que Ralf tinha cartas melhores e que eu deveria desistir. Por outro lado, mesmo os mais sofisticados detectores podem se enganar. A psicóloga Isabelle Bourdial confirmou que um *software* de detecção de mentiras acreditou no ex-presidente dos EUA Bill Clinton quando ele afirmou não ter tido qualquer envolvimento sexual com Monica Lewinsky.

Eu só gostaria de saber que cartas Ralf tinha nas mãos. Por que só eu tinha de revelar as minhas? Tentei com a matemática: precisaria colocar 35 euros no pote, no qual havia 55 euros naquela hora. Seriam 35 num pote de noventa euros – o que significava que eu tinha 38,8% de chance de ter lucro. Mas qual seria a probabilidade de ele ter um *flush*, ou seja, cinco cartas do mesmo naipe? A partir daquele momento havia ficado muito alto para mim, eu preferia voltar a pensar em verdade, psicologia – e amizade.

É óbvio que Ralf se encaixa entre aquelas pessoas para as quais é importante ser respeitada pelos amigos e colegas. Por isso ele raramente aceitava perder e quase não conseguia admitir um erro no trabalho

— característica que ficará mais clara em outro capítulo. Em virtude de seu orgulho de macho, para ele o pior era baixar as cartas e perder. Contudo, ele sabia que a minha disposição para perder era ainda menor. Somos pessoas que a todo momento mediam quem era o melhor e não queríamos nunca ficar por baixo. Então, o que Ralf queria dizer com seu *all-in*? Eu deveria desistir ou continuar?

— Caramba, Ralf! O que você tem? Bate meu *straight*?

Ele me encarou, como fazia havia cinco minutos.

— Pague pra ver.

Seu pé batia no chão.

— Caramba!

— Tá bom, não quero ver o que você tem, você já trombeteou todo feliz. Mas você saberá o que tenho quando apostar mais fichas.

Ralf sabe mesmo como me provocar.

Mas não ajudou, todos os indícios estavam contra mim. Joguei minhas cartas e disse:

— Saco, não posso ir.

Ralf sorriu e mostrou suas cartas: um dois e um três de copas. Tinha apenas um par. Nada mais. Eu teria ganhado.

Ele blefou. Simples assim. Então enrolou seu cigarro de Lucky Luke e acendeu, relaxado. Marie-France Cyr chama isso de "comportamento territorial masculino", e eu chamo de "grande merda". Os outros jogadores da mesa riram.

— Esse é o jogo de quem quer ser sincero. Grande merda! — gritou Uli.

Eu disse ao Ralf:

— Seu cachorro. Você teria perdido muito dinheiro. Você nunca blefa, nunca quer perder!

Ele me encarou e disse:

— Mas eu também sei que você não confia em si mesmo. Só precisei fazê-lo acreditar que eu era melhor que você. E isso claramente eu consegui, meu amigo. Chama-se psicologia.

Fui derrotado como um iniciante.

– Se você não tivesse me dito o que tinha nas mãos, eu nunca me sentiria seguro para começar um blefe. Mas eu sabia que você estava pensando, pensando, e no fim desistiria.

Eu batia as mãos na cabeça, enquanto Ralf juntava as fichas e cumprimentava os outros jogadores em comemoração. Com sua mentira, ele havia derrotado a sinceridade e a mim.

A noite continuou, e nesse meio-tempo os jogadores entenderam o efeito "Biedermann e os incendiários" e se aproveitaram do fato de que eu sempre dizia a verdade. Não perdi muito, porque só jogava quando minha mão estava realmente boa. Tampouco consegui ganhar muito, porque meus adversários não cometeram mais o erro de me avaliar de maneira equivocada. No fim da noite, no total, eu havia ganhado cinco euros – e bebido sete cervejas à custa de Uli. Ao contrário de outras noites, em que, devido à minha precária arte do jogo, mais de quarenta euros iam para os bolsos de Uli – e ele também reconheceu isso:

– Hoje você jogou bem, não botei fé em você.

Patrick completou que ele também não percebeu nenhum erro matemático, enquanto formava um verdadeiro Empire State com suas fichas.

Por essas observações, desejei sinceramente que os netos de meus companheiros de jogo tivessem pé de atleta e fui para casa. Quando cheguei, não fui direto para a cama – também para me poupar do olhar maldoso de minha mulher –, mas entrei na internet e me inscrevi numa sala de pôquer *online*. Queria saber como estranhos reagiriam quando eu, protegido pelo anonimato, revelasse com sinceridade minhas cartas, e esperava recuperar o que havia perdido com minha tática Max Frisch. Meu nome de usuário era Finn4815, meu avatar era uma bandeira filipina, aquilo devia ser camuflagem suficiente.

O pôquer na internet tem o efeito desconcertante de fazer o jogador pensar que não é por dinheiro vivo que joga. Não se empurram notas de dinheiro, tampouco fichas adquiridas com dinheiro, mas clica-se com o *mouse* em um botão. E, quando o dinheiro acaba, clica-se duas vezes com o *mouse* em outro botão, e a conta cai direto em seu cartão de crédito. Trata-se de dinheiro virtual – só a fatura no fim do mês é que é real pra caramba. Defendo a tese de que as salas de pôquer *online* são os bancos mais bem-sucedidos e lucrativos do mundo. Os jogadores depositam dinheiro em uma conta virtual, o deixam por ali, sem juros, e sacam alguma coisa em casos mais do que raros. Mas não vamos nos aprofundar nessa questão.

O que acho divertido é a mensagem de alerta que aparece toda vez que você entra no sistema: "Jogos de azar podem viciar". Gostaria de dar uma olhada em algum estudo que mostrasse quantos indivíduos de fato recuam diante disso: "Deus do céu, vicia? Então é melhor eu sair e ver TV". Provavelmente são tantos quantos os adolescentes que, quando encontram a mensagem "Clique aqui se for maior de 18 anos", dizem: "Ops, tenho só 17, então acho melhor deixar pra lá essas fotos de mulher pelada". Acho os avisos em maços de cigarro ainda mais drásticos. Neles encontramos coisas do tipo: "Quem fuma morre mais cedo", o que acho bem simpático, pois é sincero e fácil de perceber – embora eu também ache que dificilmente um fumante compra cigarros, olha para eles e diz: "Ai, que merda, vou morrer mais cedo! Melhor jogar esse maço fora". De qualquer forma, os dizeres são realmente bons, e às vezes eu me pergunto quem terá pensado neles.

Retornemos à sala de pôquer *online* cujo alerta não conseguiu me deter. Sentei-me virtualmente em uma mesa com o nome Canonia II fast, na qual já estavam quatro jogadores, que se chamavam Leguuu, Tajtrey, Chester7144 e Bodyman34. Na janela de bate-papo, digitei: "Boa noite, pequeno experimento: eu digo a vocês todas as cartas que tenho".

Nenhuma resposta.

Depois de meia hora em que foi quase difícil vencer o tédio e os monólogos, saí com dois ases. Digitei: "Tenho dois ases". Apostei três euros. Três jogadores cobriram, o que me fez esfregar os olhos de tão surpreso. Escrevi: "Oi? Dois ases".

Sem resposta.

Após todas as cartas serem abertas – eu havia recebido um terceiro ás e dois noves, o que significava um *full house* quase imbatível –, dei a eles mais uma chance: "*Full house*!!!" Apertei o botão que fazia com que todas as minhas fichas fossem apostadas. Vinte euros no total. Apenas não tilintavam de forma tão bela como as fichas de verdade, o barulho era muito mais como se alguém raspasse as unhas num papel de parede texturizado. Dois jogadores cobriram. Um tinha dois pares, o outro um *full house* com três noves e dois ases. Ganhei. Entraram 60,75 euros na minha conta, 40,75 euros de lucro.

Escrevi: "Eu disse a vocês".

A resposta de Chester7144, cuja imagem do perfil era uma foto do Heath Ledger como Coringa, foi: "Vá se foder!"

"Por que vocês não me ouvem?"

Então Bodyman34, cuja imagem do perfil era um velho – provavelmente ele mesmo –, também escreveu: "Vá se foder!"

E logo eu estava sozinho na mesa, todos os demais saíram.

Digitei: "Perdedores! Vocês não conseguem lidar com a verdade! Ninguém quer ser sincero na internet, não é?" Mas ninguém leu.

Tentei em outras mesas, e houve duas variações como resultado. Pessoas com nomes estranhos e imagens de perfil ainda mais esquisitas não se falavam, nem mesmo utilizavam o jargão do jogo, como "Anna Kournikova" ou "*set*". E na publicidade sempre dizem que nas salas de pôquer é possível bater papo e encontrar amigos. Na verdade, ali havia apenas pessoas que ignoravam todos os avisos de vício e empurravam caladas suas fichas. Há reações apenas quando muito dinheiro está em jogo. Quando eu ganhava, era xingado e ficava sozinho. Quando perdia, era ridicularizado, às vezes como "Bobalhão" e outras como "Grande idiota". Preciso admitir que o último acontecia com mais frequência, e às seis da manhã eu estava com um prejuízo de dez euros.

No entanto, fiquei satisfeito, já que não havia prejudicado a sinceridade no pôquer – e fiquei só um pouco perplexo com o pensamento de que posso ser um jogador de pôquer pior nas noites em que puder mentir.

E me perguntei como a sinceridade funcionaria em outros jogos de baralho, como o truco ou cacheta. Caso você queira saber, tente e me escreva como foi.

Eu me aconcheguei na cama com minha mulher, que acordou de pronto.

– E aí?

– Fui melhor do que nunca! Deixei a mesa maluca, ficaram todos num mato sem cachorro. Com a sinceridade funcionou tudo que foi uma beleza.

– Quanto você ganhou?

– Nada, só perdi um pouco.

Ela se esforçou para disfarçar o ataque de riso.

Eu me virei e adormeci – e sonhei com uma vida feliz após a morte, ou no mínimo com uma reencarnação como rei.

14

28º dia

OLHAR SINCERAMENTE
O DECOTE ALHEIO

A mulher fazia um contorcionismo que eu nunca tinha visto ao vivo na vida – certa vez vi uma coisa dessas em uma daquelas revistas que só podemos comprar a partir dos 18 anos e outra em um filme para o qual é preciso se dirigir até a sala reservada da locadora. Como a música do Metallica, esse contorcionismo todo ao vivo é duas vezes melhor do que se transmitido por qualquer mídia.

Ela ficava de bruços e curvava tanto as pernas sobre as costas que as panturrilhas encostavam nas orelhas. Seu tronco se esticava para cima e ela tocava os joelhos com as mãos, de forma que os homens podiam dar uma espiadinha em seu decote. Ela poderia facilmente se passar por uma rodinha de *hamster* humana. Se em uma leitura você der de cara com a terceira vértebra lombar, ou pesquisar "hérnia de disco", ou mesmo fuçar no maravilhoso livro de um colega querido, *Tanz den Fango mit mir* (Dance no *fango* comigo), de Christian Zaschke, posso lhe garantir que vai ver que esse exercício é ortopedicamente correto e não aparece apenas em livros sobre posições excêntricas de cópula para pessoas bem liberadas sexualmente.

Ela vestia calça *legging* preta, que provavelmente havia encolhido por conta de duas lavagens com água muito quente, e uma regatinha cavada, que até poderia vestir um cara barrigudo no sofá vendo futebol. Normalmente alguém se perguntaria o que passou pela cabeça daquela mulher quando ela tirou aquelas roupas do armário pela manhã. Mas ela era simplesmente de tirar o fôlego, não só porque exibia, entre outros atributos, seios cirurgicamente corrigidos e barriga tanquinho, mas também porque era evidente que seu índice de gordura corporal era menor que o da cantora Nicole Scherzinger.

Eu realmente tentei me concentrar na técnica de respiração exigida pelo instrutor ("Inspirar no esforço, expirar ao relaxar"), o que não é nada fácil para alguém como eu, pois, aos 29 anos, há muito pertenço ao time daqueles que expiram no esforço e inspiram ao relaxar. Há meses queria dizer ao instrutor que tanto faz quando alguém inspira e expira, contanto que respire, mas não queria ser visto como um grosseirão. Além disso, os outros me lançariam aquele arrogante olhar de compaixão que os veganos lançam quando alguém pede uma bisteca. Ou seja, eu inspiro quando na verdade queria expirar e vice-versa.

No entanto, o estímulo pavloviano inato impera entre os homens, e eles precisam olhar seios formosos assim que por acaso eles surjam em um raio de cinco metros de distância.

Percebi que não era o único ser do sexo masculino que se comportava de forma tática e esperta, mas que muitos outros na sala faziam ɔ mesmo. Eu estava na posição perfeita e tinha um brilhante ângulo de visão. O olho humano é generosamente concebido para que baleias encalhadas e homens com costas peludas como se cobertas por musgos simplesmente desapareçam por trás de uma bela mulher, e concentra-se tão somente em suas características sexuais secundárias. Era como um inspirar e expirar, e como ninguém ditou que seria mais eficiente prestar atenção em pessoas não atraentes, funcionou que foi uma beleza.

A meu lado estava Alex, um professor de ginástica extremamente simpático. Ele usava a mesma roupa que a mulher contorcionista, o que acentuava a exagerada pelagem de suas costas. Ostentava sua camiseta e a gordura que se entrevia sob ela de forma tão ofensiva que era mesmo possível achar aquilo incrível. O cara é uma bola humana, mas descreve a si mesmo como uma "completa obra de arte", por isso não raro é possível encontrá-lo com uma bela mulher. Além disso, antes de toda ida à academia, me pede para avisá-lo se ele estiver ficando magro demais.

Eu me dispus a tentar aquele exercício para definir as costas, contudo eu não parecia uma rodinha de *hamster*, mas uma baleia-azul que tentava voltar ao mar com movimentos de gangorra. O formato arredondado de minha barriga reforçava o efeito gangorra e era responsável pelo ruído como o que tênis novos fazem em pisos de madeira. Minhas costas não são cobertas de pelos, de qualquer forma eu vestia uma camiseta que cobria o máximo possível e me fazia suar o mínimo. Faço parte do grupo daquelas figuras que, por sorte, desaparecem aos olhos dos outros alunos. Quando me olham, é apenas porque eu não consigo fazer esse negócio de inspirar e expirar.

Eu estava na academia e fazia uma aula chamada Power Abs. Também poderia ser chamada de "abdominal poderoso", mas na academia a língua franca é o inglês – outras aulas recebem o nome de Hot Iron, Aqua Gym e Rock your Body. Exaustivas pesquisas realizadas por mim mostraram que nenhuma academia utiliza palavras alemãs; mesmo quando a água mineral vem do norte do Alto Palatinado alemão, é chamada de Oxygen Powered Water.

A aula acontecia em uma sala com espelhos imensos na parede, e no meio deles, do chão ao teto, havia barras de ferro. Músicas de Eric Prydz, Paris Hilton e Justin Timberlake tocavam no mais alto volume, a luz piscava como em uma boate dos anos 80. Se eu não estivesse ocupado em estudar o contorcionismo daquela senhorita, seria capaz de pensar que em trinta minutos seria possível redecorar a sala, transformando-a em uma casa de *striptease*, e assim a academia também poderia faturar no período noturno. Bem, é apenas uma ideia.

– Vamos, levantem! – gritou uma voz que me lembrou o treinador do filme *Nascido para matar*, ou seja, não podia ser da mulher.

Voltei o olho esquerdo para cima – estrabicamente ainda reconheci os contornos da moça, o que me deixou ainda mais empolgado com a funcionalidade do olho humano – e dei uma olhada para o instrutor. Ele vestia uma camiseta colada da qual saltavam os músculos, os braços pareciam as protuberâncias de uma piscina inflável cheia demais. As costas também pareciam cobertas de musgos, ele não raspava aquilo ali com frequência, como denunciavam as pequenas espinhas em seu bronzeado de frango cru.

Eu tinha apenas três opções para me livrar daquela situação. A primeira e mais óbvia seria me focar intensamente no exercício, balançar o tronco para cima e então expirar. A segunda seria dizer ao instrutor militar que a bela mulher estava deitada no colchonete que eu costumava utilizar e isso me irritava. Talvez a moça ficasse tão perplexa que trocaria de lugar comigo, me deixaria olhar impunemente para seus seios e talvez eles até me tocassem – quero dizer, ela estava em dívida comigo, já que deitara sobre o meu colchonete.

Escolhi a opção três.

– Relaxe, Mike Tyson – eu disse. – Murche um pouco o tronco. E tanto faz o momento em que alguém inspira e expira. Estou feliz que ainda possa respirar com os exercícios.

Infelizmente, naquele momento Justin Timberlake fez uma pausa artística, e no mínimo a segunda parte da minha fala deve ter sido compreendida por todos à minha volta. Ele não disse nada, apenas deixou o bíceps esquerdo meio rígido, ficando parecido com alguém se transformando no homenzinho da Michelin. Por um lado, aquilo me surpreendeu pela elasticidade da pele humana; por outro, interpretei como um desafio para continuar a falar.

– Estou balançando o corpo para cima apenas para poder dar uma olhada no decote daquele mulherão ali. Por que você acha que há quatro homens posicionados exatamente aqui?

Olhei para a mulher, que desistira da posição "roda de *hamster*". Ela ficou de bruços e me olhava como eu olhava para ela havia trinta segundos – só que seu olhar não era salivante e tarado, mas surpreso e talvez até um pouco enojado. Acho que não era por causa do meu corpo fantástico e da minha camiseta grudenta encharcada de suor, que há dois anos de fato me servia, mas naquele momento deixava aparecer em movimentos infelizes a bola branca sob minhas peitolas masculinas. Ela realmente se assustou com o elogio velado, então expliquei a ela novamente – embora já estivesse arrependido por não ter escolhido a opção dois.

– Desculpe, mas você é fantástica. Os caras aqui podem confirmar, eles ficaram o tempo todo olhando para você, e eu ficaria surpreso se você não tiver percebido. Claro que eles são muito medrosos para ir falar com você, pois falar com alguém na academia é tão inadequado quanto vestir a camiseta de um time na arquibancada da torcida adversária. Ou seja, preferem olhar para seus peitos sem dizer nada. Digo, para ver coisas assim, só em uma casa de *striptease*.

Os caras ao meu lado tinham o rosto tão vermelho como o de turistas ingleses em Maiorca e tentavam fazer expressões indignadas, surpresas e inocentes – o que não conseguiam de forma alguma. Tentavam olhar para todo lado, menos para os seios da mulher – o que foi quase tão bem-sucedido como se fossem obrigados a não usar a palavra "gorda" na presença de uma mulher rechonchuda. Como em *Austin Powers em O homem do membro de ouro*, quando ele não podia falar ao colega sobre sua imensa verruga.

Naquele momento, eu já havia cagado e sentado em cima, então quis ir mais longe e disse mais uma frase sincera:

– Acho que alguns pensam em você quando brincam de "cinco contra um".

Sei que com isso quebrei a regra de não fazer suposições e me manter indiferente e sincero nos fatos. Além disso, a frase é sexista, e para ouvidos delicados chega ao nível do asqueroso. No entanto, eu já estava na opção três, e não dava para ficar ainda pior.

Naquele momento, o rosto da mulher também ficou parecendo o dos turistas ingleses. Acho que ela não estava mais tocada com o meu elogio, mas constrangida pelo comentário onanístico.

Ao fundo, Justin Timberlake continuava cantando, e achei apropriadas as palavras: "I'm gonna have you naked by the end of this song". Uma mulher rechonchuda no fundo da sala ainda tentava fazer o exercício. O instrutor estava diante de mim e não disse nada, mas acho que estava irritado. As veias à esquerda de sua testa pulsavam de forma pavorosa, tive medo de que explodissem.

– Desculpe, fui apenas sincero. Tenho de ser. Nenhuma mentira durante a Quaresma. Sendo assim, resumidamente, você é gostosa e nós somos *voyeurs* com tesão. Covardes, mas provavelmente à beira da ereção. Por isso é tão difícil balançar pra lá e pra cá.

Nos filmes de Hollywood, esse é o momento em que se leva um tapa na cara ou no mínimo um copo de bebida na cara, como Dustin Hoffman em *Tootsie* – mas na vida real não acontece nada. No começo, minha incontinência verbal permaneceu impune.

Nesse meio-tempo, o instrutor recuperara a compostura e também o vocabulário.

– Tudo bem, já está tudo explicado. Podemos continuar agora?

Olhei à minha volta. Todos haviam parado de tentar fazer o exercício do *Kama sutra* e me olhavam. Mas ninguém disse nada, nem Alex reclamou.

Levantei.

Justin Timberlake cantava: "Gentlemen, good night".

– Não, pra mim chega. Minha necessidade de mulheres bonitas já está satisfeita por hoje. Ainda tenho de treinar um pouco. Divirtam-se.

Justin Timberlake cantava: "Ladies, good morning".

Eu me dirigi até a porta. Ninguém disse nada.

E Justin Timberlake cantou: "Yeah, yeah".

E eu saí. A música havia acabado. Minha *performance* também. Com certeza, não serei escolhido aluno do mês.

Sentei-me em uma bicicleta ergométrica e comecei a pedalar. Quando alguém se senta desse jeito, pedala e não tem mais nada para fazer, não fica olhando quarentões esbaforidos a seu lado ou donas de casa com camisetas audaciosas, mas dá uma olhada no *display* e se surpreende. Eu não chegaria a lugar nenhum por mais que pedalasse. Permaneceria sempre no mesmo lugar, apenas a telinha diante de mim indicaria que eu já havia percorrido dois quilômetros, e com velocidade média de 23 quilômetros por hora. Eu não sentia a brisa que normalmente bate nos olhos ao se andar de bicicleta. Não via árvores ou lagos, mas pessoas suarentas em aparelhos que cheiravam a ferro.

Ninguém me dissera isso antes, quando eu assinei o contrato.

Para mim as academias são locais um tanto suspeitos, pois nunca vi sentido nelas. Posso correr em uma esteira por vinte minutos com velocidade de catorze quilômetros por hora – mas nunca precisei correr na vida e também não acredito que esses vinte minutos me ajudariam em uma emergência.

Eu levantava sessenta quilos no supino, mas na noite de núpcias me recusei a carregar minha mulher pela porta – meu nível alcoólico também não permitiria uma coisa dessas. Fiquei no remo por trinta minutos, mas estou certo de que nunca remarei um barco pelo Tâmisa ou participarei de uma regata. Os únicos motivos pelos quais vou à academia são a vaidade e a esperança de que as pessoas não pensem mais que sofro de tuberculose quando subo uns lances de escada. Estava ali porque não queria sofrer, pois minha mulher o tempo todo me belisca na cintura – e porque no ano passado ela passou um ovo de Páscoa pintado na minha barriga com a justificativa de que ele brilharia se fosse esfregado na gordura. Eu já disse que adoro estar casado?

Ir para a academia significa pura masturbação mental, porque depois do treino é possível ficar olhando para o espelho e notar que o bíceps cresceu 0,2 centímetro e que os pneus em volta da cintura não estão mais tão flácidos assim. Trata-se de onanismo diante do espelho. Só falta mandar flores para si mesmo no dia seguinte.

Além disso, sinto-me um intruso na academia. Na recepção tem uma mulher de 20 anos com uma bunda maravilhosa, que sempre sorri com piedade quando eu chego – como os meninos em um campo de futebol sorriem para uma menina quando ela pergunta se pode jogar também. O tempo todo ela é cantada pelos treinadores musculosos e chauvinistas e não consegue se livrar deles, pois tem de ficar de pé ali e não pode fazer como se faz em uma danceteria – sair dizendo que a amiga está esperando. Nunca falei de fato com ela, só entrego minha carteirinha de aluno, que ela passa em uma máquina que faz um barulho muito parecido com o de um caixa de supermercado.

Então, saí da bicicleta e, como de costume, segui para o vestiário. Entrei lentamente, e primeiro senti uma pitada do cheiro que fica no ar de um vestiário de academia. Trata-se de uma mistura da seção para adolescentes de uma perfumaria com cachorro molhado. Na maioria das vezes, diante do espelho de corpo inteiro ficava um aluno com uma calça sarongue batique bem anos 80, checando a correta posição da musculatura de seu braço. Naquele dia, inclusive. Fui até ele, dei uma batidinha em seu ombro e disse:

– Gostosão. Pena que não sou *gay*.

Então dei um tapa no traseiro dele. Ele arregalou os olhos como só uma coruja faria, mas não conseguiu dizer nada.

Bem ao fundo havia dois homens mais velhos, e dava para ver que haviam sido treinadores de futebol no passado e, ainda mais no passado, representantes de uma espécie de craques da liga distrital. Eles conversavam sobre mulheres que provavelmente no passado podiam levar para a cama. A seu lado havia um homem cujo índice de gordura era ainda menor que o da bela mulher contorcionista. Ele não dizia nada, mas ouvia os homens e balançava a cabeça de vez em quando. Então deu algo para os outros dois beberem. Pensei comigo mesmo que quem quisesse ouvir a opinião dele sobre alguma coisa provavelmente teria de perguntar à sua mulher ou aos outros dois.

Eu me virei, concordei com os dois homens com um balanço de cabeça e voltei para a bicicleta sem rodas, e tive a impressão de que ela não me suportava. Uma vez o pedal estava quebrado, em outra a tela não mostrava a quilometragem, e o som da TV embutida não funcionava. Eu não gostava daquela bicicleta. Toda vez eu tinha a impressão de que ela me olhava com raiva – e, quando eu descia depois de vinte minutos, ela suspirava aliviada. De alguma forma, o esquilo da minha varanda e a bicicleta são parecidos.

Depois de dez quilômetros na ergométrica, em que eu respirava exclusivamente o ar fedorento dos meus vizinhos, fui para a área de levantamento de peso, que cheirava como uma piscina *indoor* e tinha o barulho de uma forja. Quando alguém deixava um peso cair, era como se um martelo batesse em uma bigorna.

Eu tinha de passar pelos aparelhos, que na Idade Média seriam considerados instrumentos de tortura: um homem deitado a uma altura de um metro, como se estivesse sendo esticado ou dividido em quatro, se espremia todo em posição embrionária, antes de se esticar mais uma vez por completo. Durante o movimento, ele fazia um ruído como se estivesse participando de um concurso de imitação dos gritos da tenista Monica Seles. Ele vestia roupas que as pessoas na Idade Média usavam quando eram esticadas ou esquartejadas, e que hoje apenas as pessoas que querem tentar a posição sexual "esticado e esquartejado" usam. De qualquer forma, o ritmo dos grunhidos se encaixava na música que saía dos alto-falantes: *Poker Face*, de Lady Gaga.

Esses aparelhos me deixam apavorado. Penso sempre em manchetes dizendo: "Homem gordo partido em quatro no aparelho de ginástica", ou "Dedos decepados", ou "Homem esticado até dois metros e dez".

Parei por um instante diante de um aparelho no qual uma mulher estava sentada e puxava uma barra para baixo. Um instrutor ficava ao lado dela e corrigia a postura. Por um lado é louvável, mas para ele também havia uma vantagem, pois podia apalpar partes do corpo dela, que, em público, eu poderia tocar apenas em minha mulher. Ao passar por eles, eu disse:

— Engraçado, você não toca em mim quando corrige minha postura. Aliás, se corrigisse a postura de homens, claro.

Pisquei para ele, mas continuei em meu caminho rapidamente, pois ele estava a ponto de ter uma distensão nas veias do pescoço — instrutores de academia aparentemente têm predileção por veias de pescoço protuberantes —, e eu obviamente não estava nem um pouco a fim de sentir mais uma vez um soco nas costelas. Além disso, eu tinha de me controlar, pois não queria mais ofender ninguém. Agora eu realmente já havia aprendido algumas coisas durante o projeto.

Diante do espelho, na área de levantamento de peso – estranho não terem descrito a zona com um nome em inglês, como Free Weight Pushing –, estava o homem de calça sarongue batique anos 80 e camiseta regata preta. Ele parecia um cubo com pés, seus braços tinham o diâmetro da minha coxa, o pescoço também. Ele levantava os pesos que indicavam "50", às vezes seus dentes rangiam, ou as juntas do cotovelo, possivelmente os dois. Fui até os pesos e peguei dois, que não chegavam a metade do dele. Pisquei para ele. Ele me olhou como um homem olha outro quando este diz que achou um barato a luta de boxe da Regina Halmich na noite anterior.

Eu só estava tentando entrar no clima.

Arregacei tanto as mangas que no mínimo meus antebraços ficaram à mostra. Com um sorriso confiante levantei o peso, e após cinco repetições eu estava prestes a ter câimbra nos dedos. De qualquer forma, meu grunhido, uma mistura de sofrimento e excesso de testosterona, era quase profissional. Até fiz com que uma gota de suor pingasse de minha sobrancelha direita.

Nos alto-falantes, "Creep", do Radiohead, bombava.

Ele me olhava com a mesma cara com que ficaram todos os alemães durante a semifinal da Eurocopa em 2008, quando a energia elétrica acabou em metade do país.

Radiohead cantava: "What the hell am I doing here?"

– Que foi? – perguntei.

Ele disse:

– Nada. Você só está fazendo o exercício errado e está puxando um peso que seria ridículo até para minha namorada.

Claro, ele quis me desafiar. Provavelmente também havia decidido ser sincero na Quaresma.

Radiohead cantava: "You're just like an angel".

Sei que não deveria me preocupar com tão gentil informação. No entanto, um veterano ajudar um iniciante como eu é um belo gesto.

Novamente eu tinha três opções para sair da situação. A resposta correta seria: "Ah, obrigado. Pode me mostrar como fazer? Posso realmente precisar de ajuda. Puxa, seus músculos são bem definidos, não?" Isso mostraria que eu havia aprendido algo, que conseguia distribuir elogios sinceros e bacanas. Mas eu não estava no clima e preferiria dizer: "Sabe, não quero ficar parecendo um pneu de trator bombado que não consegue mais se movimentar de tanta força e não só não consegue fazer sexo, mas pelo tamanho do braço também não consegue encostar no próprio pinto".

Ambas as respostas seriam sinceras.

Radiohead cantava: "I wish I was special".

Reconheço, essas duas afirmações não poderiam ser mais diversas, contudo cada qual é sincera a sua maneira. A sinceridade é uma amiga – mas pode ser ao mesmo tempo boa e má amiga. Sintia-me como em uma história em quadrinhos em que um anjo e um diabinho aparecem nos ombros do protagonista. A vantagem era que eu não precisava escolher entre os dois, mas encontrar um meio-termo diplomático. Opção número três.

– Desculpe, amigo. Normalmente eu ficaria grato pela dica, mas hoje estou incrivelmente mal-humorado, acabei de ser sexista com uma mulher e ofender um instrutor. Por hoje já deu.

Ele me encarou com o olhar para o qual o conceito "perplexo" foi inventado.

Atrás dele apareceu a mulher do decote. Eu também estava com um carma não muito bom desde que entrara na onda da sinceridade.

Primeiro ela passou a mão na barriga dele, então no braço. Em seguida o beijou no rosto. Ele deu um tapinha na bunda dela e me examinou por um instante. A mulher piscou para mim como uma mulher pisca quando quer deixar claro a um homem que não sairia com ele mesmo se todos os outros homens do mundo tivessem doenças sexualmente transmissíveis.

Ele disse:

– Então desencana...

Ela sussurrou alguma coisa para ele e me olhou.

Ele me encarou.

Acho que naquele momento também verificou as três opções de como aquilo poderia continuar. Então ela o beijou e saiu de perto de mim. Opção três. Ela saiu e me deixou parado como o Cristiano Ronaldo deixa os adversários.

Levantei novamente o peso.

Radiohead cantava: "Whatever you want".

Parei.

E, enquanto me arrastava para o vestiário com a toalha de rosto em volta do pescoço, ombros caídos e cabeça baixa como um boxeador após uma derrota arrasadora, Radiohead cantou: "I don't belong here".

15

29º dia

A PESSOA MAIS
SINCERA DO MUNDO

Eu estava ansioso, no sentido positivo da palavra, como alguém fica quando vai pela primeira vez à Disneylândia ou a um estádio de futebol. Naquele dia eu falaria com o meu exemplo dos últimos 29 dias, o fundador do movimento Honestidade Radical, o "Papa da Desesperança", o homem mais sincero do planeta. Eu falaria com Brad Blanton. Cara a cara. Ele escreveu livros sobre sinceridade que foram traduzidos para vários idiomas – sobre sinceridade em si, sinceridade na criação dos filhos, sinceridade para com Deus. O cara é psicólogo, político e papa de sua própria religião. Como não ficar ansioso quando se vai encontrar alguém assim?

Claro que não fui até os Estados Unidos. Primeiro porque seria caro demais para mim, depois porque Blanton não ministrava na época nenhum curso. A tecnologia faz com que seja possível duas pessoas se encontrarem e conversarem cara a cara, e, como não sou um pessimista paranoico, acho simplesmente fantásticas essas possibilidades tecnológicas. Como não achar fantástica uma invenção com a qual podemos encontrar nossos melhores amigos sem sair de casa? O Skype é maravilhoso, mesmo que minha mulher tenha ficado furiosa por um bom tempo quando consegui ir para a cama bêbado sem ter ido a um bar. Eu disse apenas: "Mesa de boteco *online*".

Blanton se candidatou a uma vaga no Congresso pela Virgínia – e conseguiu 25% dos votos; ele organiza cursos que duram dias, custam milhares de dólares e nos quais em algum momento é preciso ficar pelado. Em princípio não tenho nada contra ficar pelado, até porque fui jogador da Oberliga. Se você não sabe por que os jogadores da Oberliga gostam de ficar pelados, não sou eu que vou dizer isso aqui.

Nas fotografias, ele parecia uma mistura de pastor itinerante e político novato. Seu sorriso é pregado no rosto do mesmo jeito como fora pregado no rosto das recepcionistas nos Jogos Olímpicos de Pequim, em 2008. Eu tinha visto alguns vídeos dele no YouTube. Para mim, não era simpático – sentava-se muito confiante diante de seus livros e falava como se tivesse inventado a roda, o fogo ou no mínimo o sorriso pregado no rosto. Ele agia como se fosse dono da verdade – tudo bem, é bem provável que ele acredite mesmo nisso, caso contrário não teria escrito sete livros sobre o assunto com os seguintes títulos: "Honestidade Radical: como transformar sua vida dizendo a verdade", ou "Sinceridade para com Deus: uma mudança no coração pode mudar o mundo", ou "Paternidade radical: Sete passos para uma família funcional em um mundo disfuncional". Ele falava com a voz profunda e uma convicção que apenas líderes de seita, diretores de futebol ou políticos regionais teriam. E às vezes coçava o saco.

"O Honestidade Radical pode mudar o mundo", disse uma vez – e eu não posso nem interpretar isso como provocação ou maluquice. Ele realmente acredita nisso, como também acreditavam os instrutores motivacionais nos anos 90, antes de perder dinheiro no Novo Mercado e acabar na cadeia. Os números das vendas de seus livros confirmam sua visão. Eu não queria, contudo, participar de um curso. Não agora. Não que eu tenha algum problema em me despir – tenho medo de, durante o treinamento, assinar um contrato de associação com a cientologia ou no mínimo um contrato de poupança para construção. Ou seja, primeiro uma conversa pessoal.

Claro que Blanton não criou a sinceridade – não sei quem inventou isso, mas no caso da mentira tenho uma forte suspeita de que foi a mulher no paraíso. Blanton apenas redescobriu a sinceridade em um tempo em que a mentira domina cada aspecto do mundo e da vida, deu a ela significado e utilizou isso para seus propósitos. Visto dessa forma, ele é de fato um papa. E eu sou quase um de seus apóstolos.

Ele parece levar muito a sério esse negócio de sinceridade, e também acho suas malsucedidas candidaturas a cargos políticos bastante divertidas. Mas em muitos vídeos ele age com arrogância, o tempo todo se pavoneia de sua sinceridade, e de alguma forma tenho inveja do fato de ele ter ganhado um monte de dinheiro só porque é sincero e escreveu livros sobre isso. Paguei 150 dólares por uma sessão de *coaching* de uma hora, e não expliquei no *e-mail* que escreveria uma história sobre isso. Não queria que ele fosse influenciado. Desejava ser um cliente normal, um seguidor regular do movimento. Naquela tarde comprei um fone de ouvido com microfone, porque havia esquecido completamente que o microfone do meu computador não funcionava.

Era pouco antes de meia-noite quando liguei para ele. Ele respondeu, e pude ver um homem sorrindo para mim. Ele tirou o boné, arrumou os óculos e mexia na orelha.

– Acabo de chegar de uma partida de golfe – ele disse, e riu como alguém que acaba de ganhar cem dólares de um amigo no jogo. Sua voz era incompreensivelmente profunda, ele fala como os avôs quando têm algo engraçado para contar. – Como vai? – perguntou, e riu de novo. Parecia um homem feliz. Ele podia aparecer ali ameaçador e rosnar para mim. A todos que imaginam que, por eu ter pagado 150 dólares por isso, ele devia no mínimo ser afável, aconselho a marcar horário com um professor de tênis em Munique, pagar 150 euros por isso e então esperar a aula.

Esse papa da sinceridade, não se pode dizer outra coisa, tem um charme que desarma qualquer um – não dá para não gostar dele. E eu antes tinha resolvido que não o achava simpático. Não funcionou. Ao vivo ele me pareceu bem diferente dos vídeos na internet.

Depois de uma breve conversa, revelei a ele que havia algumas semanas eu estava sendo apenas sincero. Relatei os acontecimentos do primeiro dia e também como traíra meu amigo Niko no terceiro dia.

– Sabe de uma coisa – ele disse, calmo e com a voz ainda mais profunda –, eu teria dito ao meu amigo que ele deveria confessar a traição. No fim das contas, essa tarefa era dele, não sua.

Apenas balancei a cabeça e pensei comigo mesmo que de fato eu poderia aprender alguma coisa com aquela conversa.

Eu disse:

– Estou sempre pronto para explorar minhas limitações e ainda temo as consequências da sinceridade.

– Isso é completamente normal. Estamos presos em uma sociedade que nos determina certos padrões de comportamento. Você está sempre pensando no futuro e naquilo que as pessoas vão achar de suas ações. O que importa é o aqui e o agora. O que há dentro de você agora? O que você vê exatamente?

Ele me contou a história da ex-tenista americana Billie Jean King, que foi entrevistada por um famoso jornalista logo após sua segunda vitória em Wimbledon. "Como você conseguiu?", quis saber o jornalista. "Eu conto se você me deixar falar até o fim", foi sua resposta. Então continuou: "Quando vim pra cá, eu vim mesmo. Quando eu me mudei, mudei realmente. Quando fui até a quadra, fui mesmo até a quadra. E quando joguei o jogo, joguei mesmo a porcaria do jogo".

Precisei engolir pela primeira vez e quis dizer algo, mas Blanton continuou:

– É sempre assim: o jogador de basquete faz a cesta decisiva e então algum idiota pergunta o que se passou em sua cabeça na hora, e o cara diz qualquer merda. Por que não diz simplesmente: "Sabe de uma coisa? Não pensei em merda nenhuma! Eu pulei e quis enterrar a maldita bola, e nada mais". Isso seria uma resposta sincera.

Ele riu comprido e alto – como riem os avós quando contam uma piada engraçada.

— Tudo bem, isso funciona com atletas. Mas não para alguém como eu, que tem emprego, colegas e chefe. Já fui expulso de uma reunião por ter sido rude. Eu gostaria de manter o meu emprego.

Percebi na tela como ele quase engasgou de tanto rir. Provavelmente ouve com frequência esse tipo de coisa.

— Por que você tem medo?

— Porque minha sinceridade vai me prejudicar. Eu vou perder o emprego, os amigos, minha mulher! Sinceridade na medida é bom, mas na radicalidade, como o senhor promove, é prejudicial.

— Mas só por pouco tempo. Se você não xinga simplesmente seus colegas, mas expressa sua opinião e seus sentimentos com sinceridade, devagar eles começarão a aceitar, e o relacionamento de vocês ficará ainda melhor. No entanto, você não precisa ser grosseiro. Passe sua opinião sincera, isso basta. Talvez aconteça de eles não gostarem de você por suas palavras sinceras ou te deixarem de lado. Talvez você peça as contas, pois ficará cheio de todas as mentiras e puxa-saquismo. E talvez sua situação melhore significativamente.

O que ele dizia era mesmo muito bom. Mas também era muito bom o que os políticos diziam em seus discursos. É o principal argumento de Blanton para muitas coisas: justificar a sinceridade com sinceridade — e quem não consegue lidar com ela, precisa providenciar tampões de ouvido. Uma amizade perdida? Aparentemente, tanto faz. Uma separação? Obviamente, algo a se aceitar. Demissão? Sem problemas.

Reconheço que dificilmente alcançarei a radicalidade com a qual Blanton representa seus pontos de vista — e em hipótese alguma poderia aguentar isso por toda a vida. Eu gosto dos meus amigos, da minha mulher e do meu emprego — e gosto deles mais do que da sinceridade. Sinceramente.

— Claro que há momentos em que minto — disse ele. — No pôquer, por exemplo. Ou diante do governo; faz parte mentir para eles, pois não fazem nada além disso.

No caso do governo, dei em parte razão a ele e pensei na declaração de imposto de renda. Já havíamos conversado sobre o pôquer —

Blanton achou fantástico o fato de nenhum dos meus parceiros ter acreditado na minha sinceridade:

— Isso é muito bom, preciso contar aos meus parceiros — disse, rindo comprido e alto mais uma vez.

Ele disse que é perfeitamente possível mentir, deve-se apenas avisar quem estiver com você.

— Diga às pessoas que foi pego de calças curtas e não tem coragem de ser sincero! E diga que tem medo das consequências se disser a verdade exatamente naquela hora. Diga exatamente aquilo que passar pela sua cabeça no momento.

Imaginei aquilo como uma situação bem cômica: a cada conversa, aviso meu interlocutor de que tenho medo de ser sincero e encerro com a justificativa de que acabo de borrar as calças de tanto medo.

Mas, em princípio, novamente dei razão a Blanton.

— Será que eu penso demais?

— É perfeitamente possível. Precisamos nos livrar da obrigação de agradar a todos. Precisamos, acima de tudo, nos livrar da sociedade. Temos de alcançar uma pós-sociedade, uma pós-religião.

Eu disse que para mim aquilo era demais e que fé e religião eram muito importantes — mesmo que eu ainda procurasse pela religião adequada. Ele respondeu:

— Também acredito na importância da espiritualidade. Na fé cristã, me agrada o pensamento do perdão. Você precisa ir para a Suécia, ali pessoas de diferentes religiões se encontram todos os anos e falam sobre espiritualidade. E para muita gente fica claro que quase todas tratam de sinceridade. Só não gosto do que as religiões fazem com ela.

E coçou novamente a orelha.

Ainda falamos um pouco sobre religião, política e sociedade — contudo, percebi que sua posição de revolução radical ia um pouco além da conta para mim. Então, chegamos ao tema "raiva".

Eu disse:

— Às vezes fico realmente irado e então descarrego um monte de coisas. Às vezes grito, na maioria das vezes ofendo, e chego até à agressão física. No momento em que tudo acontece, estou sendo sincero, mas depois tenho a sensação de que tratei os outros de maneira injusta.

Ele fechou os olhos e pensou. Pensou bastante.

– Por que você não ameniza tudo antes? Você nunca deve chegar ao ponto de explodir. Por que não diz aos outros com mais frequência o que não lhe agrada? Raiva não é ruim, mas explosão sim. Deixe a raiva de fora antes, então não haverá explosão.

Ele tinha razão. Em conflitos eu rapidamente me torno injusto e impertinente. Remexo em coisas que há muito já passaram – em vez de me concentrar no que acaba de acontecer. Cinco pequenas explosões seriam mais aconselháveis que um *big bang*. No futuro, planejo ser ainda mais sincero – e não explodir e ofender injustificadamente para isso.

– Fique tranquilo e viva o aqui e agora – ele disse.

A hora passou mais rápido do que pensei – e preciso confessar que no fim das contas encontrei em Blanton uma pessoa muito simpática. Não é necessário aceitar todas as teses e teorias dele, ou mesmo viver de acordo com elas, mas, depois de uma conversa com o cara, a gente se sente realmente melhor e mais motivado.

Desliguei o computador e fui para a cama satisfeito – e resolvi com firmeza participar de um de seus cursos. E também ficar peladão por lá.

16

30° dia

"NÃO SEJA IDIOTA"

Que bom que estávamos em um quarto de hotel. Havia diversos tipos de bebidas alcoólicas, o banheiro estava limpo e ainda se podia fumar – era quase como estar na casa de meus pais, só não tinha minha mãe alvoroçada recolhendo roupas.

Meu irmão nos servia um *prosecco* horroroso, porque mesmo o mais bem abastecido frigobar fica vazio em algum momento, e nesse hotel o serviço de quarto parava às duas da manhã. Só ficou evidente após as quatro da manhã, depois de muita cerveja, cachaça e vinho, que tínhamos apenas *prosecco* à disposição. Eu havia tirado a jaqueta e, como raramente a vestia, não percebi que na posição em que ela ficou estaria mais amarrotada do que a minha cara na manhã seguinte.

Era o trigésimo dia do meu projeto, no fim de semana seria Domingo de Ramos e então eu entraria na reta final do meu objetivo. Já havia pensado em qual seria minha primeira mentira e a quem contaria. Tinha me tornado um pouco mais corajoso com a sinceridade, porque vi que às vezes as coisas se desenrolavam muito bem quando eu era sincero. Muitas pessoas nesse período haviam respeitado minha opinião quando eu era sincero com elas, e também lucrei quando alguém expôs sua sincera opinião bem na minha cara. Talvez eu ainda não pudesse afirmar que havia me tornado uma pessoa melhor, mas tinha a sensação de que o caminho era aquele. Apesar de algumas dores, eu me convenci de que tinha sido certo realizar essa experiência e que havia aprendido coisas importantes sobre as pessoas e sobre a vida.

Eu estava tranquilo. Não ofendia mais ninguém, mas expressava minha opinião de forma sincera e na maioria das vezes objetiva, até mesmo com um toque de diplomacia sincera aqui e ali. Talvez o mundo não tenha se tornado um lugar melhor, mas meu pequeno mundo, composto de diversos mamíferos e alguns peixes, havia se tornado mais confortável e aceitável para mim.

Eu estava com meu irmão naquele quarto de hotel, a paisagem era grandiosa – diante da janela havia uma rua movimentada, e ao longe era possível reconhecer algumas casas caindo aos pedaços. Aquele era um quarto *superior*, o que me deixou bastante curioso a respeito da vista de um quarto *padrão*. O lugar cheirava a fumaça e desinfetante, e na parede havia quadros que só são pendurados em paredes de quartos *superiores* de hotéis, e que também aguçaram minha curiosidade sobre os quadros nos quartos *padrão*.

Eu era a raspa do tacho da família, o que me deixava satisfeito, porque as estatísticas dizem que o último filho vive mais tempo. Por outro lado, o nascimento tardio também pode se tornar irritante, sobretudo na adolescência, quando meu irmão e minha irmã badalavam na danceteria enquanto eu tinha de ficar em casa na frente da TV. Além disso, o último filho também tem pouca voz dentro da hierarquia familiar quando passa da idade em que as pessoas acham tudo lindo e fofinho. Era exatamente assim que acontecia conosco. Como sou nove anos mais novo, nunca houve disputa para ver quem era o melhor – fosse no futebol, na escola ou com as mulheres. A questão era muito mais sobre quem era o primeiro, como na fábula *A lebre e a tartaruga*, em que os papéis são bem definidos.

E foi assim:

Quando eu tinha 10 anos, ele disse:

– Primeiro termine o ensino médio.

E eu terminei o ensino médio melhor que ele.

Depois ele disse:

– Primeiro jogue futebol com adultos.

E joguei futebol com adultos, duas classes a mais que ele.

Então ele disse:

– Primeiro termine a faculdade.

Eu terminei a faculdade com notas melhores que as dele.

Aí ele disse:

– Primeiro trabalhe.

E eu trabalhei.

– Primeiro se case.

E eu casei.

– Primeiro tenha um filho.

Alguns meses depois, eu tive um.

Agora ele diz:

– Primeiro tenha um segundo filho.

Como alguém pode manter o ritmo quando o outro é nove anos mais velho e sempre aponta para objetivos que o mais novo simplesmente não pode ter alcançado ainda? Nascer por último é uma verdadeira cruz. Ele incluiu na discussão a comparação de que o que conta num carro não é a idade, mas a quilometragem – e ele achava que sua quilometragem ultrapassava duas vezes a minha. Claro que a minha opinião era diferente – não no que dizia respeito à comparação, mas nas quilometragens.

Talvez eu tenha de contar que meu irmão não é só um retórico impiedosamente bom, mas também um grande contador de vantagem, o que significa que ele não faz a menor questão de ser modesto e sempre coloca seus feitos sob os holofotes – por isso não confessa que sua quilometragem está entre as normais, mas a descreve de forma intensa e rebuscada, como as iniciais de uma assinatura da Idade Média.

Acredito que qualquer um pode falar o mesmo de seus irmãos, talvez com variações, mas em última instância de forma bem parecida.

Por acaso, Chagall não pintou um quadro de Caim e Abel – e por dias eu me perguntei por que ele não fez isso.

Estávamos sentados em um quarto de hotel porque antes havíamos sido convidados para uma degustação de uísque numa casa de eventos de Munique. Ao contrário de mim, meu irmão é um exímio conhecedor de bebidas, enquanto eu me encaixaria mais entre os amigos delas. Ele me garantira que mesmo o consumo exagerado não levaria a uma grande bebedeira, mas a um nível alcoólico em que a pessoa poderia aguentar a noite toda. Por isso estávamos estatelados em nossas poltronas, bagunçados física e mentalmente, fumando cigarros extrafortes, bebericando um copo de *prosecco*, e às vezes ficávamos surpresos com o intenso movimento na rua em frente à janela às quatro da manhã.

Eu havia escolhido aquele dia para ter uma conversa sincera com meu irmão. Eu era da opinião de que as palavras me viriam à boca mais facilmente se estivessem embebidas em uísque – e achava que meu irmão poderia engoli-las melhor com um *single malt* envelhecido dez anos. Além disso, eu tinha sido convidado para a degustação e ele era meu acompanhante, por assim dizer, o que na minha opinião elevava meu posto naquela noite. Também estava preparado, pelas experiências das últimas semanas e pela conversa com Brad Blanton, para dizer na cara dele o que eu achava, sem ofendê-lo ou chateá-lo com isso.

Naquela noite nos encontramos com Amish Torrie, um funcionário da destilaria anfitriã, que com um sotaque escocês fantástico nos contou histórias míticas da ilha e relatou o dramático salvamento da tradicional destilaria. Além de nós, havia pessoas que ouviam ainda mais empolgadas e aparentemente eram brilhantes conhecedoras de uísque, ou ao menos fingiam ser.

O cheiro do uísque se instalava em meu nariz, e em pequenos goles eu fazia a bebida descer ardendo pela garganta. Eu precisava de um gole de água para voltar a falar. Além de nós, havia homens de terno e mulheres com vestidos de festa. De maneira hábil, balançavam o copo e deixavam a bebida deslizar sobre a língua. Aqui e ali alguém entornava o corpo, o que eu achava bem simpático.

Digamos assim: durante os quinze minutos em que conversamos com Torrie, eu disse "Olá", "Você teria um cartão de visitas?" e "Até logo". Torrie falou por dois minutos, o restante ficou exclusivamente com meu irmão. Ele relatou uma viagem com um amigo para a Escócia para degustar uísques, contou a história completa do *single malt* em versão estendida e explicou ao surpreso funcionário da destilaria por que aquela empresa era ótima e seu uísque simplesmente o melhor. Meu irmão fez uma verdadeira propaganda retórica, como se fosse porta-voz da empresa.

— Agora ele deve saber até o nome do filho do seu colega — falei para o meu irmão no quarto do hotel. — E você explicou por três minutos por que a empresa dele é bacana. Esse é o serviço dele, não o seu.

Meu irmão me olhou surpreso:

— E daí?

— Você sabe pelo menos o nome do cara?

— Não.

— Viu? Você só falou e não escutou nada.

Talvez agora seja o momento de apresentar o perfil de meu irmão no programa de perguntas e respostas:

- filosofia;
- citações aristotélicas;
- tipos de vinhos italianos e alemães;
- bandas de *rock* dos anos 80;
- o time de futebol Hamburger — ontem, hoje e amanhã;
- técnicas de negociação.

Meu irmão me lançou um olhar parecido com o do ator de *Feitiço do tempo* que Bill Murray cumprimenta todas as manhãs com as palavras: "Oi, o senhor quer ver a marmota?" Ele é um cara corpulento e esconde a calvície com óculos que fariam muitos intelectuais da TV abrirem um processo de plágio. Além da camiseta do Hamburger, só usava terno, sob ele na maioria das vezes camisa branca, colete e gravata com nó pela metade. Ao falar, gesticula na maioria das vezes como só um padre, um consultor de empresas ou um palestrante motivacional gostam de fazer; costuma dar pausas de efeito e, para sustentar suas palavras, arregala os olhos atrás dos óculos de intelectual.

— O que há de tão ruim nisso? — meu irmão perguntou, e ainda tentou tirar algumas gotas da garrafa de *prosecco* do frigobar.

— Você não ouve, só fala. Acho que você ama ouvir a si mesmo e delicia-se com sua própria sabedoria — tentei expressar minha opinião de modo calmo e relaxado.

Ele não ficou furioso, pelo contrário. Encostou-se na poltrona e tragou longamente um cigarro:

— Sério?

Com aquela reação cheia de compreensão, ele me deixou confuso por um momento, o que corrigi com um gole vigoroso. Percebi que havia alcançado o tom correto, e isso de certa forma me surpreendeu.

— Sim, é exatamente isso. Você sempre tem de contar aos outros como é um cara legal, que conseguiu tudo e sabe tudo.

Precisei interromper porque tive de arrotar, como qualquer um tem de fazer quando esvazia uma taça de *prosecco* num gole. Achei que alguém tinha acordado no quarto ao lado, pelo menos ouvi um barulho, como se alguém tivesse caído da cama.

— Tenho a impressão de que você precisa provar a todo mundo o tempo todo como você é fantástico — a última frase saiu em um tom um pouco mais alto e indignado, mas acho que eu ainda estava bem relaxado.

Meu irmão refletiu um pouco, então inclinou o corpo para frente.

— Mas você também se exibe o tempo todo!

— É de família. Eu não montei um pedestal aqui e estou falando com você do Olimpo. Estou só dizendo que as pessoas se sentem sempre um pouquinho menores e piores quando conversam com você.

Ele ficou surpreso:

— Mas eu não quero que uma coisa dessas aconteça, de jeito nenhum!

— Mas acontece!

— Por que não posso sentir orgulho do que conquistei? Passei por períodos difíceis e trabalhei duro para conseguir o que construí.

Devo acrescentar que ele foi padre por sete anos e, depois de uma briga ferrenha consigo mesmo, decidiu largar a batina, porque havia se apaixonado. Ele lutou contra todas as adversidades, constituiu família e desde então é professor. Seu casamento, pelo que sei, é extremamente harmônico, ele tem dois filhos maravilhosos e, no futebol, sempre consegue brilhar com fintas enfeitadas, que em torneios de futebol de salão provocam um estalar de línguas dos especialistas. Visto dessa forma, ele pode mesmo ficar orgulhoso do que conquistou.

— Isso ninguém pode negar. Mas você não elogia a si mesmo, e sim se vangloria daquilo que tem. Você nunca diz "Olha, eu sou bacana". Você quer mostrar sua ótima casa, seu carro enorme, seu escritório. E sempre acentua como os outros elogiam você.

Neste ponto preciso acrescentar que uma vez participei de uma de suas aulas e, depois, todos os alunos de fato eram só elogios a ele. Meu irmão gosta de elogiar a si mesmo, o que torna as coisas ainda piores, pois o autoelogio é merecido.

Ele ainda parecia mais do que calmo.

— E em que ponto isso é diferente de você?

— Eu digo apenas: "Eu sou bacana", aí está a diferença!

— Não entendi.

— É simples: quando você me deu um presente no meu último aniversário, eu não pude simplesmente abri-lo. Você me deu uma palestra sobre como o presente era raro, como foi difícil encontrá-lo e, sobretudo, como custou caro. Bastaria apenas me dar o presente. Eu quase me senti culpado.

Ele franziu a testa e deu uma olhada para o teto, onde havia um detector de incêndio quebrado. Como seria o detector de incêndio do quarto *padrão*?

– Eu só disse aquilo para mostrar o quanto gosto de você!

– Mas não pareceu sincero, senhor retórica!

Tivemos de fazer uma pequena pausa, pois não tínhamos mais bebida nem cigarro. Descemos até a recepção e explicamos ao surpreso gerente da noite que nós, dois homens bêbados às 4h30 da madrugada, precisávamos com urgência de vinho, cachaça ou cerveja e, acima de tudo, de um maço de cigarros. Obviamente não era comum nesse hotel pernoitarem estrelas do *rock*, pois o gerente só conseguiu indicar uma máquina de cigarros e o frigobar. Seu rosto ficou ainda mais interrogativo quando revelamos que já havíamos esvaziado o frigobar e que ficaríamos muito agradecidos se ele nos abastecesse novamente – de preferência agora. Após certo trabalho de convencimento – meu irmão, como já disse, é um retórico impiedosamente bom –, voltamos ao quarto com o estoque refeito.

– É interessante ouvir isso – ele disse.

Fiquei surpreso. Eu contava com oposição, até mesmo rejeição ou recriminação. Mas ele simplesmente me ouvia.

– Além disso, você tem o dom de fazer as pessoas se sentirem mal. Quando comprei um carro novo, por exemplo, e fui mostrá-lo todo orgulhoso, você disse: "Ah, é bem uma carroça típica de mulher de consultor fiscal". Você tem noção de quanto isso é depreciativo? Poderia ter dito apenas: "Carro legal, me deixe dar uma volta". E todo mundo ficaria satisfeito. Mas você bota meu carro pra baixo e reforça na mesma frase, claro, como está feliz com o seu.

– Eu disse isso mesmo? Pensando agora, soa pior do que eu quis dizer.

– Você também disse que morar em Munique é um fracasso e como é bom morar no interior.

– Foi só porque você disse que era um tédio morar no interior.

– Mas eu não diminuí você. Eu disse que gostava da cidade grande e não falei mal da vida no interior, essa é a diferença. E ainda...

Ele se inclinou para frente mais uma vez e me mostrou que estava interessado no que eu diria naquele momento. Caramba, ele estava sendo compreensivo!

– Quando conversávamos sobre quanto eu ganhava, você disse na lata: "Isso não é dinheiro". Tem noção de quanto isso é horrível? E ainda falou isso na frente dos nossos pais e, principalmente, da nossa irmã, mesmo sabendo que eles vivem com metade daquilo que você tem. Então, você anuncia a eles como isso é pouco e que acharia pavoroso ter de viver com tão pouco! Sabe como isso é ofensivo e humilhante? Eles também trabalham duro pelo dinheiro que ganham e então um babaca diz a eles que aquela quantia não bastaria de jeito nenhum! Sinceramente, Hanni e eu ficamos por meses de bode, não queríamos visitar vocês, pois só conseguíamos ouvir uma frase: como vocês são legais e como somos idiotas, pois vivemos numa cidade grande e não em uma casa tão bacana quanto a de vocês! Foi por isso que recusamos visitas com desculpas esfarrapadas, pois não queríamos visitá-los de jeito nenhum.

Meu Deus, como aquilo me fez bem. Não tive sequer uma pontinha de remorso. Não fui maldoso ou ofensivo, apenas calmo e sincero.

– Eu ouvi com muita atenção, porque nunca tive a intenção de dizer uma coisa dessas – meu irmão respondeu. – Para mim o que você está dizendo é importante, porque nunca ninguém me falou isso assim.

– Porque na maioria das vezes você se relaciona com gente que não tem confiança para dizer que você está no caminho de se tornar um verdadeiro idiota.

Ele me olhou sério:

– E com você é diferente?

– Como eu disse, não somos tão diferentes. Sou parecido, uma besta, como você. Mas tenho amigos que me dizem ao menos uma vez por semana que sou um péssimo jogador de cartas, que sou convencido, que não sou inteligente. Eles não me chamam de "Senhor Professor", mas tiram uma com a minha cara o tempo todo e falam sem rodeios o que sentem. Acho que é isso que falta para você.

Ele encostou novamente na poltrona.

– Pode ser.

Eu estava assustado. A conversa não estava se encaminhando para a direção prevista. Eu havia me preparado para uma briga encarniçada, rompimento de relação e o esclarecimento da confusão toda com uma conversa tendo minha mãe como moderadora. Mas eu nunca poderia imaginar que jogaria todas essas coisas na cabeça do meu irmão e ele ouviria e ainda pensaria sobre elas.

— Você não deve mudar sua essência — eu disse —, mas seria ótimo de vez em quando reconhecer o que os outros fazem, elogiá-los e ficar orgulhoso deles.

Então ele me interrompeu pela primeira vez.

— Mas eu tenho um puta orgulho de você! Falo o tempo todo do meu irmão, que ele tem um emprego bacana, escreve muito bem e formou uma família maravilhosa. Meus amigos sempre ficam entusiasmados quando sabem no que se transformou o pequeno brigão. Às vezes eu até fico me achando e me exibo com o irmão que tenho!

Essa me pegou ainda mais de jeito, eu também não contava com isso. Tomei um gole de cerveja e acendi um cigarro ainda mais forte, pois eu precisava desacelerar.

— Mas você continua se vangloriando. E para mim mesmo nunca disse nada!

— Tem razão.

— Precisou mesmo de uma garrafa de uísque, vinho, cerveja, *prosecco* e um quarto de hotel para que depois de trinta anos pudéssemos ser totalmente sinceros um com o outro?

Ele sorriu.

— Parece que sim.

— Mas foi bom...

Eu estava realmente impressionado, não tinha pensado que a sinceridade podia ser tão libertadora. E que o relacionamento entre dois irmãos podia fazer tão bem quando eles são totalmente sinceros um com o outro. Não era briga, em que os dois gritam, são agressivos e injustos. Era uma conversa entre duas pessoas razoavelmente adultas. Conversamos ainda por algum tempo sobre nossos pais, sobre a mulher dele, sobre minha mulher – então decidi que o nascer do sol era o sinal para ir para a cama de uma vez por todas.

– Obrigado – ele disse, quando eu quis ir para casa.

Olhei para ele e respondi:

– Eu que agradeço.

E então nos abraçamos pela primeira vez em quinze anos – a última havia sido quando ele marcou um gol decisivo em um torneio de futebol amador, e todos que não estalaram a língua se abraçaram.

Fui para casa de táxi, tentei sem sucesso tirar o bafo de bebida escovando os dentes por minutos a fio e me deitei na cama com Hanni.

– Nossa, o que foi que vocês beberam? – ela disse. – Uísque, cerveja, *prosecco*, e ainda fumaram!

O marido de uma grávida não tem segredos.

– Sim, foi uma longa noite.

– E como foi? Vocês brigaram?

Ela havia imaginado a noite como eu.

– Não, ele me ouviu, paciente e compreensivo.

– Seu irmão?

– É, foi legal. Foi uma das melhores conversas de todos os tempos.

– E você não exagerou e não ofendeu, como costuma fazer?

O marido de uma mulher grávida realmente não tem segredos.

– Não, fui bonzinho. Sincero, mas bonzinho. Sem ofensa, sem gritos, sem briga.

– Fico feliz, de verdade. Você realmente aprendeu alguma coisa.

Ela se levantou para ir para o trabalho. Eu continuei dormindo, tinha o dia livre. Ronquei tão alto que o síndico achou que uma turma de caminhões estava passando pela casa. À noite ele me contou sobre o trânsito barulhento de algumas horas antes.

Dias depois, recebi uma ligação do meu irmão.

– Preciso te contar uma coisa. Eu falei para minha mulher sobre a nossa conversa. E sabe o que ela disse? Que você tinha razão. Foi bem dramático, mas a maioria das coisas era realmente verdade. Então fomos encontrar uns amigos para um aniversário, eu levei um ótimo presente. Enquanto desembrulhavam, claro que expliquei como comprei e como tinha custado caro. Ela começou a rir alto e me mostrou como é verdade o que você disse. Preciso mudar isso.

Não conseguia dizer nada. Meu cérebro precisou de um pouco de tempo para processar o que ele dissera.

– A conversa foi muito boa. Precisamos fazer isso novamente, fez bem. Obrigado, mais uma vez!

– Eu também achei ótimo.

Então ele me convidou para ir a sua casa duas semanas depois, para passar uma noite ótima. Eu estava empolgado. As mentiras às vezes podem resolver situações críticas, evitar guerras e facilitar e muito a vida em conjunto. Só que nenhuma mentira do mundo pode substituir uma palavra sincera.

Dessa vez eu não precisei de desculpa, disse apenas:

– Claro, nós vamos com prazer.

17

32º dia

VERDADE E TRABALHO

Ruth não conhece respeito. Ela continua perguntando, sem rodeios, sem discrição, sem tato:

– Quanto você ganha?

– Você acha que seria um editor-chefe melhor?

– Que colegas você demitiria?

Eu precisava responder com sinceridade a cada pergunta

Ruth escreve para o caderno de cultura. Trata-se de uma colega engraçada que elevou à forma de arte chegar entre um e três minutos atrasada nas reuniões, tornando-se muito simpática a meus olhos, porque irritava todos os demais. Ela tropeçava em uma poltrona e deixava-se cair relaxada para que os últimos da sala notassem sua presença.

Meu colega mais querido, Ralf, diz que ela se parece com aquela personagem de *Marte ataca!* cuja cabeça é carregada num bastão no fim do filme. Acho que ela lembra a atriz Kate Walsh, que atuava como coadjuvante em *Grey's Anatomy* e agora é protagonista em *Private Practice*. Ela é a melhor amiga de minha colega de sala, e estou bastante convencido de que elas se digladiam em uma disputa ferrenha para ver quem leva a melhor na categoria sacanagem, em que Ruth fica pontos à frente. Ela consegue ser legal e agradável quando quer, o que nem sempre acontece com relação a mim. Talvez seja porque há algum tempo ela me considera um mentiroso nojento, já que primeiramente, querendo impressionar, elogiei seu jeito de se vestir, e no início do projeto sinceridade a critiquei impiedosamente. Por que ela deveria gostar de mim?

Ruth precisa de um perfil do tipo *Show do milhão*, pois nunca enfrentaria os grandes apresentadores dos grandes programas de perguntas e respostas:

- tudo que foi popular nos anos 80;
- tinturas de cabelo e rímel de todas as nações;
- programas televisivos de todos os tipos;
- vida noturna de Munique;
- cachorros pequenos;
- carnaval em Colônia;
- comida francesa.

Já era o 32º dia do meu projeto quando encontrei Ruth. Já havia me livrado da ressaca que tomou conta do meu corpo depois da noite com meu irmão – suco de tomate e dez flexões de braço fariam milagre, mas não poderiam substituir café e aspirina. Meu irmão até pode ter razão com a afirmação de que uísque não causa ressaca. Mas misturado com vinho, cerveja, *prosecco* de frigobar e um maço de cigarros, causa uma ressaca violenta, que dura até a noite seguinte.

Mas eu estava em forma novamente e não podia me esquecer de agradecer ao meu colega americano, o Joey, pois ele me enviara de Nova York comprimidos eficazes contra dor de cabeça – minha melhor amiga, a médica Dani, havia deixado bem claro que na Alemanha se prescreviam remédios fracos demais, e com isso as pessoas sentiam mais dor e assim tomavam muitos comprimidos, um atrás do outro. Segundo ela: "É um jeito, mas precisa ser evitado".

Eu estava no trabalho e curado. Descobrira nas últimas semanas que devia me manter calado nas reuniões. Naquele momento, eu tinha de vivenciar como se dão as relações interpessoais em um escritório quando se é sincero.

Posso dizer a verdade aos colegas? Vou aguentar quando forem sinceros comigo?

Como já foi dito, em um escritório coexistem as mais diversas personalidades e temperamentos, e as pessoas também são sensíveis e nem sempre estão abertas à sinceridade. Acredito que elas tenham consciência disso em relação a seu trabalho – a não ser no caso do chefe. Ou melhor, do rei de um pequeno país. Não sou nem um nem outro, mas ainda não desisti totalmente do sonho da realeza.

Quando anunciei que seria sincero, quase não houve reação, mas percebi claramente que alguns colegas tentaram ficar longe de mim. Quando, de manhã, eu passava pelo corredor em patrulha e observava com atenção para desejar "bom dia" apenas àqueles para os quais o cumprimento seria sincero, muitos olhavam tensos para o computador ou devolviam calados o cumprimento. Alguns mantinham havia dias a porta da sala fechada. Acho que queriam mesmo fugir de mim. Covardes.

Com a Ruth era diferente. Ela simplesmente perguntava.

– Onde você arranjou todas essas perguntas? – perguntei quando nos encontramos no corredor. Ela caminhava com uma folha na mão, e eu, com um cigarro.

– Algumas são minhas, algumas são de colegas.

Ela mantinha o rosto sério.

– De colegas?

– Eles me disseram coisas que preciso perguntar a você.

Quase engasguei com o café. Algumas gotas caíram na minha camisa, que Ralf descrevera como inaceitável, porque era justa demais e tinha as cores de um papel de parede dos anos 70 – embora ele próprio estivesse usando uma camiseta que ganhara como presente de despedida de uma empresa para a qual prestara serviço nas férias há uns vinte anos.

– Como assim? Por que eles mesmos não perguntam?

– Sei lá. Mas estão ansiosos pelas respostas.

Limpei as manchas da camisa e disse:

– Quem?

Ruth sorriu.

– Não posso falar. E eu não tenho de ser sincera.

Ponto para ela na competição de sacanagem com minha colega de sala.

– Covardes! Eles não têm coragem de vir aqui e ouvir as respostas ao vivo? Que fracos!

Ela ergueu as sobrancelhas.

– Mas são espertos. Agora responda, ou o covarde aqui será você.

Mais um ponto.

Percebi a situação desconfortável na qual eu mesmo me colocara com o anúncio de sinceridade. Até aquele momento, eu estava satisfeito com o andamento das semanas de sinceridade, mas naquela hora tive uma sensação estranha. Sob o manto do anonimato, eu receberia as perguntas e os curiosos teriam uma resposta, sem que tivessem de me enfrentar cara a cara. Eu não tinha apenas duas manchas de café quase imperceptíveis na camisa, mas também medo de que aquela conversa não fosse acabar bem para mim. Tinha o pressentimento de um garoto que transporta todo o suprimento de doces no estômago e naquele exato momento é interrogado pela mãe.

Depois pensei comigo: *Ruth me perguntou quem eu mandaria embora para melhorar a redação com novas contrações.* Uma armadilha, claro. Se eu listasse com sinceridade alguns nomes e Ruth repassasse a informação a essas pessoas, eu definitivamente teria mais alguns inimigos no escritório. Ou ainda pior: minha declaração seria considerada assédio moral se chegasse até a diretoria?

Ruth é sacana, mas não é mal-intencionada. Mesmo assim, a pergunta era perigosa.

Enumerei alguns nomes com sinceridade, sempre justificando – e foram poucos. Não acredito ter sido injusto ou maldoso – todas as pessoas poderiam nomear alguns funcionários em seu departamento que consideram abaixo da média e, por isso, dispensáveis.

— Hmm, era de se esperar — ela disse, e me garantiu que havia pensado nos mesmos nomes.

Ela ticava as perguntas. Acendi meu cigarro e achei que não era tão ruim quanto eu havia pensado. Porém, ela imediatamente continuou:

— Você acha que seria capaz de ser editor-chefe?

Essa é uma pergunta simples. Consegui até mesmo dar um gole no café sem acidentes.

— Acredito que em algum momento estarei pronto para isso. Mas agora sou muito jovem e inexperiente, além disso me faltam competências em liderança e planejamento. E eu seria ainda muito impaciente com os funcionários que não me acompanhassem. Já senti isso e já me disseram. Tento aprender com o chefe atual para melhorar.

Não foi puxa-saquismo, mas sinceridade. Além disso, eu tinha certeza de que nosso chefe não estava entre as pessoas que ditaram aquelas perguntas para Ruth e agora esperavam respostas. Ele não precisaria disso. E sim, eu o considero mesmo um ótimo chefe.

Ruth me olhou como se eu tivesse acabado de fazer o discurso de agradecimento do Oscar.

— Devo acreditar nisso?

— Sim, foi totalmente sincero.

— Tudo bem — ela disse com uma expressão que parecia ainda muito duvidosa.

Ninguém acredita quando sou sincero. Isso é angustiante.

Ruth olhava para a lista e continuava ticando.

— Quem da redação você mais respeita?

À primeira vista, era uma pergunta simples. Por outro lado, e se eu me esquecesse de alguém? Para esse caso, minha salvação foram as omissões do filósofo Warren Shibles no livro *Lügen und lügen lassen* (Minta e deixe mentir). Ele relaciona na obra dezenove características da mentira, e a 18ª é: "Não é mentira quando alguém tenta dizer o que quer, mas não consegue". Também se inclui aí o fato de alguém querer dar o nome de uma pessoa respeitada, mas esquecer.

– Não sei se consigo citar todas sem esquecer de alguém – eu disse e comecei a enumerar, percebendo que respeitava mais gente ali do que imaginava. Não sou mesmo o cara arrogante e crítico que pensava ser – e que muitos de meus colegas de trabalho também achavam. Ruth parecia satisfeita, só em um nome ela comentou:

– Ah, sério? Uau! Pensei que você não gostasse muito dele.

Ela ainda me fez uma porção de perguntas, como se eu tinha medo da morte ("Muito mais daquilo que vem depois"), se estava feliz com a minha vida ("Nem sempre; na maioria das vezes estou satisfeito com o presente, mas quero muito mais no futuro") e se sou mesmo tão autoconfiante quanto pareço ("Não, na verdade não; na realidade, sou bem tímido").

Depois do interrogatório, respirei fundo. Eu estava satisfeito comigo mesmo, pois havia respondido com sinceridade – e ainda assim não tive a sensação de ter ofendido ninguém. E me perguntei por que temi tanto as perguntas de Ruth.

Também não achei que havia mentido a mim mesmo, embora isso, segundo Nietzsche, não seja incomum. Em *O anticristo*, ele escreve: "A mentira mais contumaz é aquela com a qual o indivíduo engana a si mesmo". Acredito que fui bastante sincero. Não precisei escrever um texto que seria publicado no jornal e no qual eu tinha de ser totalmente objetivo. Só tive de expressar a minha opinião.

Por isso o meu projeto se tornava uma experiência fantástica. Ao menos era o que eu achava.

Voltei para minha sala e li alguns textos de colegas que seriam publicados naquele dia. Queria criticar, fulminar e expressar minha opinião na cara deles, sem inibições – depois de quatro anos, eu tinha acumulado uma porção. Por outro lado, também queria ser justo. Fiz duas pilhas: uma com textos que me agradaram e outra com os que achei ruins. Justifiquei minha escolha com uma frase do jornalista e correspondente de guerra Peter Scholl-Latour, que certa vez disse que mesmo para os jornalistas não poderia haver objetividade – pois cada pessoa sempre escreve a partir de seu próprio ponto de vista. Ou seja, a minha avaliação também era subjetiva, mas não era ruim, porque fui sincero. Acho que todo mundo devia tentar isso no trabalho: avalie de maneira totalmente imparcial o trabalho de seus colegas e então diga a eles o que achou.

Enquanto eu montava as pilhas, o editor-chefe veio à minha sala e sentou-se comigo. Ele parecia um pouco com o futebolista aposentado Klaus Allofs, e em muitas situações profissionais se comportava da mesma forma correta, tranquila e ainda assim precisa do diretor do time Werder Bremen. Contudo, no âmbito pessoal, ele estava na primeira fila de qualquer atividade esportiva e, apesar de ter 40 anos, tinha uma ambição incrível de se destacar em jogos como Mario Kart e Virtua Tennis, e também no tênis de mesa — o que faria dele um adversário difícil num jogo de perguntas e respostas, pois ele conseguia brilhar em diversos jogos, por exemplo:

- no jogo de perguntas *Blamieren oder kassieren* (Fracasso ou dinheiro no bolso);
- quem disse isso?;
- vôlei de praia;
- corrida de cinco quilômetros;
- jogo da memória;
- quebra-cabeça;
- onde fica esse lugar?.

Como eu disse, um faz-tudo bastante amigável, não apenas porque gosto dele, mas também porque o respeito. Acho que ele também consegue me suportar bem, só não estou bem certo do porquê.

— Então você é sincero, não é?

Eu o encarei um pouco surpreso, pois ele não poderia ter deixado escapar o meu *e-mail* — ele lê escrupulosamente todos os *e-mails* e os responde. Interpretei a pergunta como o início de uma conversa e disse apenas:

— Sim, por quê? Quer me perguntar alguma coisa?

— É, mas não sei exatamente como fazer isso.

– Por quê? É tão simples. Manda ver.

– Tudo bem. É uma pergunta da minha mulher. Qual é o seu QI?

Abri um sorrisinho e disse a verdade. Eu sei qual é o meu QI, porque precisei acompanhar um grande amigo quando ele foi fazer o teste para ser aceito em uma universidade de ponta. Nós dois fizemos o teste, embora eu quisesse apenas ser aceito em uma universidade que tivesse uma boa equipe de futebol – e claro que ele ganhou. Não vou revelar aqui meu resultado, pois não é da sua conta. Além disso, você poderia abandonar a leitura, pois uma pessoa com o meu QI não deveria escrever livro algum.

– Ok – ele disse. – Você gosta de trabalhar aqui?

Essa era fácil.

– Sim.

– Durante esse tempo, você se candidatou a alguma vaga em outras empresas?

– Não.

– Você iria se recebesse uma proposta?

– Depende da proposta. Mas acho que não, acredito que estou bem aqui. Se saísse, gostaria de fazer algo completamente diferente.

– O que seria?

– Não sei. Abrir um bar, entrar para a política, escrever um livro, plantar mangas, vender excursões para o Sri Lanka, estudar medicina. Essas coisas.

Fiquei surpreso, porque ele não me olhava irritado, mas registrava minhas respostas como se eu estivesse lendo as notícias em voz alta. Mas é bem provável que todo mundo sonhe em fazer algo completamente diferente. O jornalista queria ser esportista, o esportista queria ser gerente, o gerente queria ser cozinheiro, o cozinheiro trabalharia com prazer em uma loja de móveis e planejaria salas de estar, e o vendedor de móveis gostaria de ser montador de carros. É uma pena que a maioria das pessoas passe a vida inteira em um único e mesmo tipo de trabalho. É uma pena que a maioria das pessoas viva apenas uma vida.

– Se você escrevesse dois *best-sellers*, o que faria em seguida?

– Construiria uma casa nas Filipinas, trabalharia em uma plantação de manga e ali escreveria meu terceiro livro, e só voltaria para a Alemanha para ver jogos de futebol e promover o livro. Então escreveria um quarto livro incrivelmente ruim, para que se pudesse falar em um retorno triunfal no quinto. Ou ficaria na praia tomando cuba-libre. Alguma coisa assim.

Ele balançou a cabeça.

– Não, isso seria muito chato para você. Você continuaria trabalhando.

– Bem, minha mulher teria uma porção de coisas para fazer no campo. Eu construiria um campo de futebol, treinaria meus filhos, me envolveria um pouco com a política. Tornaria a plantação um sucesso empresarial e transformaria uma pequena pousada num grande hotel. Lá eu pensaria em alguma coisa. Mas você tem razão, eu continuaria trabalhando, com certeza.

– E se você fosse mandado embora por causa da crise financeira?

– Então eu faria algo totalmente novo. Simples assim. Eu nunca tinha pensado que alguém como eu trabalharia aqui e escreveria um livro. Mas quem sabe? Talvez eu também seja um ótimo *chocolatier* e ainda não saiba disso.

Ele fez um bico e depois disse:

– Tudo bem, foi sincero. Mais uma coisa: você acha que eu e minha mulher somos um casal bacana?

Respondi rápido:

– Sim!

– Uau, que rápido. Isso significa muito para mim.

– Foi muito engraçado o jeito como se conheceram, mas vocês se completam, sem dúvida.

Ele balançou a cabeça para o lado e sorriu.

– É bom ouvir isso.

Eu também sorri.

Então sua expressão voltou a ficar séria.

– Mais uma, hein, responda sem pensar muito: você acredita em Deus?

Não contava com essa. Fui criado no catolicismo, e quando criança fui um entusiasmado coroinha.

— Acho que não. Espero que ele exista, mas para mim é realmente difícil acreditar. É como quando o Bremen joga em Munique: eu espero que eles ganhem, e isso é possível, só me parece um pouco difícil de acreditar.

Ele me encarou por um tempo.

— Surpreendente, e interessante!

Não sei se a resposta espontânea havia sido a correta.

— Obrigado pelas respostas.

— Só isso mesmo?

— Sim, para mim basta.

— Eu esperava coisas piores.

Ele balançou a cabeça.

— Não, para mim é o suficiente. Agora consigo ligar as coisas.

Fiquei confuso, mas não disse nada. O que ele ligou a partir das respostas? Quem tiver alguma ideia pode me escrever. Não faço a mínima.

— Até mais tarde.

Ele se levantou e saiu da sala. A julgar pelo andar vagaroso, ele estava bem satisfeito, e eu não sabia ao certo se também deveria ficar feliz com a conversa ou se acabei falando algumas coisas a meu respeito que deveria ter mantido comigo. Decidi não pensar mais nisso.

Continuei lendo e separando os textos.

Depois da minha primeira classificação, percebi que não estava sendo sincero, mas injusto. Os textos dos colegas com os quais eu me dava bem iam direto para a pilha dos trabalhos bons. Os outros pousavam injustamente na outra pilha. Eu não estava julgando pelos textos, mas pelas pessoas. Fiquei assustado e surpreso que uma coisa dessas ainda acontecesse comigo, mesmo depois de mais de trinta dias de sinceridade.

Precisei começar de novo e fazer mais uma pilha: eu quis ignorar os textos medianos para não ter de dizer isso a cada colega – para os quais precisaria esclarecer que mediano nesse caso significa que algumas partes ainda são muito boas. Afinal, trabalho num dos melhores jornais do mundo – ao menos acredito nisso.

Eu me dedicaria apenas aos textos especialmente bons e especialmente ruins. Simplificando: quase 80% foram parar na pilha dos medianos, 15% na pilha dos especialmente bons e apenas 5% na pilha dos especialmente ruins. O texto de um colega que até então eu considerava um incompetente completo estava na pilha dos artigos muito bons – e ficou bem claro para mim que eu nunca havia lido um texto dele, e não o considerava talentoso por conta de sua esquisitice.

Na pilha dos bons, havia muitos textos de funcionários com os quais eu não tinha tido nenhuma experiência positiva ou negativa até então – ou melhor, nenhuma experiência profissional, porém muito mais interpessoal. Eles se relacionavam de forma seca ou aparentemente só com pessoas do mesmo cargo, pois em princípio não precisavam ser simpáticos com alguém como eu. Mas cometi um erro e eles foram julgados como incompetentes.

Que erro!

Ao contrário, o texto de uma colega atraente, que até então eu considerava extremamente talentosa, voou para a lista do lixo. Eu havia de fato comparado sua competência com as curvas de sua bunda.

Eu era sexista. Inacreditável!

Fiquei envergonhado. Na verdade só um pouco, mas tive vergonha. Não era possível que alguém achasse uma colega competente só porque ela é bonita e legal. Claro que beleza e gentileza têm um papel bastante proeminente na vida profissional, e acabam sendo assunto de reportagens de revistas tanto femininas quanto masculinas no mínimo a cada três meses. Mas, como as pessoas são em certa medida modernas, ninguém acredita que essas reportagens podem ser aplicadas a si mesmo.

Será que até aquele momento eu estava entre aqueles que caíam nos velhos estereótipos? Será que eu era um baita machista que, na melhor das hipóteses, teria sido pinçado dos anos 60?

Eu me testei. E o resultado não me agradou em nada.

Eu considerava os caras legais e as meninas bonitas os melhores funcionários da redação, enquanto os esquisitões e as mulheres, de acordo com Charles Bukowski, integradas à sociedade apenas por emancipação caíam na minha escala de competência.

Meu Deus, eu era fútil. Eu precisava mudar. Urgentemente.

Eu tinha de dizer aos colegas o que achava de seus textos – e tinha de confessar isso com sinceridade: para mim era mais difícil elogiar do que encher alguém de ofensas críticas. Já tinha notado isso no pebolim havia algumas semanas – mas naquele momento calava mais fundo, pois era a segunda vez que acontecia, e se tornara evidente demais que tipo de pessoa eu era: um resmungão mal-humorado que preferia detonar que elogiar.

Meu pai sempre dizia: "Não dizer nada já é elogio suficiente". Eu devia repensar a criação de meus pais.

Tinha medo de que meus colegas interpretassem o elogio como puxa-saquismo, que assumissem o que seriam palavras sinceras e às vezes também de incentivo como hipocrisia, lambeção e até mesmo mentira – embora eu tivesse sido totalmente honesto. Eles se perguntariam por que eu havia aparecido com um elogio do canto onde costumava descer a lenha nas reuniões de pauta, como se estivesse em uma sociedade de debates americana.

Fui ao escritório de um colega com o qual, até aquele momento, não tinha quase nada a ver. Entrei inocente, passei a mão novamente na mancha de café e disse:

– Olá, li seu texto.

Ele se virou, apoiou o cotovelo na mesa e o queixo na mão, como faz nas reuniões quando alguém fala com ele. Então passou a mão no rosto e me surpreendeu com um sorriso.

– Tá certo, muito obrigado. Precisei de muito tempo, e o assunto não é nada fácil.

– Sim, e eu acho que ficou muito bom, de verdade.

Ele tirou a mão da cabeça; ainda sorria.

– Sério?

– Sim, realmente muito bom.

– Ah, muito obrigado. Fico feliz. Não recebemos muitos elogios por aqui.

Fiquei parado na porta. Acho que minha fala foi calma o suficiente para que ele percebesse que eu estava sendo sincero e não puxando saco.

– É mesmo.

– Quero dizer, critica-se bastante e também há elogios gerais com frequência, mas quase ninguém diz para uma pessoa que o trabalho dela foi bem feito ou que o fulano fez um bom trabalho.

Ele tinha razão.

– Exato, por isso eu só queria dizer que seu texto ficou muito bom.

Ele me olhou surpreso.

– Fico feliz, de verdade. Muito obrigado.

Percebi que a situação começou a ficar um pouco desconfortável. Ele tinha problemas para ouvir elogios, como eu tinha para expressá-los.

– Então até mais tarde. Preciso ir agora.

– Claro, até mais.

Eu saí, e de certa forma fiquei aliviado. Como um menino enviado pela mãe até a casa da garotinha vizinha para se desculpar por ter virado suco de amora na cabeça dela. Elogio sincero e pedido de desculpas não são a mesma coisa, mas expressá-los traz à tona o mesmo sentimento.

O próximo passo seria ir até a colega bonita cujo texto eu pensara em rasgar. Estranhamente eu não estava com medo, mas ansioso.

Entrei na sala dela, e ela quase não me deu atenção.

– Olá, tudo bem? Como está?

Percebi que já tinha começado a flertar com ela.

– Tudo bem, e você? – ela disse e piscou para mim.

– Tudo joia. Li seu texto, e não achei muito bom.

Era mentira, eu havia achado aquilo pavoroso.

Ela se virou para mim e sorriu, só que os músculos de seu rosto pareciam tensos.

— Não, na verdade eu achei horrível.

Ela franziu a testa. Não sorria mais.

— Tudo bem, eu não acho.

— Normalmente eu diria que está até razoável, mas não devo mais confundir atração com competência, e o texto realmente não está bom.

Ela me encarou como um homem encara outro quando quer dizer que ele pode cair morto.

— Do que você não gostou?

Tentei fazer uma pose atraente.

— Achei chato. Quis parar de ler logo depois do primeiro parágrafo.

Ela escorregava na cadeira pra lá e pra cá.

— Bem, essa é a sua opinião. Eu achei bom, e quem leu também achou que estava bom o suficiente.

Naquele momento a situação ficou desconfortável, muito desconfortável. Tive a impressão de que precisaria me desculpar pela crítica, mas não queria fazer isso, queria sair dali.

— Não quis deixá-la irritada, só queria dar minha opinião.

— Tudo bem, não faz mal. Também não acho suas coisas muito boas.

Será que alguém poderia por gentileza retirar a flecha do meu ombro?

— Como?

— Sim, você sempre quer escrever de maneira engraçada, mas nem sempre funciona. A maioria de seus textos é ruim.

E a flecha do meu estômago, por favor.

— Ok.

— Você consegue lidar com isso?

Bem, o ferimento estava sangrando muito.

— Claro, é muito bom ser sincero.

— Sim. Mais alguma coisa? Preciso voltar para o computador.

— Não, já estou saindo.

— Ah, tem duas manchas de café na sua camisa. Até mais!

Então, eu saí.

Ela me criticou. Não podia ser mais evidente. Ela é um pouco mais velha do que eu e também está na profissão há mais tempo. Provavelmente é mais madura que eu e já aprendeu a não misturar competência com atração.

Ou não.

18

33º dia

"CLARO QUE É SÉRIO!"

O inevitável aconteceu. Tentei evitar a semana toda, mas no fim das contas ficou claro para mim que os quarenta dias não passariam sem que eu tivesse uma conversa sincera com meus pais que não fosse apenas sobre inconsistências na Bíblia. Fui para casa passando pela rodovia, seguindo pela marginal, pela via sem faixas em que me deparei com carros que tinham placas com combinações de letras dos times de futebol "FC" e "SG", e fui ficando cada vez mais nervoso, como antes das provas finais do colégio, quando as batidas do coração aceleravam de maneira descontrolada. A última vez de sinceridade total com meus pais foi na idade em que eles tentavam me domesticar. Naquela época eu não podia mentir, porque crianças não mentem.

Mentir não é inato, mas uma coisa que aprendemos ao longo da vida.

Até 4 anos, por exemplo, as crianças são sinceras, pois não conhecem a mentira e não sabem que podem tirar proveito dela. Isso é comprovado pelo teste Mean Monkey (macaco malvado), da psicóloga infantil canadense Joan Peskin, um experimento com macacos de brinquedo e adesivos coloridos. Peskin pergunta à criança que adesivo ela gostaria de ganhar, contudo enfatiza que o macaco de brinquedo poderá depois disso escolher primeiro. A criança aponta com sinceridade para o adesivo que ela gostaria, e o macaco malvado escolhe exatamente aquele. Uma criança de 3 anos fica profundamente decepcionada, mas não pensa em enganar o macaco na próxima rodada, então aponta mais uma vez e com sinceridade para seu adesivo preferido. O mesmo acontece, e novamente ela fica decepcionada.

Apenas crianças a partir de 4 anos reconhecem o truque por trás disso e percebem que ficarão com o adesivo legal se enganarem o macaco malvado – e que poderia valer a pena para elas não ser sinceras. A partir dessa idade, as crianças conseguem mentir. Primeiro são histórias simples, depois fantasias cada vez mais complexas, até as mais encardidas traições.

A partir dessa idade, as crianças desenvolvem algo como aquilo que foi descrito por Nicolau Maquiavel em *O príncipe* – ou seja, o esforço de conquistar e exercer poder ilimitado. Categorias como bem e mal são negligenciadas nesse momento como pontos de vista sociais. O objetivo é apenas que os objetivos do senhor sejam realizados.

Eu gostaria de dizer algumas palavrinhas a todos que poderiam me interromper para dizer que o livro de Maquiavel é um tratado político que, acima de tudo, se orienta pelos comportamentos dos senhores feudais e pelo poder da Igreja no início da história moderna: alguma vez você já observou uma família no supermercado, quando o pai faz uma dancinha na frente do filho pequeno só para calar a boca dele, e a mãe pega na prateleira mais alta o bolo cheio de calorias preferido do tiraninho, para que à noite não haja escândalo em casa? Crianças são os tiranos da família e fazem de tudo para não perder o poder, inclusive o ampliam para conseguir tudo que querem. A família é a semente do maquiavelismo, e as crianças são seus senhores. Elas choram, berram e mentem. E aprendem isso com os pais.

Elas observam o pai quando ele diz à mãe que nunca mais vai fumar, e então o flagram no meio do fumacê. Ouvem a mãe cancelando um compromisso com a justificativa de estar doente e então indo jogar tênis. E percebem como tudo caminha bem entre os pais quando eles mentem e traem um ao outro – e como quem tem o poder maior é aquele que consegue mentir melhor.

As crianças são ensinadas até mesmo diretamente a mentir.

Na mesa do almoço, surge o comentário: "Caramba, como o tio Paul engordou!" Uma olhada rápida para criança e: "Não diga nada a seu tio, hein?" E logo depois a criança é obrigada a agradecer o presente de aniversário da vovó com educação, mesmo sendo mais uma vez meias pavorosas iguais às do ano anterior. E claro que a criança, nas festas de família, deve fazer uma dancinha sorrindo – mesmo que odeie dançar. Na minha época eu precisava cantar, o que achava um horror. É bem provável que seja por isso que não fico com remorso quando visito meus pais e minha mãe tem o tempo todo que levar minhas roupas para a lavanderia, embora eu mesmo pudesse fazer isso.

Assim, somos criados por nossos pais para mentir – nos dizem até mesmo que a vida pode ficar um pouco mais fácil quando não falamos a verdade aqui e ali. Não me surpreendo com o fato de que as pessoas da minha geração mentem com muito mais facilidade do que as da geração anterior. O Instituto Allensbach fez uma pesquisa a respeito com pessoas com idade entre 16 e 29 anos. Mais de 30% delas já disseram ao menos uma vez que estavam doentes, embora tivessem uma saúde de ferro. E quatro entre cinco já haviam dispensado um amigo com uma mentira simplesmente porque não estavam no clima. Há vinte anos essas porcentagens eram bem menores.

Essa é a minha geração. A geração Dorian Gray.

Claro que já menti para os meus pais. Não apenas escondi notas ruins ou peguei dinheiro da minha mãe para sair com a desculpa de que compraria livros para a escola. Disse a meus pais que dormiria na casa de um amigo, mas fui a um festival de *rock*, onde tomei cerveja e consumi drogas leves, o que não foi tão divertido como parece quando conto a história. Embolsei algum dinheiro do meu pai em meu aniversário de 18 anos como bônus por ser um "não fumante", embora eu fumasse havia muito tempo.

Sim, eu menti para os meus pais. Eles me ensinaram – e acho que em muitos casos sabiam que o filho mentia. Na maioria das vezes, como no complemento da mesada, talvez desse no mesmo, mas acredito que outras vezes ficaram com o coração partido.

Naquele momento isso ia acabar, ao menos nessa visita – e eu estava simplesmente me borrando de medo.

Talvez eu ainda tenha que gastar algumas palavras para contar que tipo de gente são meus pais, mesmo que você já os conheça um pouco do início do projeto, no capítulo sobre a Bíblia. Claro que são os melhores pais do mundo – digo isso com toda sinceridade –, mas não são de forma alguma aquilo que se pode chamar de maneira geral de pessoas comuns.

Quem pode afirmar que seus pais são pessoas totalmente normais? Quando eu tinha 8 anos, pensava que eles eram extraterrestres enviados para a Terra só para me tiranizar. Com 15, achava que eram pesquisadores realizando algumas experiências, como quantas proibições podem ser impostas a um adolescente até que ele enlouqueça e fuja de casa. Nesse meio-tempo, cheguei a pensar que meus pais eram protagonistas de uma mistura de comédia e *reality show*, que inventavam histórias e brigas absurdas para entreter as pessoas que conviviam com eles.

E, como já comentei, não apareço no testamento dos meus pais. Isso não tem a ver com o meu projeto sinceridade, ainda. No testamento consta que, após a morte de meu pai, todos os bens serão transferidos à sua mulher, aos dois filhos e a "possíveis beneficiários vindos posteriormente". Ou seja, não sou mesmo o amado e querido caçulinha, mas um possível beneficiário retardatário.

Acho que o fato de meu pai não ter mudado essa cláusula, embora telefone a todos os órgãos de sua cidade natal quando, por exemplo, seu número de telefone muda, diz muito sobre ele. Ele vai todos os dias ao banco e tira um extrato da conta para ver se está tudo em ordem. Ele passa seus lenços. Sim, você leu direito: ele é o único ser humano que passa lenços. O testamento ainda está exatamente da mesma forma. Há quase quarenta anos. Além disso, ele é o único pai que se negou a assinar a tarefa de casa da filha porque achou a nota boa demais. Ele escreveu embaixo de uma redação da minha irmã: "Não merecia seis, mas um três!" Depois disso, o professor insistiu para conhecer meu pai, porque nunca havia visto algo parecido em seus 32 anos de carreira. Minha mãe não deixou que meu pai fosse ao encontro, pois estava certa de que ele convenceria o professor a dar mesmo uma nota três para minha irmã. Ah, sim, uma vez ele me chamou, na frente de meus amigos, de "tiro de misericórdia" de sua vida e reforçou que decerto não houve misericórdia – e quando, em meu aniversário de 18 anos, eu festejei com grande empolgação, ele me disse que cortar lenha teria sido uma atividade mais razoável do que cuidar da minha criação. Se eu me tornasse primeiro-ministro, suas reações seriam: "Não é bom o suficiente para ser presidente?" e "Inacreditável como elegeram alguém como você".

E às vezes me surpreendo por ser como sou.

Meu pai também é chefe. Uma pessoa não se torna chefe ao longo da vida, mas nasce chefe. Um chefe nunca joga na defesa em um time de futebol, mas no meio-campo, ou é artilheiro. Um chefe determina quando começa o jogo de cartas entre amigos, e também diz como uma empresa deve caminhar. Meu pai foi artilheiro, diretor de banco e definiu o início do jogo de truco às quintas-feiras, às dezenove horas. Ele fala até onde vai – e, se não for até onde ele quer, não vai de jeito nenhum. Também ignora a emancipação da mesma forma como ignora o liberalismo e a internet.

Um chefe também não se importa muito com a opinião alheia. Ele simplesmente determina, e, quando ele achou que eu não servia para o futebol, nem mesmo cinco gols e o elogio de todos os demais ajudaram. Também é uma pessoa que não aceita erros – ao menos em sua opinião, ele ainda não cometeu nenhum na vida. O procedimento que ele adota é o seguinte: quando alguma coisa dá errado, ele joga o erro e a culpa por tanto tempo nas costas de outra pessoa que até ela acredita que o erro é realmente dela. Se necessário, ele grita até que a pessoa não consiga fazer outra coisa além de confessar a culpa. Pedagogos modernos chamariam isso de "tortura emocional", mas meu pai chama de "criação".

Era difícil estabelecer o maquiavelismo em nossa família, pois, como déspota infantil, fica tudo bem difícil quando o pai é um chefe.

Minha mãe é o total oposto, e é exatamente por isso que se torna a parte compensadora da família. Ela quer que meu pai viva por mais tempo e por isso impôs a ele uma dieta contínua e a abstenção da nicotina, o que ele contra-ataca com comida e cigarros escondidos. Ela tem um coração tão bom, é tão gentil e prestativa, que não foi só para mim que alcançou o *status* de santa, mas para quase todos que a conhecem. Contudo, ela também é aquele tipo de gente bondosa, gentil e prestativa que pode encher o saco sobremaneira – por exemplo, quando carrega, apesar das dores nas costas, um cesto de roupa para a lavanderia enquanto eu brinco com o cachorro. Nesse caso em especial, é de fato bastante confortável. Quando vou para casa, a primeira coisa que ela pergunta é: "O que você quer comer amanhã? Porco grelhado, bife ou salmão?" Quando digo "bife", ela responde: "Eu poderia também fazer hambúrguer, ou queijo grelhado, e assar um bolo. Ah, sim, claro que você gosta de café, não gosta? Vou comprar alguns e você me diz qual vai querer". À minha tentativa de terminar a conversa com "Não precisa, bife está ótimo", ela retruca: "Bem, eu poderia também fazer frango recheado, melhor ainda com batata duquesa. Embora você prefira filé *mignon*". Então ela olha pensativa para o teto.

E às vezes me surpreendo por ser como sou.

De alguma forma tive de pensar na imagem do Filho Pródigo da Bíblia de Chagall. O pai pegou seu filho pelo braço, o sol brilhava, no céu um pássaro vermelho voava, uma criancinha carregava flores. Uma bela cena de perdão. Não sei por que tive de pensar nessa imagem naquele momento.

Às vezes acho que os dois fazem um jogo a seu bel-prazer, pois a existência de aposentado é tão maçante que tiveram de escolher um esporte. Esse esporte se chama deixar os outros malucos – só que eles nunca admitiriam uma coisa dessas. Eles se comportam como o divertido casal de aposentados mais famoso da Alemanha, Ingrid e Klaus, só que os papéis estão invertidos.

Acredito que todas as pessoas possam contar histórias semelhantes sobre seus pais, mesmo que haja algumas variações e outros níveis de loucura. Na minha opinião, este capítulo não se encaixa exclusivamente no gênero "A vida de Jürgen Schmieder", mas pode ser utilizado de forma universal. Apenas aplique para seus pais outros adjetivos e neuroses. Acho que todos, ao menos na adolescência, enganaram, mentiram e ludibriaram seus pais. E todos, num ataque hormonal adolescente, gritaram com os pais, disseram que eles eram os piores do mundo e descreveram o lar paterno como o verdadeiro inferno. Mas agora eu tenho 29 anos, só tenho ataques hormonais depois da oitava cerveja numa boate cheia de jovenzinhas e me descreveria de certa forma como emocionalmente estável. E é exatamente por isso que a maioria vai entender por que fiquei com tanto medo de encontrar meus pais durante o projeto.

Pouco antes da placa indicando minha cidade natal, considerei dar meia-volta e simplesmente pular este capítulo. Mas justamente o encontro com meus pais foi um dos motivos que me levaram a dar início a este projeto. Eu queria ver como nossa relação mudaria quando eu fosse sincero. Talvez eu também pudesse aconselhar outras pessoas a tentar isso alguma vez – ou pudesse garantir que seria muito melhor deixar pra lá. Além disso, eu havia acabado de ter experiências tão grandiosas na conversa com meu irmão que não acreditava que quebraria a cara. Mas comecei a desconfiar disso quando estacionei o carro e vi nosso cachorro correndo, balançando o rabo e latindo enlouquecido na minha direção. Ele pulou em mim, embora nunca tivesse feito isso antes. Também não obedeceu aos meus comandos de "senta", "fica" e "dá a pata".

É bem provável que ele houvesse farejado meu medo. Os cachorros conseguem fazer isso.

Depois das demonstrações padrão de cuidados por parte da minha mãe – enumeração de todo o conteúdo da geladeira, oferta de oito tipos diferentes de café e a declaração de que preparara a cama de modo bem aconchegante –, sentamos à mesa da cozinha. Meu pai bebia cerveja de trigo, minha mãe, uma taça de vinho, e eu, cerveja *pilsen*. Acendi um cigarro, pois a casa de meus pais é um dos poucos lugares fechados na Alemanha em que ainda se pode fumar. Acho que meu pai me deixa fumar ali porque, por um lado, pode inalar passivamente um pouco de fumaça e, por outro, consegue espionar onde eu guardo os meus cigarros. Na maioria das vezes, ele pega um antes de anunciar que vai passear com o cachorro.

– Não vá roubar meus cigarros de novo – eu disse.

Meu pai me olhou como o Pelé olharia alguém que o acusasse de não ter feito nenhum gol na carreira.

– Eu não roubo cigarro nenhum!

– Rouba sim, você sempre rouba os meus cigarros!

Minha mãe aproveitou a oportunidade para entrar na conversa.

– Ele fuma sim! Sempre que vai passear com o cachorro. As pessoas me contam e dizem achar engraçado o fato de um homem com as doenças dele ainda fumar.

Meu pai, nesse meio-tempo, ficou com o rosto vermelho e um pouco deformado – achei que ele estava tendo um derrame.

– Eu não fumo! Mas que absurdo!

Eu disse:

– Ah, fuma sim!

Minha mãe concordou, balançando exageradamente a cabeça.

– Eu não fumo nada. Só às vezes, mas não sou fumante!

– Claro, assim como a Hanni está grávida só às vezes.

– Que bobagem! Eu não fumo e pronto.

É assim que um chefe fala.

Ele deu uma golada de sua cerveja, a atmosfera ainda estava tranquila. Eram as provocações habituais sobre cigarros, futebol ou programas de TV. Decidi aumentar um pouco o ritmo.

– Por outro lado, quanto antes você morrer, mais rápido ficaremos com a herança.

Minha mãe me olhou horrorizada. Meu pai me olhou como se eu tivesse contado uma piadinha besta.

– Olha aqui!

– Mas é verdade!

Minha mãe veio em meu socorro:

– E depois ele reclama que as costas estão doendo e que não consegue mais andar quinhentos metros. Eu cozinho a dieta dele direitinho e o que ele faz? Fuma e se empanturra!

– Me deixem em paz. Vocês me deixam maluco! Não vou morrer por fumar ou me empanturrar de comida, mas pelas besteiras que vocês falam!

Ele tinha razão, mas corri para ajudar minha mãe.

– Deixa ele, assim ele morre antes e a gente lucra, mesmo que eu nem esteja no testamento.

Meu pai olhou para minha mãe.

– Foi isso que a gente criou.

Olhei para ele. Ao fundo, nosso cachorro tentava abrir a tampa da lata de lixo para alcançar os restos de comida. Minha pele estava vermelha e o suor se juntava na minha testa, embora na cozinha estivesse exatamente vinte graus – assim minha mãe havia ajustado a temperatura. Percebi que a noite não seria como aquela com meu irmão.

– Bem, criar foi exagero. O que vocês fizeram está mais para repreender sem parar.

Isso era a pior coisa que alguém poderia jogar na cara do meu pai. Culpá-lo de ter cometido um erro. E ainda pior: um erro que durava anos.

– Você ficou totalmente maluco – ele disse, e pegou uma segunda cerveja. Percebi que ele preferia fugir. Após a negação e um ataque de gritos, em geral instala-se nele o reflexo de fuga, então ele vai assistir a programas de esporte na sala de estar. Só que naquele momento ele voltou e se sentou à mesa. Eu não sabia ao certo se para mim teria sido melhor se ele tivesse ido para a sala de estar. Aquele momento então teria passado – pois dali em diante a coisa só poderia afundar, como um avião caindo. "Senhores passageiros, coloquem o assento na posição vertical e travem a mesinha, passaremos por turbulências."

— Você acabou comigo quando eu era criança e tirei oito na escola. E no campo de futebol você berrou como se alguém tivesse enfiado uma faca nas suas costas. Você me fez passar vergonha.

Minha mãe balançava a cabeça. O cachorro havia pegado um osso na lata de lixo e o roía. Meu pai tomou um gole de cerveja.

— Eu queria que você fosse o melhor. Queria incentivar.

— Não foi incentivo coisa nenhuma, foram censuras infindáveis.

— Um bom treinador precisa dizer a verdade.

— Você não era um bom treinador.

— Sou um ótimo psicólogo.

— Quê?! Reprimenda agora é psicologia? Não me faça rir!

Percebi que minha mão havia começado a tremer e minha voz falhava. Era difícil falar aquelas coisas, mas ao mesmo tempo me fazia um bem incrível. Precisava desabafar. A sinceridade naquele momento não foi uma boa amiga, mas um catalisador. Porém percebi que havia me tornado injusto e emocional — exatamente o que queria evitar.

— Mas você se tornou melhor. Veja só!

Eu conhecia aquela tática: justificar um erro com o resultado, como se ele fosse o ex-chanceler Helmut Kohl, que em 1984 disse: "O fator decisivo é o que realmente importa". Não queria aceitar essa desculpa.

— Você ficou ao lado do campo e gritou durante noventa minutos! Isso me estressou e não me tornou melhor.

— Para os jovens, os jogos duram apenas sessenta minutos.

Uma das táticas mais eficazes de um chefe: desviar o assunto.

— Era sempre "corra mais", "mexa-se", "passe a bola"!

— Não teria sido muito eficaz dizer "pare"...

Próxima tática: lançar uma piadinha ordinária.

— Não fuja do assunto! Isso machuca. E não houve sequer um elogio! Nunca! Nem hoje você consegue me elogiar por aquilo que eu conquistei na vida. Os outros alunos ganhavam dinheiro quando conseguiam nota seis ou cinco.

Eu estava nervoso, havia claramente ultrapassado o limite entre a crítica aceitável e o comportamento inadequado. Não estava mais controlado, mas alterado. Eu tinha de parar, minha mãe também percebeu:

— Vou fazer um pouco mais de café.

Ela tirou o osso do cachorro e parou diante da máquina de café. O cachorro veio até mim e latiu, pedindo comida, eu acendi um cigarro e fiz como se não o tivesse visto.

Meu pai estava sentado, imóvel, em sua cadeira. Achei que ele nem estivesse furioso. Ele devia ter calculado que essa conversa em algum momento chegaria até ele. De qualquer maneira, estava mais calmo do que eu pensara. Vi que o momento decisivo da conversa havia chegado. Agarrei-me com força ao cigarro.

Ele disse:

— Sempre me preocupei com você. Levei você para o futebol, para o tênis, para o basquete. Comprei tudo que você precisava! Eu financiei seus estudos nos Estados Unidos. Suas casas e seu carro! Olhe o que outros filhos tiveram e o que você teve!

Ele aumentara um pouco o tom de voz.

Eu rebati:

— Mas você não estava emocionalmente presente!

Ele levantou:

— E que pai simplesmente sai do trabalho para poder ver o filho jogando futebol?

— Para acabar com ele!

Eu estava furioso, por isso não conseguia parar.

— Você não consegue nem se desculpar agora!

— Me desculpar do quê?

— Você não consegue admitir um erro! Mas que droga!

— Que erro?

Ele pegou sua cerveja e me olhou.

Falei:

— Que talvez não tenha sido tão legal me fazer passar vergonha no campo de futebol. Que eu teria me alegrado se tivesse recebido um elogio por tirar uma nota oito. Essas coisas.

Meu pai me olhou e então se levantou.

– Quanta ingratidão. Você é um ingrato!

Ele se virou e saiu da cozinha. O sinal era claro: quem me seguir agora será devorado no lugar do frango que está em cima da mesa. Fiquei sentado e apaguei o cigarro. Minha mão tremia, e minha mãe não saía da frente da máquina de café. O cachorro arranhava meu pé e latia pedindo comida. Joguei um biscoitinho para ele.

Da sala de estar veio uma voz trêmula:

– Ernie!

O cachorro também percebera que meu pai não estava para brincadeira, então se virou rapidamente e correu para a sala. Minha mãe me serviu café, mas eu não estava nem um pouco a fim. Fui para a sala, direto para o chefe.

– Agora você está muito bravo, não está?

Ele não me olhava.

– Cale a boca!

– Isso é tudo que você tem a dizer?

Ele gritou:

– Cale a boca! Onde já se viu, me culpar desse jeito!

Eu quis falar alguma coisa, mas então veio o terceiro:

– Cale a boca!

Então disparei:

– Sabe de uma coisa? Você está se comportando como um cuzão!

Ele se virou:

– O que você disse?

– Como um cuzão.

Sim, eu tinha usado a carta "cuzão" que estava na manga. Contra o meu pai. Contra o homem que me criou.

Eu me deixei levar pelas emoções, embora quisesse evitar. Não aprendi mesmo nada.

Corri para o meu quarto no andar de cima, onde minha mãe não só havia feito a cama, mas também ajustado com perfeição a calefação. Ainda ouvi meu pai reclamando com a minha mãe sobre o idiota mal-agradecido que ele havia criado. Acho que alguns vizinhos também conseguiram ouvir.

Deitei na cama e refleti. Finalmente eu havia falado o que pensava na cara do meu pai, me sentia libertado. Disse coisas que sempre desejara dizer, que me perturbavam a alma havia anos. Foi bom. E ainda assim havia esse sentimento opressivo entre o estômago e os pulmões. Eu não estava relaxado, mas tenso. O cuzão não era ele, era eu. Deitei de conchinha na cama, então levantei e fui ver se havia bebida alcoólica em algum lugar. Nos cuidados parentais minha mãe ainda me considerava um adolescente de 15 anos – pelos menos na área psíquica ela não estava tão errada assim –, ou seja, nada de uísque ou vodca por ali. Havia só uma garrafa d'água ao lado da cama.

Desci para a sala de estar, supondo que ali estaria o único depósito de bebidas fortes da casa. Esgueirei-me para o canto e fui direto até o bar, sem olhar em volta. Meu pai não me dirigiu um olhar, o cachorro – que estava encolhido ao lado do macho alfa – também não. Peguei o conhaque, não por preferência, mas porque era só o que tinha. Levei a garrafa para fora, peguei um copo e enchi. Então, esvaziei num único gole – e me surpreendi pelo fato de que, apesar do teor alcoólico de 35%, não me deu aquela sensação gostosa de calor no estômago. *O gosto disso é horrível*, pensei comigo – aquela bebida não servia nem para lavar a alma. Por que não havia uísque? Pelo menos queima o esôfago e me põe direto para dormir. A todos aqueles que queiram expressar sua opinião na cara de seus pais, recomendo que levem sua bebida alcoólica preferida e cigarro suficiente. Fui até a porta de casa, para fugir do olhar cheio de preocupação da minha mãe. Ali acendi um cigarro e dei uma bela tragada.

Eu havia magoado profundamente meu pai.

Eu o culpei pelo fracasso na criação dos filhos, pelo vazio emocional e ainda o chamei de "cuzão".

Isso é duro. Não conseguia me lembrar de nenhum outro momento em que eu tivesse dito algo tão horrível a alguém.

Realmente, não havia faltado nada na minha infância. Ele esteve presente em todos os eventos esportivos. Leu para mim por horas a fio e, quando eu tinha 3 anos, fez uma disputa de cálculos de cabeça comigo. Pacientemente, ele chutava bolas para mim até que eu finalmente pegasse uma. Claro que me repreendia com frequência, berrava, mas sempre estava lá. Seu forte não é mesmo demonstrar sentimentos ou elogiar os outros.

O cigarro acabou mais rápido do que pensei. E eu me senti um cuzão mal-agradecido.

Devolvi o conhaque e sentei-me ao lado do meu pai.

— Pai, me desculpe, eu não quis dizer tudo aquilo.

Ele me olhou rápido e fez um carinho... no cachorro.

— Mas disse.

Olhei para ele.

— Mas não foi de verdade.

— Ridículo esse seu projeto sinceridade. Você foi sincero e quis dizer exatamente o que disse. Foi sincero.

— E aquilo que você disse sobre preferir cortar lenha a me criar? Isso machuca também, não é?

— Foi brincadeira. O que você disse foi sério!

Ele não me olhava, mas brincava com o cachorro. Não fiquei triste por isso — o que eu não teria mesmo aguentado teria sido o olhar desapontado e acusador. A única coisa que eu podia fazer era levantar e sair. Então me deitei na cama com a consciência de ter feito uma verdadeira merda. Se eu tivesse dado meia-volta, minha vida teria sido mais fácil. Contudo, eu acabara de estragar tudo.

Quando acordei no dia seguinte — ou melhor, acordei no mínimo oito vezes e levantei de vez quando ficou claro lá fora —, me arrastei para o andar de baixo e encontrei apenas minha mãe na cozinha. Ela preparava alguma coisa para comer e logo me perguntou:

— Café? Ainda tem um pouco na garrafa térmica, mas eu faço mais um. Na geladeira tem salsicha e os pãezinhos também estão lá. Posso pegar o queijo para você ou...

Eu interrompi:

— Está bem, mãe, só o café está bom.

O cachorro estava ao lado dela e tentava ficar o mais magro possível, murchando as bochechas e a barriga. Por muitos anos me perguntei como ele fazia aquilo – e claro que eu ficava surpreso, pois os humanos murcham a barriga para demonstrar sua capacidade de copular, enquanto os cachorros murcham a barriga para ganhar comida e engordar.

Uma das características mais marcantes da minha família é que os problemas são abordados sempre na hora.

– Não foi legal o que você fez ontem. Você sabe como ele reage a críticas.

Eu não queria falar sobre isso, então disse:

– Não quero falar sobre isso.

Claro que minha mãe interpretou aquilo como se eu não quisesse falar, mas quisesse muito ouvir e pudesse precisar de um conselho materno.

– Você sabe como ele é. Ele não admite erros e acha que sempre faz tudo certo.

Ela me deu um café e sentou-se comigo à mesa.

– Seu pai não é mesmo uma pessoa fácil.

– Você ouviu o que eu falei? – perguntei.

Ela me olhou com cara de interrogação.

– Por quê? O que houve?

– Não quero falar sobre isso e mesmo assim você continua. Você faz isso o tempo todo.

Naquele momento a coisa já tinha azedado com meu pai mesmo, então não fazia mal estragar tudo com a minha mãe também.

– Você nunca ouve, só espera sua vez de falar. Uma palavrinha adequada e logo sai da sua boca uma pérola de sabedoria popular ou uma historinha.

O rosto da minha mãe permaneceu inalterado.

– Sério?

– Sim, há duas semanas você fez a mesma coisa. Contei alguma coisa sobre Hanni e mim, e logo você pulou na frente, interrompeu e contou algo sobre suas amigas. Eu nem havia terminado de falar e você logo quis soltar a sua história.

Minhas mãos tremiam mais uma vez, e de alguma forma senti que aquilo lembrava a conversa que tive com meu irmão – o que não é de espantar, pois minha mãe e meu irmão são pessoas extremamente compreensivas na mesma medida. Obviamente o cão interpretou aquilo como provocação para latir por um pedaço de salsicha.

– Nunca tinha percebido isso.

Minha mãe é mesmo muito compreensiva quando repreendida.

– É, é isso mesmo, e isso me deixa doido. Do mesmo jeito que sua preocupação exagerada!

– Já me desculpei por isso com a Hanni.

Fiquei perplexo. Foi como um contra-ataque no futebol – em vez de eu atacar, minha mãe lançou direto para o gol.

– Você o quê?

– Eu disse a Hanni que sou culpada pelo que você se tornou.

Drible por fora.

– Como assim?

– Sim, eu ficava o tempo todo arrumando seu quarto, limpando e cozinhando. Até hoje às vezes lavo sua roupa. Não é à toa que você é dependente e na sua casa você não faz nada.

Drible por dentro.

– Foi minha criação, e agora ela é obrigada a viver com um vagabundo que nunca arruma a casa.

Gol!

Fiquei sem palavras.

– Sinto muito mesmo.

O juiz apitou. Eu perdi.

Eu estava sentado à mesa da cozinha com uma xícara de café na mão. O cachorro arranhava minha perna. Minha mãe estava em pé.

– Vou sair para fazer umas compras. Quando você volta para Munique?

– Em uma hora.

– Tudo bem, eu lavei sua roupa. Você coloca na mala?

– Sim.

– Até mais.

Fiquei em pé, mudo, coloquei a xícara na lava-louça e arrumei as roupas na mala. O cachorro olhou para mim e, por fim, deitou em sua caminha, pois tinha ficado tudo muito chato para ele, e começou a roncar. Tomei um banho e me vesti. Quando saí do banheiro, minha mãe já estava de volta das compras, e ouvi o barulho da TV da sala, o que indicava que meu pai já voltara de sua ida ao banco para tirar extratos e da fumadinha matinal.

Claro que ele não mudou o testamento. Continuo sendo o possível beneficiário retardatário, mas ao menos não fui riscado das disposições, apesar de minha cena incrivelmente ruim. Não, não foi sincera, foi maldosa.

– Preciso ir.

Minha mãe pegou no meu braço.

– Diga tchau para o seu pai, ok?

Ela reforçou a observação com uma expressão preocupada.

– Sim, vou fazer isso.

Fui até a sala, meu pai estava deitado no sofá e se informava sobre a situação de suas ações nas legendas da televisão.

– Pai, estou indo.

Ele me olhou rapidamente.

– Tá bom, quando você volta?

– Na próxima semana.

– Então tá. Mande um abraço para a minha nora querida. Que sorte alguém como você conseguir uma mulher ótima como ela. Fiquem bem vocês dois. Dirija com cuidado.

Ele levantou a mão. Não disse mais nada, mas eu sabia: significava que ele ainda estava chateado, mas que logo as coisas se acalmariam. Não precisei dizer nada, só ir embora e voltar uma semana depois. Então ele teria me perdoado.

Como os chefes sempre fazem.

19

35º dia

A SINCERIDADE NÃO É PERFEITA

A cidade grande o odeia. Sincera e profundamente. E demonstra isso a ele em cada oportunidade. Ela o pega em flagrante andando de metrô sem pagar, embora ele ande apenas uma estação. Faz com que ele siga de bicicleta na direção errada, cobra 3,40 euros por uma cerveja em um *happy hour*. Cobra aluguéis com os quais, na pequena cidade onde nascemos, poderíamos alugar uma rua inteira. A cidade grande é simplesmente maldosa.

Trata-se de uma questão pessoal entre Holger e Munique. Holger, meu melhor amigo e padrinho de casamento, sobre o qual teci alguns breves comentários no início deste livro. Há anos Hanni diz que ele é como minha "segunda mulher". Holger tem a estatura de um jogador de hóquei no gelo, compensada por seus olhos leais. É de natureza totalmente dócil, confirmada pela cabeça grande e pelos olhos fiéis. Ele se parece um pouco com John Goodman em *O grande Lebowski*, e não raro se comporta como ele. No futebol, pode ficar tão furioso quanto o diabo-da-tasmânia, acima de tudo porque precisa se valer do clichê de que goleiros e laterais esquerdos não batem bola bem.

Naquele famoso programa de perguntas e respostas, ele teria chance de vencer. Suas categorias preferidas seriam:

- criaturas marítimas;
- onde fica este lugar?;
- pênaltis;
- citações de Bud Spencer;
- evitação de pancadaria;
- mercado de transferência futebolística;
- elevação em barra fixa.

Durante as minhas semanas de sinceridade, houve uma briga séria com minha mulher. Estávamos juntos na Starkbierfest, a festa da cerveja forte de Munique, de onde se tem uma visão maravilhosa dos cassinos da República Tcheca. Nessa época, Hanni já estava no oitavo mês de gestação, então não podia tomar bebida alcoólica e se divertiu tanto quanto um padre católico se divertiria ali. Por volta das dez da noite, ela disse que queria ir para casa e contava que eu também fosse bater em retirada.

Então eu disse, com sinceridade:

– Não, vou ficar mais um pouco com Holger. Você pode dirigir até em casa, não é tão longe. Mais tarde dou um jeito de ir embora.

Ela me encarou indignada, contudo reconheceu o absurdo de sua tentativa de querer separar uma pessoa alcoolizada de outras pessoas alcoolizadas e seguiu sozinha para casa. Mas disse:

– Você me irrita tanto que não consigo nem falar nada.

Ela assumiu em meu projeto o papel do remorso, contudo precisou aceitar que, depois de três cervejas fortes, nem o pior remorso tem mais tanta influência sobre as decisões de uma pessoa. Além disso, naquela época eu não escrevia mais os bilhetinhos de amor, pois eu a amo todos os dias. Ou seja, ela estava mais irritada que joelho de jogador de basquete.

Holger e eu asseguramos a ela que iríamos para casa quando a festa terminasse. Naquela hora não sabíamos que a promessa seria tão difícil de manter quanto aquela da manhã seguinte, de nunca mais beber. Quando havia mais gente debaixo das mesas do que dançando sobre elas, decidimos que era hora de ir para casa. De longe, Erika, irmã de Hanni, acenou estabanada para mim e me perguntou como eu iria para casa.

— Alguém vai naquela direção e nos dará uma carona, não se preocupe. Ainda tem bastante gente.

Ninguém iria para lá.

Ofereceram-nos diversas possibilidades de pernoite, mas recusamos todas, principalmente pela atratividade de Erika. Eu queria ir para casa, a dezessete quilômetros.

Eu disse:

— Tudo bem, pego um táxi.

Eu havia esquecido que, no distrito da minha cidade natal, não há apenas a melhor festa da cerveja forte e as melhores carpas do sistema solar, mas também que os táxis têm de ser chamados com três dias de antecedência e não no fim de uma festa com três mil pessoas na porta esperando por um. O serviço tcheco de táxi só nos buscaria se eu tivesse comprado 150 euros em fichas e apostado no cassino. Nesse momento fiquei tentado a aceitar a oferta, mas não havia ninguém para me emprestar a grana, pois todos haviam investido em cerveja forte. Holger grunhia como John Goodman em *O grande Lebowski*. Estávamos presos em um galpão, dezessete quilômetros longe da própria cama, às duas da manhã.

— O que nós vamos fazer? Preciso ir para casa — reclamava Erika. Ela adora dramatizar uma situação, mas nesse caso tinha mesmo razão.

Para mim restava apenas uma opção: liguei para Hanni. A mulher no oitavo mês de gestação.

— Seu marido tem um problema, ele não vai chegar em casa — tentei explicar de forma sucinta.

— Você pirou de vez — ouvi uma voz aguda saindo do telefone. — Primeiro você não quer vir para casa porque quer festejar com Holger, e agora eu ainda preciso te buscar? Eu vou enlouquecer, Schmieder!

Naquele instante, ela não era mais meu remorso, mas a ira sincera. Fiquei realmente envergonhado, mas não havia outra possibilidade depois que um cara de 25 anos, fedendo a álcool, passou o braço em volta de Erika garantindo que ela poderia dormir com ele bem segura, se fosse boazinha. Espero que ele já tenha se recuperado da porrada que lhe dei no estômago.

– Sinto muito – eu disse ao telefone.

– Cale a boca e espere na saída. Olhe aqui, se você não estiver lá quando eu chegar, vou perder a cabeça de vez!

Fomos para fora e esperamos. Estávamos congelando, mas preferimos ficar por lá.

– Por que a gente faz tanta besteira? – perguntou Erika.

Respondi:

– Não faço ideia. Provavelmente porque somos fracassados.

– Hanni vai nos matar.

– Provavelmente, mas nós vamos superar isso.

Quando Hanni virou a esquina, ambos fizemos aquela cara patética que só é possível depois de quatro canecões de cerveja forte.

– Entrem sem dar um pio!

Durante o trajeto até em casa não soltei um pio, só me desculpei quando estávamos deitados na cama.

– É sempre assim, Holger pra lá, Holger pra cá. Como se vocês já não tivessem aprontado o bastante.

– Sinto muito, de verdade.

– Agora tudo bem, mas você já está ciente de quem vai buscar nosso filhinho quando ele ligar aos 16 anos e disser que não tem como voltar para casa.

Ela apontava para a barriga.

– Sim, claro!

– Ele vai poder fazer o que quiser, e ponha isso no seu livro para que ninguém esqueça!

– Tá bom!

Holger ainda teve de ser apanhado pela mãe, e esse foi o assunto de nossa conversa quando, dias depois, nos encontramos em um bar em Munique para ver uma partida de futebol. Ele chegou cinco minutos depois do início da partida, pois a cidade grande o odiava e fez com que ele perdesse o metrô.

Eu disse a ele:

— Sua mãe faz tudo por você. Faz suas malas, cozinha, arruma a casa. Você precisa sair de vez desse ninho confortável e ser independente.

Caso você diga que minha mãe também lava minhas roupas, posso lhe garantir que o caso é bem diferente.

Ele me olhou como se eu tivesse mudado o assunto para futebol feminino.

— O que você quer agora?

O Werder Bremen acabara de fazer 1 a 0, o que desviou minha atenção para o jogo de futebol. Depois de uma rápida dancinha da felicidade e o pedido de uma nova cerveja, voltei ao tema "filhinho da mamãe".

— Você está com quase 31 anos e ainda mora com a sua mãe!

— Ah, é confortável, e barato.

— Mas como você quer virar adulto desse jeito? A gente zoa o tempo todo o irmão do Niko, porque ele ainda mora na casa dos pais e não encontra trabalho, e você não é nem um pingo melhor que ele.

— Bem, há uma diferença, eu trabalho há alguns anos...

— E ainda mora sob o teto de seus pais.

— Eu gosto de morar com eles. Conheço pessoas, posso ir ao bar e no fim de semana ao jogo de futebol. Eu moro onde os outros passam férias.

A cidade pequena o ama assim como a cidade grande o odeia.

— É claro que a casa dos pais é ótima, mas a cidade grande oferece um monte de oportunidades. Você pode ir à ópera, a um jogo do Bayern, e quando, no meio da semana, tem vontade de comer comida mexicana, é só pedir.

Ao pronunciar essas frases, ficou claro para mim que, para ele, a maior oportunidade da cidade grande é que de hora em hora um trem vai para sua cidadezinha. Ele leva três horas e meia, mas quase sempre é pontual. E também ficou patente que o ódio sincero da cidade grande por ele não era compensado com comida mexicana ou jogos do Bayern.

— Estou muito confortável, e além disso eu não dou conta da cidade grande. Não ganho tão bem, preciso economizar.

— Não se trata de cidade grande ou cidade pequena. Matthias se mudou com a mulher para a nossa cidadezinha. Também é lindo lá. Mas ele tem uma casa, uma pequena empresa de pintura, ele consegue se sustentar. Você no momento é um filhinho da mamãe de 30 anos.

— Ficou maluco?

— Bem, isso mostra que você começou a jogar futebol em casa de novo, embora faça um estágio aqui em Munique. E que não pode esperar para finalmente voltar para casa na sexta-feira.

— Eu conheço as pessoas lá e gosto do lugar. O que tem de tão ruim nisso?

— O ruim é que você não vai crescer nem evoluir. Continua sendo um adolescente que mora com a mãe e não é capaz de cuidar de si mesmo. Aposto que sua mãe fez sua mala.

— Fez, e daí?

O negócio de fazer as malas era uma piada.

— Você é pior do que eu imaginava.

— Vá se foder, o que você quer afinal? Viemos aqui para ver o jogo e bater papo, e você começa com essa besteira toda. Vá à merda!

Ele reagiu como esperei que meu irmão fosse reagir — mordaz e irritado. E meu irmão reagiu com compreensão. Pensei que Holger me ouviria, pois éramos próximos e ele deveria ter a cabeça aberta para um conselho meu. Afinal, somos amigos e não irmãos – amigos a gente pode escolher, gostamos de cara um do outro. Ele terminou a primeira cerveja com uma golada e se levantou. Também teria esperado isso do meu irmão e não do meu melhor amigo.

— Vou ao banheiro.

O Werder Bremen tomou um gol e o jogo empatou. Fiquei nervoso e pedi para encherem meu copo.

Normalmente, a ida ao banheiro em nosso círculo de amizades significa o fim de um assunto. Um sinal simples, compreensível a todos.

Porém, eu não me dei por satisfeito. Não queria ser chato com meu amigo, mas é que me preocupo de verdade com ele. Até poucos anos atrás ele era cosmopolita; foi o único de meu círculo de amizades que me visitou durante meus estudos nos Estados Unidos – e desde então é considerado uma lenda na cidade universitária de Ann Arbor, pois bebeu uma caixa inteira de cerveja americana numa festa, o que não é problema para um bávaro da gema, mas impensável para os estudantes americanos. A imagem de lenda surgiu também porque seu sobrenome pode ter uma conotação bem engraçada para os estudantes americanos. O Hooker, prostituta em inglês, era uma estrela por lá.

E agora ele se esconde no quarto no sótão de seus pais, que divide com o irmão, e espera que a vida venha até ele e lhe ofereça alguma coisa.

– O que você vai fazer quando terminar a faculdade?

– Sei lá, vou me candidatar em algumas empresas da região. Vamos ver o que rola.

O garçom nos trouxe cerveja e brindamos.

– E não vai procurar emprego em empresas maiores?

Ele me olhou como alguém olha uma pessoa que lhe aponta o dedo na cara.

– Não há empresas maiores na região.

– Então suas chances não são tão boas, não é mesmo?

Ele olhava para a cerveja.

– Hmm, estou fazendo um estágio em Munique, já até sugeriram que me ofereceriam um emprego depois disso.

Olhei para ele como uma pessoa olha alguém da qual finalmente tirou o dedo da cara.

– Ah, isso é muito bom.

Ele franziu o rosto todo.

– Sei lá. Primeiro o salário precisa compensar, porque Munique é uma cidade cara. Além disso, Anita só termina a faculdade no primeiro semestre e eu não sei se vai arranjar logo um emprego. Naturalmente nós queremos ficar juntos.

Eu sorri.

– É mais provável que ela ache algo em Munique do que lá na região.

Preciso confessar que minha argumentação não era totalmente desinteressada. No fim das contas, eu ficaria muito feliz em morar novamente na mesma cidade que ele.

– Eu sei disso, mas agora preciso esperar.

O Bremen fez 2 a 1.

– Belo gol – ele disse –, vão levar ainda dois títulos este ano.

Olhei para ele longamente.

– Você não se interessa mesmo pelo que eu quero lhe dizer?

Ele não se virou para mim, mas olhava para a gigantesca televisão na qual passava o *replay* do gol.

– Não, sinceramente não. Não quero tomar sermão de você. Estou aqui para ver o jogo.

Com isso, o assunto estava encerrado de vez, e a partir daquele momento o papo seria apenas sobre futebol e filmes de Bud Spencer.

Reconheci que a sinceridade perante os amigos não era tão fácil quanto imaginara. Eu era da opinião de que amigos podiam dizer tudo entre si, e que, além disso, também deviam ajudar uns aos outros e falar quando um deles estivesse tomando o caminho errado.

Eu estava enganado.

Amigos são ainda mais sensíveis que colegas de trabalho. Eles querem conselhos apenas quando pedem. Pois quem sou eu para dar conselhos sobre a vida e o universo a pessoas que me zoaram no colégio, cujas notas finais foram duas vezes melhores que as minhas e são muito mais queridas que eu? Caminhávamos na mesma altura, não sou nenhum deus no Olimpo, tampouco o Mestre Yoda de *Guerra nas estrelas*. Tenho de ser amigo, não pai. No mais, também não quero ouvir o que eles não acham bacana na minha vida.

No início do projeto, eu disse: "Quem quer ouvir a verdade deve antes se perguntar se consegue aguentá-la". Agora eu poderia completar: "A quem não quer ouvir a verdade, não se deve mesmo dizê-la".

Por que uma de minhas melhores amigas deveria me levar a sério quando eu lhe disse que ela irritava todo mundo com seu perfeccionismo e sua crença obsessiva de que basicamente todas as pessoas eram malucas por ela? Por que meu padrinho de casamento não deveria ficar profundamente ofendido quando lhe dei uma bronca e disse que ele tinha que procurar logo um emprego, para que pudesse pedir sua namorada em casamento logo e ela não tivesse que terminar com ele a qualquer momento?

E também tomei consciência de um segundo problema: entre pessoas que se conhecem há muito tempo, não é tão fácil chegar diretamente e de supetão com a sinceridade. Quem não me conhecia até agora e me encontrou durante minhas semanas de sinceridade teve logo a impressão de que sou uma pessoa indelicada, mas honesta. Eu disse o que pensava e as pessoas conseguiram lidar com isso – ou não. Amigos como Holger sabem que sou mesmo grosso e às vezes até hostil, mas que disponho de um mínimo de respeito. Eles não pensam: *Tá bom, ele é assim mesmo*, mas *O que foi que deu nele?* Holger e eu somos melhores amigos há mais de quinze anos, claro que somos basicamente sinceros um com o outro e também falamos quando o outro está fazendo alguma bobagem. No entanto, se comecei a criticar a vida dele sem motivo, sua decepção é mais do que compreensível.

Não funcionou me tornar de repente uma pessoa sincera e achar que receberia de todos os amigos e conhecidos compreensão e reconhecimento – mesmo que a doutrina do Honestidade Radical exija exatamente isso. Nesse ponto, principalmente pela experiência com Holger, devo discordar de meu mentor, Brad Blanton. Não se pode simplesmente, do nada, jogar verdades desagradáveis na cara de um amigo sem avisá-lo antes. Não se pode de repente contar para a sua esposa, sem ser perguntado antes, com quantas mulheres você dormiu antes dela, com quais delas foi muito bom e tudo que você fez com as outras. Não se pode simplesmente entrar na sala do chefe e falar direto e reto do que não gosta nele. A sinceridade é ótima, de verdade. Isso eu havia aprendido naqueles 35 dias. Ela havia se tornado uma ótima amiga, que fez de mim uma pessoa melhor – e melhorou sensivelmente a relação com meu irmão. Mas mesmo a melhor amiga não é perfeita e a panaceia para todo e qualquer relacionamento.

A mentira não mantém o mundo unido, tampouco a sinceridade. Ele é mantido pelas pessoas que sabem quando devem ser sinceras e quando uma mentirinha não vai prejudicar ninguém Como em tantas coisas na vida, a mistura correta e o *timing* exato são cruciais. Até aquele momento, eu sempre tive medo de me machucar quando dizia sem rodeios às pessoas que gostava delas – mas, quando critiquei alguém durante meu projeto sinceridade, agi com o nariz empinado, arrogante e desrespeitoso. Não só o elogio é uma arte, mas a crítica também.

– Holger, foi uma grande burrice minha – eu disse e brindei com ele. – Eu devia ter formulado de outra maneira.

O juiz havia acabado de apitar. O Bremen ganhou.

– Tudo bem – ele disse. – Você tem um pouco de razão.

Brindamos, acabamos de beber e fomos para casa. Quando pendurei meu casaco no guarda-roupa, recebi um torpedo do Holger: "Cacete! Me perdi. Merda de metrô".

A cidade grande realmente o odeia.

20

38º dia

A VERDADE NO SEXO E NO AMOR

Quando meu editor leu o início deste capítulo, é bem provável que tenha ficado chocado. Ele me ligou e disse que alguma coisa estava muito errada. Que eu deveria cortar o trecho, ou ao menos reformulá-lo de um jeito mais suave. Não posso, contudo, ser sacana com o leitor e anunciar para ele algo que ele não verá. Além disso, é necessário um capítulo no qual o sexo apareça, pois no fim das contas os livros de Charlotte Roche e Sarah Kutter só venderam milhões de cópias por causa disso.

De qualquer forma, este livro trata da sinceridade e nada mais do que a sinceridade, ou seja, eu escrevo aqui o que quero, quer isso satisfaça o leitor ou não.

Por isso um aviso: caso você tenha vindo primeiro a este capítulo, porque esperava encontrar algumas anedotas picantes, histórias obscenas e detalhes íntimos da vida de uma não celebridade, você vai se decepcionar. Caso tenha comprado o livro apenas por isso, preciso agradecer ao departamento de *marketing* da editora por ter feito alguém pagar por um livro que não vai querer ler.

Não vou escrever sobre sexo aqui, principalmente sobre os detalhes. Isso porque minha mulher deixou bem claro que eu não vivenciaria mais nenhum desses detalhes caso fizesse isso. Ela também me explicou com todo carinho que me mataria caso eu revelasse muito a respeito de nosso casamento.

Eu já estava especialmente grato por ela não encarar mais meu projeto de forma tão negativa quanto fizera no início. Em vez disso, ela assumira a função do remorso. Hanni também percebeu que minha sinceridade compensava desde que começou a receber bilhetinhos nos quais escrevo exatamente o que gosto nela – e posso aconselhar qualquer um a tentar essa estratégia.

Embora ela ainda não esteja exatamente entusiasmada com a ideia de que minha vida, e com isso também a dela, será divulgada em livro, ela já percebeu que ambos aprendemos algumas coisas sobre nosso relacionamento desde que me tornei sincero.

E acima de tudo: por que alguém se interessaria sobre o que eu faço com a minha mulher? Quem quiser ler alguma coisa assim deve dar uma olhada nos diversos *sites* em que pessoas não famosas expõem – e representam – sua vida sexual. Sempre me pergunto por que algumas pessoas gostam de verdade de ver gente normal fazendo sexo. Na minha opinião, os filmes pornôs tratam de fantasia, ou seja, aquilo a que as pessoas assistem é tão artificial que não pode existir na vida real. Quem quer ver uma barriga de cerveja batendo em peitos caídos? Mas, até aí, existem pessoas que acham um barato tratamento de canal no dentista. Aqui também não haverá conselhos amorosos – para isso eu recomendo os cerca de quatrocentos mil livros de autoajuda que não passam despercebidos nas livrarias, e as no mínimo vinte mil colunas sobre relacionamentos que há em revistas e na internet.

Como já revelei, estamos esperando um filho, então ao menos algumas coisas nós fizemos bem -- embora um dia desses eu tenha honestamente me perguntado como as pessoas podem conviver sabendo que, em um relacionamento, elas serão mais enganadas do que em um discurso durante a campanha eleitoral para presidente dos Estados Unidos. Em nenhum evento é possível ser tão passado pra trás quanto em paqueras e namoros – ou no sexo.

Sejamos sinceros: logo no primeiro encontro, mentimos dizendo que o barão de Münchhausen* nos pediu para mudar para o seu castelo. Glamorizamos nosso trabalho, omitimos detalhes sobre o último relacionamento e claro que em algum momento surge a afirmação de que queremos ir devagar e primeiro desejamos conhecer o outro, por isso um beijinho no fim do encontro realmente basta. Não vou fazer como os comediantes costumam fazer por aí, mas preciso dar esta dica para as mulheres: um homem que no primeiro encontro não deseja dormir com a mulher é *gay* ou liga tanto para mulheres como o torcedor de um time liga para um célebre ex-jogador de outro.

Claro que, no primeiro encontro com minha mulher, eu disse que pegar na mãozinha já estava bom, embora o que quisesse mesmo fosse avançar sobre ela como um tamanduá sobre um formigueiro. Precisei esperar mais de cinco meses – uma espera e tanto, que agora vejo que valeu a pena, mas imagine você se o relacionamento tivesse terminado depois de três meses. Eu realmente teria perdido algo muito bom...

E a mentirada continua comendo solta – e em algum momento surge a frase inevitável: "Você é a mulher mais bonita do mundo". Não gostaria de dizer nada sobre essa frase, pois vários comediantes e cerca de duzentas autoras de livros femininos já o fizeram. Obviamente podemos dizer que se trata de um belo elogio, mas é sobretudo uma mentira. E bem maldosa.

Pois, por um lado, ninguém pode afirmar que conhece de verdade a mulher mais linda do mundo – exceto se tiver amizade com a atual Miss Universo, além da Miss Mundo, da Miss Intercontinental e da "Mamãe Universo". Assim, deve-se tomar como exemplo Hugh Grant no filme *Amor à segunda vista*, quando Sandra Bullock o acusa: "Você é a pessoa mais egoísta do mundo". Ao que ele responde: "É ridículo – como se ela conhecesse todas as pessoas do planeta".

---

* Karl Friedrich Hieronymus von Münchhausen (1720-1797) foi um militar e senhor rural alemão. Os relatos de suas aventuras serviram de base para *Aventuras do barão de Münchhausen*, uma compilação de histórias fantásticas e exageradas. (N. do E.)

Por outro lado, a frase é mesmo uma mentira, porque não foi dita pela primeira vez – a não ser que o jovem esteja no início da puberdade. Acredito que eu – espero que minha mulher não leia isto – já tenha dito isso a umas vinte mulheres diferentes. Claro que é possível dar uma desculpa e explicar que todas as vezes ela foi dita com sinceridade. No entanto, uma mulher que realmente acredita nisso também acredita na frase: "Não, meu amor, eu nunca dormiria com a sua melhor amiga".

Ou seja, a frase, no melhor e mais romântico caso, deveria ser: "Acho você a mulher mais linda que encontrei na vida até agora". Ficaria um pouco desajeitada, mas seria sincera.

Se alguém reclamar perguntando onde fica o romantismo sem adulação, então eu ressalto que este livro se chama *Sincero,* e não *Frases feitas sedutoras para conquistar qualquer mulher.* Você vai entender do que estou falando. Eu concordo com a banda Die Ärtze, na música "Männer sind Schweine" (Homens não prestam), quando cantam: "Ele mente como se não houvesse amanhã apenas para levá-la para a cama".

Sim, é verdade, nós homens não prestamos, mas pela onda da metrossexualidade fomos obrigados a omitir esse fato. De repente ficamos sensíveis, tomamos banho duas vezes ao dia, vamos ao salão de beleza e aceitamos de fato que pistache pode ser uma cor na parede da sala e não um aperitivo para acompanhar a cervejinha. O que aconteceria se eu tivesse de dizer a verdade no casamento, no leito conjugal? E se eu – um homem casado – conhecesse outras mulheres num bar? Preciso antes dar uma olhada no contrato matrimonial. Ops, esqueci, nós não temos um...

Na cerimônia de casamento, os casais são forçados a fazer promessas de longo prazo, que podem criar uma amarra mais poderosa que qualquer prisão. Deve-se amar e respeitar o cônjuge, e melhor que seja até a morte pôr um fim na relação. Comento aqui, apenas de passagem, que essa regra foi criada numa época em que a expectativa de vida não passava dos 30 anos, por isso ser casado pela vida toda significava apenas quinze anos. Aliás, não são poucos os prisioneiros que, na Alemanha, são condenados ao tempo máximo de prisão e são soltos por boa conduta após os mesmos quinze anos.

Na cerimônia, nada se fala a respeito da verdade e da sinceridade. Quem é que tenha criado os votos matrimoniais não imaginou que a sinceridade anteciparia a morte e a taxa de divórcio alcançaria números inimagináveis no mundo todo.

Geralmente as pessoas acreditam que a sinceridade traz mais problemas ao casamento do que infidelidade, bar com os amigos e mania de comprar sapatos. Eu também acreditava nisso. E foi por isso que quis colocar "a sinceridade no casamento" no fim do livro, sem me dar conta de que um casamento não deve ser mantido só até que a morte os separe, mas todos os dias.

Na preparação do projeto, imaginei que dizer a verdade à minha mulher seria pior do que mais uma continuação de *Homem-Aranha*. Pensei nas perguntas clássicas que todo homem teme, como sobre impotência e queda de cabelo. Antes do projeto, anotei as cinco perguntas das quais eu tinha mais medo:

- Você acha meu traseiro gordo?
- Você dormiria com a Nicole Scherzinger se ela quisesse?
- Com quantas mulheres você transou antes de mim?
- Se tivesse de escolher entre mim e o futebol, o que escolheria?
- Você se casaria comigo de novo agora?

Sim, eu respondi a essas perguntas, e no fim do capítulo revelarei as respostas.

Também imaginei que outras perguntas Hanni poderia inventar. Ela é muito esperta e às vezes tem ideias que superam e muito a loucura de meus pensamentos. Por isso eu tinha medo de que tudo pudesse ficar ainda pior. Não estou bem certo se entendi a expressão em seu rosto quando anunciei a ela que, a partir daquele momento, a luz da verdade também brilharia sobre ela. Para mim, ela parecia uma aranha cuja mãe sempre diz: "Fique calma, ele tem mais medo de você do que você dele". Formou-se em seus olhos uma mistura de pânico e curiosidade. Ela não participava voluntariamente do projeto, mas era obrigada por mim.

Sentamos em um pequeno café no centro de Munique. Estávamos passeando. Sim, passeando, como faz um casal que está junto há no mínimo 25 anos – e ela já conhecia minha aversão a qualquer forma lenta de locomoção. Depois nos sentamos no café, e devo dizer que nunca mais tinha estado em um café à tarde. Não era um Starbucks ou algo parecido, mas um lugar onde havia apenas café com cafeína e café sem cafeína e, além disso, pedaços de bolo que cobririam a necessidade calórica de uma semana inteira. Hanni pediu dois pedaços só para ela, porque estava grávida, e eu fiquei no café com cafeína. Ao fundo estavam sentadas duas senhoras para as quais Udo Jürgens parece ter composto a canção "Aber bitte mit Sahne" (Mas, por favor, com creme).

Conversamos sobre minha irmã e seu impulso de estar infeliz com a vida e, por isso, procurar sempre por coisas ou homens novos. Uma conversa inofensiva. De verdade.

– Sempre penso nisso – eu disse.

– Como assim?

Ela deu uma garfada em um pedaço de bolo de chocolate e depois em um pedaço de bolo de morango e enfiou tudo na boca.

– Sempre penso como seria se as coisas tivessem sido de outra forma.

– Ahaaa.

Ela alongou tanto a última vogal que vi pedaços de bolo no fundo de sua garganta.

– Digo, como seria se eu não tivesse me casado com você, mas com outra mulher, ou como seria se eu ainda estivesse solteiro.

Sei que esse tipo de conversa com uma mulher grávida é tão recomendável quanto pedir um samba num *show* de *rock*, mas eu já tinha começado e não poderia sair dessa ileso.

– O que exatamente você quer dizer com isso?

— Bem, eu me pergunto como seria se eu tivesse ficado com a minha ex-namorada, ou se você em algum momento tivesse terminado comigo.

O garfo reluzia.

— E como seria?

Tentei sorrir.

— Sei lá. Talvez fosse divertido se eu fosse solteiro. Talvez eu também tivesse sido feliz com outra mulher, ou talvez fosse o inferno na terra.

Ela espremeu os olhos.

— Boa resposta.

— Eu estou muito feliz com você, mas às vezes me pergunto se seria possível ser ainda mais feliz.

Ela arregalou os olhos.

— Péssima resposta, Schmieder. Péssima mesmo.

— Só quero dizer que precisaríamos de uma nova vida para descobrir.

— Você sabe que eu corto seu saco se você sequer pensar em precisar de uma nova vida para descobrir.

Eu a encarei.

— Sim, você já deixou isso claro várias vezes.

Ela espetou novamente o garfo nos bolos.

— Então está bem.

— Você nunca pensou em algo assim?

— Claro! Você não precisa fazer de conta que é a melhor pessoa do mundo.

— O quê?

— Bem, às vezes você age como se eu só vivesse coisas legais porque você está comigo. Como se você fosse o salvador ou coisa parecida. Não pense que você é o único homem que pode oferecer bons momentos a alguém. Também poderia ter sido diferente comigo.

— Ok, tudo bem.

— Viu como é?

Fiquei um pouco confuso. Eu devia ser sincero, ela não.

– O quê?

– Você acha que é o melhor e me diz que pensou sobre como poderia ter sido com outras ou sozinho. Também poderia ter sido diferente comigo, mas você não pensa nisso.

A sua própria mentira tem sempre apenas metade da maldade da mentira dos outros. A sua própria sinceridade também.

– Tudo bem.

– Eu só queria dizer isso.

– Mas eu não disse nada de mal.

– Mas também nada de bom...

Maravilha. A primeira tentativa já fracassou. E eu pensei comigo: *Seu idiota grosseirão!* Fracassei logo nos primeiros dez minutos de verdade no casamento, e na minha frente estava sentada uma mulher grávida furiosa armada com um garfo de bolo – e isso porque as perguntas críticas nem tinham sido feitas ainda.

Mas precisa ser assim, diz o doutor da verdade, Brad Blanton: "Quando quiser dormir com a melhor amiga de sua esposa, diga à amiga – e também à sua esposa! Em geral é divertido. E quando um dia você odiar sua mulher, diga isso a ela também!" No início poderia ser difícil, contudo compensaria no fim.

Blanton prega ainda que se conte tudo para a mulher, inclusive sobre o passado. Com isso ele quer dizer não só relatar à sua mulher com quantas você já dormiu, mas também dar os detalhes. Ou seja, quantas vezes você gozou e em quais pontos as outras eram melhores que a atual. Sobre o que você conseguia conversar melhor com a ex, que drogas experimentaram juntos e para quais lugares viajaram. Simplesmente tudo. Só dessa forma seria possível levar um relacionamento sincero, correto e feliz.

Claro, senhor Blanton, senhor doutor da verdade, tudo certo. O cara também se casou cinco vezes, e atualmente está com uma comissária de bordo 25 anos mais jovem que ele. Aparentemente, esse negócio de verdade ajuda e muito nos relacionamentos.

Como relacionamentos e casos poderiam surgir se não se pudesse contar uma mentirinha ou outra no início? Na minha opinião, Maiorca perderia dois terços de seu produto interno bruto se todo verão times de futebol prontos para transar e grupos de leitoras cheias de amor para dar não viajassem para lá para fazer juras de amor eterno e depois trepar na praia, num quarto de hotel ou no buraco 16 da pista de minigolfe, e na manhã seguinte nem saber mais o nome do parceiro. Na hora do contato inicial, os elogios ajudam – e isso não aparece só em revistas femininas, mas também em diversos estudos. Certa vez ouvi falar do experimento de uma equipe de futebol que uma noite rumou para Maiorca não para entrar em paqueras intermináveis, mas para chamar as escolhidas direto para o sexo. Tudo bem, eles foram sinceros – eu já fui membro de uma equipe de futebol. O interessante resultado desse estudo espontâneo: as diferenças entre "Tem fogo?", "Oi, tudo bem?", "Posso pagar uma bebida para você?" e "Está a fim de transar?" eram mínimas. Então, para que mentir? Provavelmente para não correr o risco, como Dustin Hoffman em *Tootsie*, de levar uma bebida no meio da cara.

No caso de contato corporal de curto prazo, a sinceridade também pode levar ao sucesso, mas e em um relacionamento – ou, pior ainda, em um casamento? Eu gostaria muito de permanecer com a minha mulher, por isso minto aqui e ali em prol da paz. Sinceridade? Dia após dia? O resultado mais provável disso seria o divórcio. E pessoas sinceras provavelmente passaram por muitos. Para o senhor Blanton, é bem justificável se divorciar quando alguém é sincero. A terapeuta sexual americana Ruth Westheimer certa vez contou a história de uma atriz que afirmava ter sido sempre fiel no casamento. Contudo, ela se casara sete vezes. Essa forma de monogamia em série surge quando se é sincero? Bem, cada qual com suas preferências.

Mas, se é assim, por que se casar?

É ao mesmo tempo paradoxal e fascinante o que acontece com as pessoas quando o assunto é sinceridade no casamento. Um estudo de 2008 da Sociedade para Pesquisa de Consumo de Nuremberg indicou que 58% das pessoas consideram a sinceridade extremamente importante e em um relacionamento, e exatamente a mesma porcentagem dos entrevistados considera a fidelidade especialmente importante. Logo fica claro para mim por que ambos os números são exatamente iguais: os outros 42% traem seus parceiros e não dizem nada sobre isso. Bem, isso é apenas uma ideia.

De qualquer forma, a sinceridade foi mencionada duas vezes mais que a satisfação sexual (30,8%) – e eu não poderia deixar de comentar que pode haver uma relação entre infidelidade e satisfação sexual. Mas também é só uma ideia, e eu não gostaria de desenvolvê-la, porque minha mulher vai me chutar a canela e outras partes do corpo quando ler isto.

Então, 58% das pessoas consideram a sinceridade extremamente importante em um relacionamento – em outro estudo, porém, mais de 80% dos entrevistados concordaram que pequenos segredos fazem parte de um casamento funcional, e quase 90% confirmaram ter mentido ao menos uma vez para o parceiro ou parceira em uma situação importante. "Por um lado, a sinceridade e a franqueza dos parceiros são vistas como os pilares de um relacionamento; por outro, seria insuportável para todos os participantes se toda ideia fosse verbalizada", disse o psicólogo Hans-Werner Bierhoff.

Tenho uma outra tese: não achamos tão ruim assim esconder da parceira ou do parceiro umas cervejas a mais, o lixo que não foi posto para fora ou o beijinho na última festa da empresa, mas não podemos suportar a ideia de que ele ou ela se comporte da mesma forma e não fale nada sobre isso.

Amamos mentir, e odiamos que mintam para nós. Assim vivemos um ao lado do outro e mentimos mutuamente. Contanto que a mentira não venha à tona – como aconteceu com o casal Steffi e Uwe alguns capítulos antes –, acreditamos ter o relacionamento mais feliz do planeta e amamos nosso parceiro ou parceira 24 horas por dia, sete dias por semana, 365 dias por ano. Até que a morte nos separe.

Para falar a verdade, há dias em que odeio minha mulher. Sincera e profundamente.

Tenho certeza de que às vezes ela me odeia também. E é bem provável que isso ocorra mais frequência do que eu a odeio.

De qualquer forma, o casamento funciona, pois esses momentos passam e no geral nos amamos mais do que nos odiamos. Mas por que o sistema do silêncio? "Porque somos filhos da puta manipuladores e mentirosos", diz Blanton. É necessário aprender a lidar com a verdade também no casamento.

Minha mulher é boa nisso.

No início do projeto, contei a ela que havia dito a uma colega que achava a bunda dela fantástica. Hanni apenas sorriu. Só que eu também disse que gostaria de pegar naquela bunda, o que me rendeu um chute na canela disparado pela colega, e da minha mulher um sorriso, mas um sorriso forçado. Por mais que eu me esforce, não consigo tirar Hanni do sério. E por cinco semanas eu me perguntei por quê. Talvez ela não quisesse se envolver no meu projeto sinceridade? Talvez quisesse me castigar ou apenas me irritar?

Mas não são as grandes questões – aquelas que apareceram antes – que fazem a honestidade necessária. Essas perguntas dificilmente são feitas. A honestidade é necessária muito mais nas pequenas situações das quais podemos nos livrar com uma mentirinha emergencial. Em um casamento, raramente a questão é sobre o traseiro gordo da mulher e sobre a olhadela para trás quando da passagem de uma bela criatura, mas na maioria das vezes trata-se de tornar o cotidiano um pouco mais agradável. E minha mulher é perita na arte de tornar o dia a dia um pouco mais prazeroso. Acho até que, quando alguém digita no Google as palavras "truques", "cotidiano" e "agradável", a foto de Hanni aparece.

Ela é astuta e sutil.

De repente, ela reformula suas perguntas. Um "Você pode massagear meus pés?" (a resposta naquela noite teria sido "não") torna-se "Você se incomodaria muito se massageasse meus pés?" E em seguida eu estava com óleo de massagem nos dedos. Justo o "Você se incomodaria *muito...*" fez com que, nos dias seguintes, eu me tornasse seu escravo particular, pois ela sempre encontrava um novo complemento para a frase: "... se limpasse o banheiro, principalmente a privada?", "... em sair para fazer compras de novo, embora tenha acabado de voltar?", "... se eu comprasse uma penteadeira e colocasse aqui no quarto?"

Eu não era apenas escravo, mas de repente fiquei falido também.

Não são as grandes perguntas que me trazem problemas, mas os pequenos pedidos e favores. E eu me surpreendo que apenas as pequenas coisas me incomodem *de verdade*.

Eu odeio minha mulher porque ela explora minha sinceridade de um jeito descarado – e isso mesmo não tendo feito nenhuma das perguntas das quais tenho medo.

Mas do que eu tenho medo? De que ela saiba que tive uma época de faculdade realmente badalada? De que descubra que eu às vezes não gosto dela? De que saiba por quem fui apaixonado no passado? Que mal teria se ela realmente soubesse disso tudo?

Acho que o pior é que nos conhecemos e aprendemos a nos amar com todos os nossos segredinhos intactos, então, se eu virasse a página e chegasse com a sinceridade, talvez fosse um choque do qual nenhum de nós dois se recuperaria. Seria ainda pior do que o que acontecera com Holger uns dias antes, pois ele é apenas minha segunda esposa, Hanni é a principal. Se tivéssemos sido totalmente honestos um com o outro desde o início, talvez o relacionamento tivesse sido outro, talvez até tivesse se desenvolvido com felicidade. Uma tentativa valeria a pena. Mas cada um tem seus segredos, e não podemos de um dia para o outro começar a ser totalmente sinceros.

Eu enxergo primeiro as coisas negativas, provavelmente pela criação que tive ou até mesmo por minha nacionalidade. E aos poucos reconheço como isso é patético. Como um casamento poderia não melhorar quando as pessoas são realmente sinceras umas com as outras? Não é isso que o doutor da verdade, Brad Blanton, declara em seus livros?

Uma tentativa valeria a pena – e, se não funcionasse, eu me culparia pelo resto da vida e pagaria pensão alimentícia, porque não assinamos um contrato matrimonial. Como agora eu faço declarações de imposto sinceras, não restaria quase nada a dividir.

Naquela tarde, ela estava sentada à mesa da cozinha e estava realmente linda. Ela sempre está maravilhosa, exceto quando está furiosa comigo, mas nesse dia estava ainda mais fantástica que o normal. Ela estava com um *shorts* bem curtinho e uma camiseta justa, sob a qual exibia uma barriga de grávida muito respeitável. Continuava com a mesma bundinha firme e peitos durinhos. Parecia a namorada de Bruce Willis em *Pulp Fiction*, que diz: "Um barrigão numa mulher é *sexy*! Todo o resto em você é normal: rosto normal, pernas normais, quadris normais, bunda normal – mas com um barrigão grande e perfeito". Hanni havia prendido os cabelos pretos em um rabo de cavalo, estava levemente maquiada e fazia beicinho enquanto digitava no *laptop*.

Olhei para ela por um bom tempo, então tive de dizer a verdade:
– Amor, você está linda. Você sempre está linda, menos quando está brava comigo, mas agora está ainda mais maravilhosa que o normal. Está realmente *sexy*.

Ela me olhou por um instante, se levantou, veio até mim, me fez um carinho e me arrastou para o quarto. Se eu contasse detalhes neste capítulo, escreveria que nem conseguimos chegar ao quarto e que perdi um jogo de futebol ao vivo inteirinho. E tudo isso só porque não me contentei em segredo com a beleza da minha mulher e voltei para a televisão, mas disse o que pensava. Simples assim.

Fui apenas sincero. E tive o melhor sexo em semanas.

Inacreditável.

A sinceridade ainda tem outros pontos positivos. A propósito, muito positivos. Naquele fim de semana fomos a um *shopping*. Eu disse:
– Não estou nem um pouco a fim, preferia ver o jogo em um bar.

Então me preparei para um olhar furioso – que toda mulher tem em seu repertório gestual –, alguns chiliques e por fim a cobrança de somas de quatro dígitos em meu cartão de crédito pela loja de sapatos, enquanto eu ficaria com outros companheiros de sofrimento encolhido nessas poltronas desconfortáveis e aguentaria a Copa do Mundo não oficial de suspiros mais duradouros. Mas ela disse:

— Tudo bem, ali na frente tem um barzinho. Encontro você lá às cinco e quinze.

Depois dar cinco tapas na minha própria cara para checar se eu estava realmente acordado, me dirigi até o bar. Foi uma tarde grandiosa, com pessoas estranhas que não me olhavam torto quando eu comemorava um gol do Werder Bremen — mesmo que minha conta fosse depredada via cartão de crédito. Disso eu já sabia. A questão é: minha sinceridade compensou.

Claro que também brigamos. Feio. Incontroláveis. Ferozes.

Nossa primeira discussão séria ocorreu na oitava noite de minhas semanas sinceras. Tinha a ver com orçamento, remuneração e obrigações conjugais. Em suma: era mesmo sobre nada. Normalmente teria terminado depois de algumas frases curtas, uma batida de porta com força e a iniciação de preparativos para o sexo reconciliatório. Mas não naquela noite, em que eu não cedi, mas continuei cutucando até ver o sangue jorrar. E então eu cutucava com mais força e velocidade. E era cada vez mais sincero. Combinei as palavras "preguiçosa", "ganhar dinheiro", "com os pés pra cima" e "cozinhar e limpar" de forma que a frase resultante parecesse positiva para mim. Em seguida, ela juntou as palavras "babaca", "vagabundo preguiçoso" e "idiota egoísta" de forma que parecesse negativa para mim. Contudo, isso não diminuiu meu fervor, mas fez com que eu continuasse, como um bêbado continua cantando uma mulher mesmo já tendo tomado dois foras. Enumerei todos os meus atos heroicos no orçamento, expliquei a ela como funciona o pagamento por hora de trabalho em meu holerite e dei alguns exemplos, que haviam saído de moda nos anos 60 — acho que utilizei até mesmo a palavra "dona de casa". Ela, por sua vez, continuou com sua podre escolha vocabular já mencionada, desafiando-me em minha criatividade, e eu a chamei de "mimadinha chorona sem a menor noção da alma masculina". Achei bom, mas ainda apelei duas vezes aos seus sentimentos e com isso denunciei sua ignorância. E vi como as lágrimas rolaram de seus olhos.

— Então esse é você — ela disse.

Decidi ignorar as lágrimas e continuei a me refestelar em minha criatividade.

– É, sou assim mesmo, pelo menos não fico resmungando por aí. Se a casa está mais imunda que o quarto de um adolescente depois de uma festa, então vamos dar uma festa e depois arrumamos tudo.

Ela não disse mais nada, o que em primeira instância significava a vitória de minha retórica.

Então me dei conta de que quis ser sincero e exagerei, como sempre fazia. *Timing* e equilíbrio não estão entre os meus pontos fortes. Hanni chorou porque fui injusto. Quis me desculpar – sinceramente. Mas já era tarde demais. Acampei no sofá novamente e só no dia seguinte pude me desculpar.

Mesmo assim, o casamento vai bem – exceto por esses pequenos agravos pelos quais sou perdoado na manhã seguinte –, por isso gostaria de relatar um acontecimento recente.

Eu estava com Ralf e alguns outros amigos no Reitschule*de Munique – o que não tem nada a ver com cavalos nem se trata de uma metáfora para bordel. É um bar bonito, com *happy hour* fantástico nas noites de quinta-feira. Aliás, eu acho que o *happy hour* é uma das dez invenções mais significativas do século XXI – dá para encontrar o pessoal, farrear um pouco e voltar para casa cedo o suficiente para não ter ressaca no dia seguinte.

Sei que o Ralf é tão travado para chegar numa mulher como a panturrilha de um esportista despreparado depois de um jogo de futebol com prorrogação. Ele sempre fica num canto e age como se fosse John Wayne ao entrar num *saloon*. E ali fica a noite toda, assim nunca precisa confessar que levou um toco. Mas é claro que qualquer mulher do lugar gostaria de dormir com ele, e talvez até repetir a dose.

Naquela noite, eu havia decidido chegar em uma garota, embora fosse casado – e apesar de ser ainda mais travado que o Ralf. Em geral sou aquele que fica a noite toda ao lado dele, bicando sua cerveja, e

---

* Significa "escola de equitação". (N. do T.)

com ele conto as mulheres que ficariam doidas por nós e que de preferência iriam para casa conosco.

Mas não naquela noite. Eu precisava testar isso com a sinceridade.

Após o drinque de boas-vindas, duas cervejas e uma mistura bem suave de vodca com Red Bull para motoristas, vi uma mulher no bar que me parecia, por um lado, bonita e, por outro, disposta. Botei barriga e bochechas para dentro, peito e braços para fora e me dirigi até ela.

Deus do céu, fazia muito tempo que eu não chegava em uma mulher.

Contudo, disse a mim mesmo que era apenas a serviço da humanidade, ou no mínimo para um capítulo deste livro.

– Oi – eu disse, e percebi logo nessa palavra que tinha problemas de articulação. Ela se virou para mim, sorriu e também disse "Oi". Então se seguiram as frases que eu havia decorado à tarde.

– Quero ser realmente sincero: você é muito bonita, mas infelizmente sou casado e por isso não posso tentar levá-la para a cama. Mas seria ótimo se pudéssemos nos paquerar um pouco e conversar.

Deixei a frase fazer efeito.

Ela disse de pronto:

– Para uma cantada, isso é bem original.

E brindou comigo. Garanti a ela que não tinha sido uma cantada, mostrei minha aliança e assegurei que minhas intenções eram as melhores. Disse também:

– Claro que tentaria conquistar você se não fosse casado. Tentaria até levá-la para a cama. Provavelmente também teria dito alguma coisa bem idiota e você teria me dado as costas e saído, ou coisa do tipo.

Ela me olhou surpresa.

Conversamos por uma hora e ela mandou os melhores cumprimentos a minha mulher – e me deu até seu número de telefone. Nunca foi tão fácil conhecer uma mulher como nessa situação, pela sinceridade.

No fim das contas, restou-me um dilema: O que eu teria feito se a linda mulher reagisse assim: "Tá bom, não importa se você é casado. Eu também tenho um namorado que não está aqui. Vamos para minha casa"?

Eu teria de acompanhá-la da forma mais sincera, mas graças a Deus essas coisas só acontecem em filmes pornôs dos anos 70.

É bem provável que eu tivesse dito sinceramente a ela: "Não posso trair minha mulher grávida". No entanto, até fiquei feliz pelo fato de a situação não ter chegado a esse ponto.

A propósito da sinceridade: talvez eu ainda precise acrescentar que essa mulher bacana foi a quinta que abordei naquela noite, e a primeira que teve uma reação positiva. As outras quatro reações foram:

- "Você está de sacanagem com a minha cara, né?"
- "Preciso encontrar minhas amigas."
- "Sim, claro!"
- "Infelizmente preciso encontrar minha namorada."

Essas respostas foram mais ou menos variações educadas de "Se toca, mané!" Mas uma reagiu de forma positiva. Quem dissesse que uma em cada dez mulheres toparia se alguém chegasse e simplesmente falasse: "Vamos transar?" poderia não estar completamente errado, como comprovado pelo experimento de minha equipe de futebol em Maiorca.

Eu diria até mesmo que a taxa – oito em dez ou uma em um milhão – depende da beleza do homem, mas isso não vem ao caso. Também não vem ao caso qual seria a minha taxa. Aparentemente, as mulheres gostam de sinceridade, e pelo menos um fora, aquele da sacanagem, soou sincero. Aquele da namorada certamente foi mentira – ao menos eu acho.

Contei a minha mulher que eu tentara conversar com outras mulheres – ao que ela esboçou apenas um sorrisinho que não consegui interpretar claramente. Não sei se ficou nervosa ou simplesmente não se interessou. Mas para mim ficou claro, quando ela não tirou os olhos do livro, que não queria ouvir o resto da história.

De qualquer forma, nossa vida sexual não sofre com o projeto sinceridade. Não posso dar detalhes, senão não mais os vivenciarei, mas posso dizer uma coisa: estou conseguindo convencer minha mulher de coisas que até então ela nunca havia permitido. Nessa época, ela também foi sincera e me contou coisas que eu fazia errado, na sua opinião – por isso eu gostaria de, neste momento, me desculpar de todas as formas com as minhas ex-namoradas, porque eu fiz muita coisa errada. Senhor, eu era péssimo!

Por que nunca me disseram nada?

Na reta final de minha fase de honestidade no casamento, perguntei a Hanni por que ela apenas riu em todas as histórias e nunca me fez uma pergunta maldosa.

Ela respondeu apenas:

– O que você quer de mim? Você se acha bonito, atraente e genial. É arrogante. Toma como ofensa quando uma mulher não se apaixona por você de imediato. Quer que todas as suas ex-namoradas ainda continuem caidinhas por você. Adora paquerar a mulherada. Não consegue aguentar quando alguém não gosta de você. Quer sempre ser o melhor. Não consegue perder nem admitir um erro. Acha seus problemas mais importantes que os das outras pessoas. É tão bagunceiro que às vezes tenho vontade de tombar seu armário e espalhar na cama o que tiver lá dentro. Quase quebra o pescoço para olhar outras mulheres. Prefere sair com seus amigos para beber do que ficar comigo e não tem coragem de me dizer isso na cara. Considera Holger sua segunda mulher e às vezes fico enciumada. Reclama o tempo todo que está ficando velho e gordo, mas não faz nada para evitar. Fico profundamente irritada quando você não é legal com meus amigos e em festas quer chamar a atenção com comentários obscenos. O que você acha que eu precisaria saber que ainda não sei? Sobre seus antigos relacionamentos? Não me interessam. Se você acha outras mulheres atraentes? Não quero saber. Até agora não perguntei porque não queria que você mentisse. Agora não pergunto porque não quero ouvir a resposta. Por um lado eu já sei a resposta, por outro não me interessa. Gosto de você, na maioria das vezes, como você é. Não preciso saber de mais nada.

Cabum!

Essa foi a sinceridade dela. Guardada para o 38º dia. Quinta-feira. Ela ficou em pé na sala. E eu não sabia o que dizer.

Por um lado, estava tão puto como nunca tinha ficado, pois acabara de saber que não fabricariam mais meu doce preferido, as tortinhas Yes. Por outro, não fiquei ofendido por ela ter jogado na minha cara verdades que eu já sabia. Ela foi sincera comigo, e isso me fez muito bem.

Por isso fui até ela e a arrastei para o quarto – e isso apesar de ela estar usando aquele vestido de verão horroroso sobre o qual reclamei e aguardo até hoje uma resposta.

Sinceridade em um relacionamento pode ser algo maravilhoso quando não é provocado pela ira, mas pelo respeito ao outro. Agora posso dizer à minha mulher que acho o vestido um fracasso ou que ela fica com a bunda gorda com aquele biquíni. Quando eu tiver uma crise dos 30 e poucos, ela vai me falar que seria melhor se eu me inscrevesse no Vigilantes do Peso. E tenho confiança para dizer sincera e abertamente que a acho gostosa e gostaria de transar com ela naquele minuto. Eu a elogio mais frequentemente agora, tanto que meus pais perceberam como estamos nos tratando bem. Nesse caso, é apenas sinceridade.

Sabemos muito sobre nosso passado e planejamos o futuro um com o outro de forma sincera. E podemos demonstrar nossos sentimentos no presente – do amor à ira.

Não, realmente não temos um relacionamento perfeito. Temos problemas e às vezes nos odiamos. Mas nos amamos, por isso temos a chance de que nosso casamento dure mais tempo que todos os de Brad Blanton juntos. Praticamos a sinceridade respeitosa, e não a sinceridade radical dele.

Claro que ainda estamos juntos também por outros motivos além do amor e da sinceridade. Mas isso de fato não é da conta de ninguém, por isso falarei ainda menos deles aqui do que sobre detalhes sexuais.

Caso sinta falta disso, simplesmente chegue em seu parceiro ou parceira e diga com sinceridade como você o(a) acha lindo(a) e sobre os detalhes de que sente falta. Você vai descobrir muito mais do que imagina.

Ah, quase esqueci. Devo a você as respostas para aquelas cinco perguntas – pelas quais minha mulher não se interessa, como garantiu. Mas muitos leitores só aguentaram até aqui para ler as respostas. Então, vamos a elas:

– Você acha meu traseiro gordo?
Não, mas tem alguns por aí que acho mais gostosos que o seu.
– Você dormiria com a Nicole Scherzinger se ela quisesse?
Sim. E sei que você arrancaria meu saco por isso. Mas um cachorro também devora qualquer carne mais saborosa que alguém lhe jogar, mesmo que esteja bastante satisfeito.
– Com quantas mulheres você transou antes de mim?
O suficiente, das quais você é a última.
– Se tivesse de escolher entre mim e o futebol, o que escolheria?
Como você nunca vai fazer essa pergunta, escolho você. Do contrário, você teria um problema...
– Você se casaria comigo de novo agora?
Talvez eu não tivesse me casado com você tão cedo e possivelmente o fiz pelo motivo errado, mas agora faria tudo de novo.

21

39º dia

A SINCERIDADE CONSIGO MESMO

Este é o 39º dia do meu projeto. Meu estado corporal: extremamente melhorado. Todas as lesões adquiridas durante o projeto estão curadas. As costelas não doem mais e as escoriações na mão mal podem ser vistas. Elas são decorrentes de uma ida à danceteria dois dias atrás, têm a ver com uma mulher bonita, uma cantada sincera e um namorado extremamente ciumento. Sobre isso, não tenho mais nada a dizer.

Meu estado de espírito: confuso. Precisava ainda sobreviver por dois dias, e então tudo estaria acabado e eu poderia mentir novamente.

Que sentimento estranho.

Há tempos eu vinha pensando para quem mentiria primeiro. Como acompanhante permanente, remorso ambulante e principal sofredora, minha mulher se ofereceria. No entanto, acho que aprendi tanto nesse tempo que gostaria de tentar ser o mais sincero possível com Hanni, pois ela fez por merecer a honestidade – se ela ainda quiser a honestidade. Se não, eu seria reservado e respeitoso, o que também aprendi.

Mas eu ainda tinha dois dias para chegar a uma decisão prudente sobre quem seria o alvo da primeira mentira.

Era Sexta-Feira Santa, data bastante significativa para os católicos. Nas Filipinas, não muito longe de onde vive a família de Hanni, as pessoas são crucificadas nesse dia para que se compreenda o sofrimento de Cristo. Na Alemanha, no dia anterior, o padre de nosso vilarejo lavou os pés de doze senhores, e na Sexta-Feira Santa houve uma via-sacra na praça da cidade, e a discoteca local fechara as portas à meia-noite.

Hanni e eu fomos até minha cidade natal para passar a Páscoa com meus pais e os pais dela. Naquele momento, eu já tinha resolvido o conflito com meu pai da forma como nossa família lida com a maioria das brigas. Fala-se a opinião – em geral aos gritos – na cara do outro, então as partes vão cada um para o seu lado, ofendidas, e no próximo encontro não se toca mais no assunto. Vem um abraço carinhoso para se cumprimentar, um papinho sobre futebol, trabalho e família, então toma-se uma cerveja e filosofa-se sobre Deus e o mundo. É um sinal: tudo está em ordem, a gente se ama. Não esquecemos, mas perdoamos. Uma bela prática.

Nós pintamos cascas de ovos cozidos. Eu escolho um motivo com o qual não possa cometer nenhum erro, pois sou péssimo desenhista e tenho medo de que os ovos pintados por mim sejam os primeiros a ser quebrados e devorados. Só participei porque já havia comido bem, estava na poltrona de massagem havia meia hora e não sabia como poderia relaxar ainda mais. Na mesa havia certa quantidade de canetinhas e pincéis, potinhos de tinta espalhados e Hanni havia trazido até alguns adesivos. Minha mãe corria pra lá e pra cá ocupada na cozinha e nos dava ideias e canetas, minhas duas sobrinhas brigavam pela canetinha vermelha, e minha mulher precisava de exatos 45 minutos para terminar um único ovo – o que me dava nos nervos, pois paciência não está mesmo entre as minhas virtudes. Minha visão do inferno é uma fila que nunca diminui no caixa do supermercado.

Acho que pintar ovos tem algo de maravilhosamente meditativo, pois cada um se concentra em sua tarefa e ninguém irrita o outro com conversinhas. No rádio uma música suave tocava, ramos de palmeira estavam pendurados na parede, minha mãe já preparara os cestos para as crianças da família. O clima era pascal. Sim, pascal, não se pode falar outra coisa, pois não há expressão mais adequada – assim como ninguém consegue explicar o que realmente significa o sentimento olímpico. Ele simplesmente está ali, as pessoas sentadas em torno de uma mesa pintando ovos – e refletindo sobre tudo que aconteceu no ano anterior ou na Quaresma, ou até mesmo ontem na danceteria.

Enquanto fazia o logotipo do Werder Bremen num ovo – e tinha certeza de que minha sobrinha, torcedora fanática do Bayern, o quebraria logo no domingo –, eu refletia sobre aquilo que havia aprendido nos últimos 39 dias e o que ainda poderia considerar em meus últimos dias de honestidade.

Sobretudo, eu me perguntava: O que aprendi sobre mim mesmo?

Pensei rapidamente se Jesus Cristo, após o período no deserto, se sentou e refletiu sobre sua vida, as tentações do demônio ou sobre aquilo que ainda estava por vir. Mas espantei rapidamente o pensamento, porque não queria ser blasfemo naquele dia.

Aprendi bastante sobre meu irmão, meus amigos e também sobre meu pai. Eu ainda não estou no testamento – mas meu pai me perguntou se devia alterá-lo para me incluir. Eu disse que não e falei que zero dividido por dois ou três daria no mesmo – o que ele achou mais engraçado do que eu esperava. Minha mulher ainda não havia se separado de mim, e acho que naquele momento ela não odiava mais tanto assim ter concordado com o projeto.

Eu só não tinha pensado de verdade o que nos 39 dias anteriores, eu havia aprendido sobre mim mesmo.

Tornei-me uma pessoa melhor?

– Que ovo mais horroroso – disse minha sobrinha quando deu uma olhada na minha criação.

– Escute aqui, você não é nenhum Picasso. Suas coisas parecem mais os quadros do Escher.

– Deixe a Carina em paz – rosnou minha mulher. – Não estamos aqui para brigar, e além disso você não sabe mesmo pintar. Não prefere fazer outra coisa?

Como sempre, não gosto muito quando as pessoas são sinceras comigo.

– Então eu vou. Façam tudo sozinhas, suas idiotas.

– Você é o idiota – disse minha sobrinha.

Minha mãe tentou consertar a situação, colocando um pedaço de cenoura na mão de cada um de nós.

O clima pascal é maravilhoso.

Tentei me acalmar com uma leitura.

Eu queria mesmo folhear um pouco a Bíblia e ver em que lugares ela se contradiz. De alguma forma, isso havia se tornado um *hobby*. Após uma hora vendo imagens, retomei o Cliquepédia. É meu segundo passatempo favorito e funciona assim: busque qualquer palavra na Wikipédia, leia a explicação toda e clique num *link* de seu interesse. E em outro, e em outro, e assim por diante. É difícil acreditar nas cadeias associativas que são criadas quando se inicia a busca com *Lost* (a série de TV). Depois de 45 minutos, chega-se ao artigo sobre o massacre de Jonestown e, após mais quatro minutos, aos livros de Chuck Palahniuk – não sendo essa ligação realmente algo extraordinário, se alguém pensar mesmo a respeito.

Assim, pode-se pular de um artigo para outro e aumentar suas competências como filósofo de boteco, pois em qualquer conversa é possível lançar uma piadinha infame ou uma sabedoria de araque. Uma vez fui de Aristóteles, passei por Peskovic e por um estaleiro de Hamburgo que construiu o último navio durante a Segunda Guerra Mundial. Quando, na semana seguinte, comentei isso durante um jogo de cartas com meus amigos, consegui ao menos um grunhido de reconhecimento. Você conheceu meus amigos de jogatina em outro capítulo, ou seja, sabe que um grunhido pode ser um elogio bastante significativo.

De qualquer forma, ao surfar na Wikipédia, cheguei ao artigo sobre Lake Wobegon. Trata-se de uma cidadezinha dos sonhos no estado americano de Minnesota, onde todas a mulheres são lindas, os homens espertos e as crianças melhores que a média. Qualquer criança na cidade tem talentos acima da média.

Lógico que esse lugar não existe. O artigo já poderia ter me chamado atenção quando mencionou que todas as mulheres eram bonitas e todos os homens espertos. Um lugar desses não pode mesmo existir.

Lake Wobegon é a invenção do conhecido entrevistador e radialista americano Garrison Keillor – ele deve ser famoso, pois apareceu em um episódio dos *Simpsons*, e neste mundo as pessoas são realmente famosas quando alguma vez na vida se tornaram um desenho amarelo. Nas noites de sábado dos anos 60, ele lia na frequência da Minnesota Educational Radio as "Notícias de Lake Wobegon", e conseguiu fama nacional por conta das histórias que inventava. Eram notícias de uma sociedade perfeita – uma utopia que já havia na época de Aristóteles e mais tarde também foi cantada pelos Guns N' Roses em "Paradise City" – nesse último caso, porém, as mulheres deveriam ser bonitas e, sem explicação alguma, a grama verde, e não os homens espertos.

Psicologicamente, o lugarejo chamado Lake Wobegon é interessante, porque há também o efeito Lake Wobegon. De acordo com ele, o ser humano tende a se perceber melhor, mais bonito e inteligente que seus próximos. E, claro, nossos filhos são mais lindos que os do vizinho.

Não nos enxergamos como somos na realidade. De acordo com Friedrich Nietzsche, essa é a forma mais comum de mentira. Em *O anticristo,* ele descreve como forma original da mentira não querer enxergar algo que se vê. Ou seja, a primeira mentira é aquela com a qual mentimos para nós mesmos. Por exemplo, o filósofo americano Paul Kurtz escreveu em *Exuberance* que, sobretudo em questões de fé, as pessoas estão dispostas a deixar de lado considerações razoáveis e mentir a si mesmas. No entanto, eu já havia verificado isso em outro capítulo; agora, trata-se de como nós, seres humanos, enganamos a nós mesmos também no dia a dia.

Meus textos são melhores que os de meus colegas. Bem, ao menos que os da maioria. Sou mais bonito que meu colega da gerência de produção. E mais legal também. E inclusive teria o necessário para ser primeiro-ministro. Não, não, o mundo seria melhor se eu fosse rei.

Todos nós achamos que estamos acima da média. Lindos, talentosos, legais – insira aqui qualquer outro adjetivo positivo que quiser. Caso você seja daquelas pessoas que se consideram piores do que realmente são, tenho dois conselhos para você: verifique sua certidão de nascimento, pois, de acordo com o princípio de Wobegon-Descartes, você não existe. Ele reza: "Habeo hybris, ergo sum".* O segundo: procure um psiquiatra.

Um estudo norte-americano de 2008 mostrou que 97% dos pais de crianças no jardim de infância declararam que o filho estaria no mínimo no melhor terço da classe, quem sabe fosse até o melhor. Se você pensa: "Ah, os americanos se acham", então posso lhe assegurar que, na Alemanha, um estudo como esse teve como resultado muito mais que 90%.

Eu havia tomado consciência do efeito Lake Wobegon na semana anterior, quando vira fotos de uma festa em que minha mulher e eu estávamos. Quem organizou a comemoração foi um amigo que não apenas se parece com um entrevistador, mas tem semelhante propensão ao cinismo, por isso via meu projeto com bons olhos e até de forma bem-humorada. "De volta à estrada com a missão sinceridade", disse ele quando nos cumprimentamos e quase caiu na risada. Também ri, pois entendi a referência ao filme *Os irmãos cara de pau*.

Eu disse a um convidado que não conhecia que, naquele terno, ele parecia o Woody Allen louco de LSD, e que suas conversas eram tão chatas que eu bem poderia tomar um Valium e então fazer uma competição de mascar chicletes comigo mesmo. Ele reagiu de forma bastante cordial, o que tomei como medo de tomar uma na cara e também disse isso a ele. O convidado, talvez eu deva dizer isso agora, de fato se parecia com o Woody Allen louco de LSD e era mesmo um chato. Gostaria de esclarecer, porém, que não tive a intenção de ofendê-lo – só disse o que me veio à cabeça, como Brad Blanton me recomendara em nossa conversa. Os demais convidados poderão confirmar que fui realmente sincero. No entanto, também podem afirmar

---

* "Tenho autoconfiança, logo existo." (N. do T.)

que consideraram meu comportamento "inadequado" – exceto o anfitrião, que me achou fantástico. Mesmo assim, muitas pessoas disseram que seria melhor eu ir embora.

Hanni ficou na festa. Durante a briga, ela fingiu que não me conhecia e disse que ficaria mais feliz se o brigão ofensivo – ou seja, eu – não estragasse a festa para ela. Então pegou o braço de um cara que eu não conhecia e sorriu para ele.

Eu estava ali como um planeta que perdera seu sistema solar.

Com o uso dos dez palavrões mais comuns da língua alemã, saí da festa e fui para casa.

No dia seguinte, fui ver as fotos. Em tempos, de câmera digital, tudo que não for vampiro é fotografado – e tudo é imediatamente colocado na internet ou enviado a um jornal de fofocas. E minha mulher faz isso. Ela fotografa mais rápido que a luz e até ontem eu era seu alvo preferido. E tira fotos de preferência de nós dois – e na minha opinião ela faz isso porque é bem mais atraente que eu e dessa forma fica ainda mais bonita. Ela parecia totalmente normal, seus cabelos brilhavam, os grandes olhos reluziam – ao fundo, um convidado bem bonitão dava uma conferida no traseiro dela, o que me deixaria fulo da vida se eu não fosse tão orgulhoso.

Ao seu lado, no entanto, havia um cara com quinze quilos de sobrepeso, sorriso imbecil e um olhar como se não tivesse enfiado goela abaixo vodca com Red Bull, e sim derramado nos olhos. Ah, pensei, o cara que ela havia pescado depois de eu ter ido embora era um perdedor.

Depois olhei bem: o cara era eu...

– Sou a pessoa menos fotogênica do mundo – eu disse, e fiquei ainda mais irritado, porque ela tinha ficado na festa até as quatro da manhã, enquanto eu fiquei emburrado no sofá. Eu queria apagar a foto do Facebook da minha mulher.

– Por quê? Você está bem na foto – Hanni disse. – Está mesmo uma gracinha.

Entendi: ela estava com a consciência pesada pela noite anterior e queria me agradar. Provavelmente era por isso que estava usando uma camisola bacana. Ela queria de verdade enganar a pessoa mais sincera do mundo. Olhei bem para ela e retruquei:

– Me deixe em paz com seus quase-elogios bestas.

Ela me deu um tapinha nas costas e disse:

– Não! Você. É. Uma. Gracinha!

Naquela hora, eu quis ameaçá-la com duas semanas daquela merda de faz-tudo-em-casa a meu favor, mas percebi que se tratava do efeito Lake Wobegon. Isso facilita a vida, mas pode ser muito horrível quando desmascarado.

Antes da festa eu ficara vinte minutos diante do espelho e avaliara a imagem diante de mim. Com a barriga espremida até contundir o fígado, 37 graus virado na direção da lâmpada do banheiro, cobrindo a luz do espelho, via meu tronco como o de um jogador de hóquei aposentado. Não totalmente em forma, mas ainda assim aceitável – e pronto para flertar.

Arrumei o cabelo de forma que não parecesse mais que 150 gramas de feno haviam sido jogados na minha cabeça – nesse meio-tempo ele tinha crescido um pouco e eu não parecia mais vindo de uma convenção do Partido Nacional Democrata. Quando levantei as bochechas e apertei os dentes, tinha até mesmo algo que lembrava maçãs pontudas no rosto. Espremi a bunda num *jeans* que três anos atrás ficava folgado em meu corpo e fiquei orgulhoso pelo último botão ainda fechar sem eu ter de gritar por ajuda.

Corpo bom, cabelo cheio, *jeans* bacana: era essa a imagem que eu tinha na cabeça. Durante a noite toda. Eu andava por aí como uma mistura de George Clooney e Brad Pitt, as melhores cantadas na ponta da língua. Piscava para as convidadas com ares amigáveis, até sedutores, e os homens recebiam um simpático balançar de cabeça. Sem dúvida, eu era a estrela da festa – amado pelas mulheres, admirado pelos homens.

Isso, contudo, não correspondia à verdade. A verdade se parecia mesmo com o que eu percebi nas fotos: após uma hora, já dava para notar as ondulações em meus cabelos, e aquelas coisas amareladas pendiam tão desmotivadas de minha cabeça que em muitos pontos dava para ver o couro cabeludo. Depois de diversos petiscos e um *muffin* que devia ter a massa de um buraco negro, a barriga não era mais como a de um jogador de hóquei, mas a de um boxeador peso médio envelhecido. Nem quero falar das maçãs do rosto pontudas. Nos cliques das fotos, eu não me virava 37 graus para a luz, mas simplesmente ficava parado. As piscadelas pareciam bêbadas; o balançar de cabeça, uma ameaça.

Esse sou eu. Sem autoconfiança, mas que se ama e se bajula. Para minha surpresa, quando expliquei a minha mulher sobre esse efeito, ela ficou um pouco chocada. Pela sua expressão, pude perceber que há anos ela esperava que eu demonstrasse essa compreensão.

Ela disse que Lake Wobegon fora criada por Garrison Keillor apenas para dar uma terra natal aos membros da minha família — sobretudo ao meu irmão, que, como você sabe, poderia ser prefeito da cidadezinha. Também falei sobre isso com ele. No entanto, eu ficava apenas um pouco atrás e nas próximas eleições poderia me candidatar com boas chances contra ele.

Eu vivo em Lake Wobegon.

Trata-se de uma vida de ilusão. Não gosto de receber perguntas críticas nem de me fazer essas perguntas.

Sócrates afirmava que essa resistência a se questionar é uma forma de vida ilusória. Henrik Ibsen se opôs a essa ideia na peça *O pato selvagem*, dizendo que a felicidade seria tirada de um homem ao se tomar dele a bela vida de ilusão. Não só porque simpatizo mais com Sócrates do que com Ibsen, partilho da visão do grego. A partir do momento em que a vida de ilusão é desmascarada, ela não consegue mais trazer felicidade, porque começamos a questioná-la o tempo todo e chegamos à conclusão de que mentimos para nós mesmos. Mas sou da opinião de que o indivíduo pode ser muito feliz se tomar ciência de sua vida de ilusão e começar a ser sincero consigo mesmo.

Desde então, minha mulher e eu estabelecemos um código para o caso de eu pirar mais uma vez e ficar mais convencido do que Mahmoud Ahmadinejad. Ela diz apenas: "Wobegon".

Foi surpreendente o número de vezes que ela utilizou a palavra nas 24 horas seguintes: 38.

Os moradores de Lake Wobegon, por conta de sua autoimagem embelezada, têm o mau hábito de julgar os iguais como piores do que realmente são. Se alguém se considera acima da média, os outros precisam estar abaixo. O problema nesse caso é que as outras pessoas – que também se consideram incrivelmente belas e talentosas – se sentem prejudicadas, tratadas com injustiça e traídas. E daí surgem brigas, até mesmo guerras.

Que bom que, na maioria das vezes, podemos resolver esse problema com uma pequena mentira. Quando, por exemplo, uma amiga pergunta como ela está, dizemos: "Você está bonita hoje. Linda".

E pensamos: *Tá mais ou menos. Você era muito mais bonita antes. E além disso eu sou mais bonito(a).*

Imagine agora se você dissesse a verdade. O mentiroso sempre pensa que protege o enganado – que fica satisfeito, contanto que nunca saiba a verdade. Pois, se souber, haverá guerra. Não é necessariamente a verdade que leva ao conflito, mas uma mentira desmascarada. Eu aprendi isso naquelas semanas.

Naquele momento, quis tentar ser emissor e receptor ao mesmo tempo. Queria ser sincero comigo mesmo.

Até ali, eu havia limitado meu projeto de Honestidade Radical a ser sincero com os outros. Mas de que serve a honestidade para com os outros se não formos sinceros conosco? Isso é – para ser bem sincero – bobagem. As pessoas mentem a si mesmas todo dia, até se tornar uma vida de ilusão completa. Para se proteger, pois assim a insegurança não as devora. Na maioria dos casos, porém, isso faz com que os outros nos vejam como imbecis, arrogantes e narcisistas.

Precisamos sair desse lugar maravilhoso que é Lake Wobegon e caminhar para onde realmente dói; precisamos nos ver como realmente somos. Encolher a barriga diante do espelho? "Wobegon." Deixe essa bola brilhar sob a luz do banheiro como um pedaço de *bacon* cheio de óleo e olhe para ela. Por minutos e minutos. Admirar seus próprios textos? "Wobegon." Deixe claro para você que há erros ali e que ele poderia melhorar se você investisse algumas horas a mais. Flertar com outras mulheres? "Wobegon." Tenha em mente que aquela estagiária linda de morrer só lhe sorri de volta porque você é o superior dela, e ela tem medo de ter que fazer trabalhos chatíssimos para você. Ela finge que você a agrada porque espera ser contratada. Você é um trintão arrogante com um barrigão de cerveja. Por que as mulheres flertariam com você?

Não, Schmieder, você não é mais atraente.

É duro ser sincero consigo mesmo. É deprimente.

Eu deveria parar de vez de publicar fotos minhas que foram tratadas no Photoshop. São uma mentira. Qual a diferença entre uma fotografia em que estamos com cabeleira maior e pança menor e aquela que o fotógrafo soviético Ievgueni Khaldei fez em 1945? Há uma foto do prédio do Parlamento em Berlim, datada de 30 de abril de 1945, na qual um soldado agita uma bandeira soviética no telhado do prédio. Ao fundo, pode-se ver Berlim em ruínas. Porém, a fotografia não foi tirada em 30 de abril, mas só dois dias depois. Josef Stálin queria de qualquer jeito que, sobre o grandioso edifício, uma bandeira vermelha tremulasse naquele dia tão importante para a classe trabalhadora, o 1º de maio. No entanto, não havia nenhum fotógrafo durante a escalada do prédio do Parlamento. Khaldei estava na cena em 2 de maio e fez 36 fotos no total – e ainda as retocou: incluiu nuvens de fumaça, manipulou a bandeira e retirou um dos relógios do pulso do soldado, pois dois relógios o denunciariam como saqueador, manchando a imagem da vitória.

Depois do retrato de Che Guevara por Alberto Korda, essa é a imagem mais impressa de todos os tempos. Antes, porém, de criticar o fotógrafo soviético, devemos nos perguntar: Onde está a diferença entre Khaldei e nós mesmos, que eliminamos as fotos horrorosas, deixamos o pôr do sol numa foto de viagem um pouco mais romântico, retocamos as rugas em torno dos olhos e photoshopamos nossa imagem para retirar as gordurinhas a mais?

Claro que em raros casos nosso retrato se tornará um documento da história mundial, mas não deixa de ser uma falsificação, como a fotografia de Khaldei.

A mania do Photoshop fez com que, em 2003, uma bela mulher estampasse a capa de uma revista masculina americana, só que o *designer* gráfico, zeloso demais, retocou os mamilos da moça e aparentemente não restou mamilo algum. Óbvio que os responsáveis pela revista se comportaram de forma correta na esfera jurídica, pois mamilos expostos nos Estados Unidos ficam em algum lugar entre assassinato e estupro. Contudo, eu me pergunto o que é mais perturbador: uma mulher maravilhosa nua ou uma mulher sem mamilos? De qualquer forma, minha carta de leitor da época ficou sem resposta.

De volta a mim e à sinceridade comigo mesmo: meus dentes estão amarelados por causa do cigarro, os cabelos também costumavam ser mais cheios. As roupas de trabalho são inadequadas, parecem mais as de um adolescente. A casa está como se tivesse sido abandonada por *hippies* há trinta anos e ninguém mais tivesse entrado nela.

Em suma: este homem aqui, que adora fingir que é autoconfiante e atraente, não tem controle nenhum sobre sua vida. Quero sempre ouvir dos outros que o texto está bom, de outra forma não consigo dormir de tanta insegurança. Não aceito perder. Sou irritado. Arrogante. Poderia continuar por mais duas páginas, mas acho que você já entendeu.

A psicóloga Claudia Mayer escreveu em *Lob der Lüge* (Elogio à mentira) que, em muitos momentos, seria muito melhor e mais fácil não dizer a verdade. Em curto prazo, ela até pode ter razão. Mas o que resulta em longo prazo? Nada. Tudo fica cada vez pior. Ela quase não escreve como é mentir para si mesmo – e como as pessoas se sentem quando descobrem a verdade sobre si mesmas.

Dói.

Ao descobrir a mentira, tomamos consciência de que a verdade não é tão legal quanto havíamos pensado até o momento.

Se não soasse tanto como clichê, eu diria que preciso me encontrar. Não no sentido de buscar um rumo na vida ou um talento, mas no sentido de que gostaria de saber como realmente sou.

Primeiramente, procurei no vídeo que fizera durante as últimas férias. Sete amigos, sendo três casais e um cobrador de impostos maluco, alugaram uma casa com piscina e fizeram uma festa que durou uma semana. Como os outros não quiseram filmar, fiquei a maioria do tempo atrás da câmera comentando o evento. No vídeo, aparecem pessoas bêbadas jogando pingue-pongue de cerveja, ou fazendo algum tipo de concurso de se jogar na água, ou pulando peladas na piscina. O que eu vi achei bem divertido, mas o que ouvi me deixou bastante chocado, pois pela primeira vez eu prestei atenção. Em uma hora, falei "foda" exatamente 56 vezes, "merda" 33 vezes e "maldito" catorze vezes, como se eu sofresse da síndrome de Tourette. Cantei uma vez um hino de louvor à bunda de Franziska – que de qualquer forma merecia esse canto de glória. E eu sempre me surpreendo com o fato de minha mãe me achar um pervertido. Ou com o fato de que minha sobrinha, quando veio almoçar conosco, avisou a todos os seus amigos que eu era "um pouco diferente". Ou com o fato de que, na época do colégio, eu tenha ficado conhecido como o mestre da indiscrição.

Todos tinham razão. Sou um boca-aberta pervertido. Fiquei horrorizado. Comigo mesmo. Fiquei sentado com a boca aberta diante da tela que mostrava como uma linda mulher, com um bumbum ainda mais lindo, pulava na piscina. Se eu fosse sincero, não poderia aguentar o cara com a câmera na mão. Se eu o conhecesse, ele definitivamente não estaria entre os meus amigos.

Tentei por um dia inteiro não viver em Lake Wobegon, mas me ver como os outros me viam. Talvez as férias tenham sido apenas uma exceção alcoolizada – eu gostaria de ver como sou no dia a dia. Por esse motivo, instalei câmeras e gravadores sem que ninguém percebesse. Programei uma câmera sobre a televisão da sala de estar, outra no quarto. No trabalho, deixei um gravador ligado na mesa, e outro o tempo todo no bolso da calça. Isso causou certo constrangimento, pois meus colegas tiveram a impressão de que eu estava coçando o saco o tempo todo, mas cumpriu seu objetivo.

Quem gosta de fazer da própria vida um *show* em algum momento vai ter de comprar um ingresso para assistir a si mesmo.

Sei que com isso violei todas as leis antivigilância. Mas ao menos Günther Beckstein* ficaria orgulhoso de mim. Onde está o formulário de admissão para o CSU?

Fiz 24 horas de gravação. Esperei três dias e então vi e ouvi as gravações. Foi devastador.

Assim imagino o purgatório: todas as pessoas que me conhecem veem essas fitas – e de todos os dias da minha vida. De qualquer hora. De todos os minutos. Elas veem cada transgressão. E eu fico sentado ao lado e preciso aguentar os olhares de reprovação, enquanto elas veem todas as minhas mentiras, meus erros, minha nojeira.

Naquele momento, eu mesmo via pela primeira vez.

Fiz uma lista com as transgressões que cometi: ofendi outras pessoas 93 vezes. Bocejei 24 vezes sem colocar a mão diante da boca. Cocei a bunda dezessete vezes. Na fita estão documentados, ainda, 379 xingamentos e catorze pequenos e médios rompantes de raiva.

Minha voz realmente soava agressiva, como minha mulher afirmava havia cinco anos. Quando apresento qualquer argumento, ela diz: "Por que você está tão nervoso?" E isso apesar de eu querer fazer uma piada ou tentar convencê-la a voltar para casa. Por anos reclamei que ela queria apenas torrar minha paciência. Mas naquele momento tive de admitir: Hanni tinha razão. Minha voz soava tão agressiva quanto a de um político exaltado. De novo: cadê o formulário de admissão?

Meu andar, que até então eu considerava esportivo e descolado, descobri como pesado e atrapalhado. Quando me arrasto pela sala de manhã, pareço um urso polar buscando comida – embora eu possa argumentar a meu favor que eu de fato estava buscando comida. Não

---

* Político bávaro do partido alemão União Social Cristã (CSU), que se tornou uma figura controversa com suas visões políticas extremas. Entre seus projetos, está a vigilância de muçulmanos para o combate ao terrorismo na Alemanha. (N. do T.)

consigo ficar três minutos parado sem segurar em alguma coisa para não tropeçar e capotar – o que deixa manchas horríveis na sala de todos os meus colegas. E quase sem parar coço a barriga ou puxo minha camiseta. Mais uma estatística interessante: estiquei o antebraço e verifiquei a posição correta do músculo 67 vezes.

De lado, eu parecia uma estrela da TV – ou seja, o conhecido protagonista das séries de comédia que sempre é zoado por conta do perfil engraçado, que em todo episódio pedem que ele emagreça e apenas na última temporada encontra finalmente uma mulher. De cima, a careca de frade fica sempre visível, e de muitos ângulos minha barriga parece a de um porco domesticado. Só que mais branca e menos peluda.

É deprimente se ver como realmente se é por 24 horas.

Encontrei uma fotografia tirada um pouco antes de uma festa à fantasia. Eu estava com um chapéu de caubói rosa, a intensidade das olheiras correspondia em milímetros à quantidade de cervejas que eu havia tomado. Um olho estava meio fechado, o outro arregalado. Carnaval mesmo. Essa foto deve ter ido parar na internet.

Além disso, obriguei Hanni a tirar vinte fotos minhas em diversas situações e, acima de tudo, quando eu não estivesse esperando. Ela se divertiu, não apenas porque pôde satisfazer seu vício compulsivo de registrar digitalmente tudo que não é analógico o suficiente para se libertar, mas porque podia me assustar aqui e ali com o *flash*. Após um dia, olhei as vinte fotos e escolhi três, seguindo o princípio do acaso, para fazer o *upload*.

Sim, esse sou eu.

No Facebook, eu havia colocado uma foto que tinha no mínimo cinco anos e me mostrava em um momento dourado, no qual eu de fato sorria com simpatia.

– Não é você, você não é um cara legal – minha mulher sempre diz quando olha essa foto.

No StudiVZ, eu aparecia com duas coelhinhas da *Playboy* – essa foto tinha um ano. No Xing, estava de gravata – o que representa exatamente 0,14179% dos dias de minha vida.

Caso um parceiro de trabalho entre agora para uma conversa no Xing, verá do sofá de sua sala de estar um homem que acabou de enfiar um pedaço de pizza na boca, o que outras pessoas interpretariam como uma refeição completa. E caso minha ex-namorada – que está no Xing com uma foto photoshopada de aspirante a modelo – dê uma olhada no Facebook para checar se ainda me acha atraente, vai encontrar uma foto minha debaixo do lençol depois de uma noite de bebedeira, na qual, por conta de dificuldades musculares, eu não estava em condições de abrir o olho direito.

Sim, esse sou eu. Fique à vontade para olhar.

Mas não seria assim por muito mais tempo. Aceitei que realmente precisava mudar, porque eu mesmo não iria querer ser amigo da pessoa que eu era naquele momento. Não, não cairia em depressão e me odiaria, assim como não me renderia totalmente a uma grave crise dos 30 e poucos. Também não me tornaria a pessoa mais legal do mundo, mas, como sempre, só aceitaria boxe feminino como esporte se tivesse lama no ringue, e não deixaria de quebrar o pescoço por outra mulher de vez em quando.

Ainda gostaria se ser eu mesmo, pois de vez em quando *eu* acho bacana parecer arrogante, e porque de alguma forma tenho orgulho da minha enorme bocona. Além disso, considero o hedonismo um modo de vida aceitável. Mas não preciso festejar tanto como antes.

Percebi como mentia para mim mesmo – e como a vida até aquele momento havia sido confortável para mim. Mas também reconheci como foi desagradável para aqueles à minha volta, quando eu mentia a eles por puro egoísmo. Ah, e sejamos francos, minha arrogância dava no saco deles.

Sócrates tinha mesmo razão: estava na hora de começar a me questionar aqui e ali. Não preciso virar minha vida de cabeça para baixo, apenas colocar algumas coisas na direção certa. Acho Sócrates até simpático, mas não quero acabar como ele – no fim das contas, o homem foi condenado à morte por causa de seu interminável questionamento.

O filósofo americano Warren Shibles criou um ótimo teste por meio do qual é possível descobrir se podemos descrever uma mentira como uma "boa mentira" e enunciá-la sem nenhum peso na consciência. Resumidos, os oito pontos são os seguintes:

1. O problema também pode ser resolvido sem a mentira?
2. Nas mesmas circunstâncias, você gostaria de ser enganado?
3. A pessoa quer ser enganada nessas circunstâncias?
4. Pergunte à pessoa se você pode mentir para ela. Às vezes você recebe consentimento.
5. A mentira traz mais vantagens que danos?
6. Pergunte à pessoa se ela concordaria com a mentira.
7. Se for descoberta, a mentira acarretará perda de confiança e danos ainda maiores?
8. A mentira justifica o objetivo?

Sinceramente? Após o teste, é muito difícil que uma mentira se justifique de verdade – acima de tudo quando se trata de uma vida de ilusão.

Shibles escreveu palavras muito perspicazes sobre o tema vida de ilusão: "Criamos a vida que vivemos. Vivemos nossas metáforas ou mentiras. Quando tomamos consciência de que são apenas papéis ou ficções, não figuram mais como mentiras. Podemos até mesmo dizer: 'Agora vou escolher algumas mentiras para a minha vida', e então tentar viver as melhores que estejam disponíveis!"

Eu teria de mudar um pouco se quisesse ser sincero comigo mesmo.

E vou mudar. Serei uma pessoa melhor, acima da média. Um morador de Lake Wobegon que, no entanto, também mereceu viver em outro lugar.

Saí do computador e voltei àqueles que ainda pintavam os ovos de Páscoa. Pisquei para minha mulher e disse a todos que achava realmente lindas as obras de arte que haviam feito nos ovos. Um elogio sincero, e prestei atenção para que meu tom de voz não soasse nem agressivo nem irônico.

22

Depois de 40 dias

SINCERIDADE E MENTIRA

A mo o desenho do He-Man. Pessoas que se lembram do pênalti de Andy Brehme na Copa do Mundo de 1990, mas não eram nascidas no gol da vitória de Gerd Müller na final de 74, lembrarão desse desenho. O homem mais forte do universo derrota o maldoso Esqueleto, e no fim de cada episódio um dos protagonistas aparece diante da câmera e diz: "Na historia de hoje aprendemos..." Então falavam de amizade, obediência e lealdade – e no fim vinha uma dica para as crianças de como poderiam levar melhor sua vida. Eu gosto dessa pequena lição de moral para terminar, apesar disso não pareço com o He-Man e não sou o homem mais forte da minha família. Então, por que alguém deveria querer uma *moral da história* vinda de mim?

Por quarenta dias, tentei sobreviver sem mentir.

Ainda estou vivo, minha mulher não pediu o divórcio – ao menos não que eu saiba e, como ela ainda mora comigo, não podemos falar sobre separação de corpos. Estou bem, pois de alguma forma dei um jeito de ser sincero sem perder dois dentes e três amigos por dia – não gostaria de mencionar a costela contundida, muitas manchas roxas e pequenos ferimentos, pois para mim ferimentos sem muletas e internação em hospital são ferimentos de segunda classe, sobre os quais é desnecessário falar. Sim, fui ofendido com frequência, dormi no sofá, briguei com colegas e amigos e perdi um bocado de dinheiro. Mas preciso confessar que a maioria dos dias, principalmente quando vistos em retrospectiva, estão entre os mais grandiosos da minha vida, e os momentos negativos eu já esqueci. Geração Dorian Gray com Alzheimer, claro.

Passei bastante tempo refletindo sobre como seria a primeira mentira. No domingo de Páscoa, fim da Quaresma, o tempo do jejum. Eu estava bastante convencido de que merecia uma recompensa depois de tantos dias de sinceridade. Outros se permitiriam voltar a comer chocolate, beber ou fumar. Tenho tentado essa coisa com doces há anos, e o primeiro pedaço de chocolate – exatamente um pedaço de uma barra de *nougat* em camadas, que ganhei de presente da minha gravidinha – tem um gosto fantástico. *Nougat* sozinho já é delicioso, mas em camadas está entre as cinco melhores invenções de todos os tempos, na minha opinião. E, quando se corta a barra inteira em pedaços, fica algo majestoso. Uma vez quis parar de fumar. Duas semanas depois fui atropelado e achei muito injusto, pois eu poderia ter morrido – então voltei a fumar. No primeiro cigarro, caí para trás, da calçada na rua, ainda bem que não estava passando nenhum carro. No entanto, deixar de mentir é diferente de deixar de fumar ou parar com as guloseimas, ou seja, a recompensa precisava ser maior que um pedaço de chocolate ou não ser atropelado.

Eu me intrometi bastante na vida de outras pessoas, principalmente na de meus amigos e da minha família – e o anúncio de que as histórias seriam publicadas não contribuiu para acalmar os ânimos, ainda mais porque eu não podia trocar o nome de muitos deles. Meu pai é meu pai, meu irmão é meu irmão e minha mulher é minha mulher.

Para todos os outros, fiz o maior esforço para pensar em nomes bacanas e alterar alguns detalhes. Também a cronologia dos fatos não está sempre de acordo com a sequência do livro, e em muitas situações acrescentei ou tirei alguma coisa para não comprometer a reputação, a liberdade ou ao menos a paz interior das pessoas aqui mencionadas. Contudo, posso afirmar sem remorso: vivi exatamente o que escrevi.

Niko – na realidade ele tem um nome muito mais espetacular – continua sendo um de meus melhores amigos, como Holger, que na verdade também tem um nome muito melhor. Eles foram convidados para a Páscoa com meus pais, e meu irmão também apareceu com a família. Eu gosto de ir trabalhar, e acho que meus colegas também não se incomodam mais como antes em ter de trabalhar comigo. Ontem à noite, minha mulher me garantiu que me ama.

Ou seja, posso dizer que não carregarei desta história nenhuma dor contínua ou lesão crônica. Também não estou sob tratamento psiquiátrico. Ainda não.

Desde o projeto, apenas alguns meses se passaram.

Para ser sincero, posterguei este capítulo final tanto quanto a prova de economia da faculdade, a rescisão do contrato da minha primeira casa e o término de todos os meus antigos relacionamentos.

Pois me pergunto: Posso me permitir um julgamento sobre a mentira após apenas quarenta dias? Posso dar conselhos às pessoas que aguentaram este livro por quase trezentas páginas?

Sócrates, Nietzsche e Kant foram pessoas mais inteligentes que eu – assim como, provavelmente, os psicólogos e sociólogos que há anos tratam do tema da mentira.

Além disso, tenho medo de me sentar em um palco ou em um programa de TV e ser apresentado como "especialista em mentira", ser xingado pelos verdadeiros conhecedores do assunto e depois disso receber na minha pequena cidade natal, na praça central, um monumento como idiota do vilarejo. E tudo isso apenas porque quis escrever um livro engraçado. A vida pode ser trágica, por isso sou cuidadoso com teses generalizantes.

Sim, eu já voltei a mentir. Mas não com tanta frequência como antes.

Digo a amigos, colegas e parentes minha opinião sincera e não tenho medo das consequências. O que pode acontecer? Um chato que eu digo que é chato não querer mais nada comigo? Acho que ser chato está entre os maiores pecados – assim, eu ficaria feliz se essas pessoas sumissem da minha vida.

Também aprendi que *sinceridade* e *coragem* são duas coisas bem diferentes, mas com frequência dependentes uma da outra. Há muitos medrosos que dizem baixinho para si: *Alguém tem que falar umas verdades para esse aí!* E existem os ainda mais medrosos, que pensam: *Alguém precisa ajudá-lo agora, senão algo ruim vai acontecer.* Mas quase ninguém faz alguma coisa. Quem é sincero consigo mesmo precisa dizer: "*Eu* sou aquele que deve falar alguma coisa ou ajudar o outro!" Calar é mentir, e na maioria dos casos é uma mentira bem covarde. É preciso que alguém tenha coragem de expressar com sinceridade o que pensa – ou fazer o que tem de ser feito. Só assim o mundo será um lugar melhor. Após a apresentação de *O lago dos cisnes*, indiquei rapidamente a um engraçadinho na chapelaria onde era o fim da fila. Quando ele demonstrou que poderia furar a fila do outro lado, eu disse: "Você continua sendo um idiota aí do outro lado". Após eu dizer isso, os outros se irritaram e cuidaram para que o pilantra se retirasse com a cara no chão. Uma sensação ótima.

Antes da Quaresma, eu era um mentiroso do inferno que nunca teria reconhecido isso – nem para mim mesmo. Agora reconheço quanto menti para as outras pessoas e quanto menti para mim mesmo – e como isso era ridículo.

Agora, quando não suporto alguém, digo isso a ele. Simples assim. Mesmo que nesse momento seja incrivelmente difícil ser sincero – a longo prazo compensará, pois todos saberão bem onde estão pisando. O colega nervoso será deixado em paz – e ser deixado em paz nos dias de hoje está entre as melhores coisas que há. Quando acho o trabalho de um colega fantástico, digo isso a ele sem exageros melosos. E, quando não tenho vontade de conversar com minha mãe, não invento mais uma desculpa, apenas digo isso a ela. Minha mãe prefere um

"Não estou a fim" a "Estão tocando a campainha". Tento, como me aconselhou Brad Blanton, avaliar o presente – e não me deixar influenciar pelo passado ou temer as consequências no futuro.

Também já dispensei pessoas no Facebook. Sim, eu estudei com você no colegial. Sim, conheci você quando tinha 10 anos. Mas hoje realmente não me interessa se você vai ao boteco ou se comprou um CD novo – e você também não precisa se interessar pelo que fiz hoje. Não, não somos amigos, mas conhecidos distantes – e no Facebook quero ter apenas amigos.

Também quero – e essa é uma das experiências mais importantes – ser sincero comigo mesmo. Não, com certeza não sou perfeito. Para ser sincero, estou mesmo bem longe da perfeição – exceto talvez na matéria "futebol amador de computador". Há tarefas que não consigo realizar. Há muitas pessoas que são mais bonitas, espertas e legais do que eu. Preciso aceitar isso, mas posso trabalhar para ser mais bonito, esperto e legal do que sou agora.

Também há dias em que sinceramente quero que o mundo se exploda. Por que devo sair e fingir que está tudo bem? O que tem de tão ruim em sair de casa de vez em quando e mostrar o dedo do meio para o mundo? E fazer isso apenas porque se tem vontade? Sim, às vezes sou grosso, impaciente e bruto. E daí?

Hoje, conto uma mentira só quando ela vai me ajudar ou ajudar a vítima da mentira – ou, no mínimo, se não trouxer nenhum dano. E presto atenção em quais pessoas aguentam a sinceridade e quanto. O técnico de futebol Jürgen Klopp disse certa vez que num time há onze homens cheios de não me toques, e que ele trataria cada um de uma forma. Quando alguém faz isso em seu próprio universo, o número de cheios de não me toques aumenta e muito, mas a essência permanece. Nem todo mundo está pronto para uma carga completa de sinceridade.

Também decidi preencher minha declaração de imposto de renda daqui para frente apenas de forma sincera. Para todos que possam me chamar de louco: se vocês, idiotas, também fossem sinceros, poderíamos mudar o ridículo sistema tributário, e cada um, no fim das contas, teria mais dinheiro no bolso. Mas, enquanto vocês continuarem fazendo merda, nada vai mudar. E o mesmo vale para muitas outras situações: se todas as pessoas do mundo fossem sempre sinceras, o Honestidade Radical funcionaria. Mas, enquanto houver gente tirando vantagem da mentira, o sincero será o bobalhão.

Não posso deixar de comentar que hoje, meses depois do fim do projeto, em muitos dias eu minto feito louco. As pessoas simplesmente precisam se comprometer, fazer concessões e mentir aqui e ali por pura amizade. Sim, a mentira em muitas situações justifica sua existência. Nunca mais vou dedurar um amigo, como exigia Immanuel Kant em sua época. Amizade é mais importante que sinceridade, e eu prefiro ter a meu lado pessoas que significam alguma coisa para mim a deixá-las na mão por conta da minha mania de sinceridade. A pessoa precisa, nesse caso, se decidir entre dois males – mentira ou traição –, e eu decidi que para mim trair é pior que mentir.

Também não tenho nada contra as pequenas mentiras que podem tornar o dia a dia mais agradável. Até desejo "bom dia" às pessoas de que não gosto. Por um lado, porque não vai mudar nada, exceto o fato de que elas ficarão ainda mais idiotas. Por outro, não melhora nada para mim dizer: "Não, não desejo a você um bom dia, mas um pé de atleta". Não me sinto melhor nem por um instante. Eu digo "bom dia" – não dói nada. Mas, se a pessoa me pergunta se gosto dela, digo com sinceridade: "Não, você é um idiota!"

A honestidade radical, como Brad Blanton e seus pupilos praticam e como eu tentei por quarenta dias, definitivamente não é para mim, e acho que haveria de fato guerras e cabeças cortadas se as pessoas fossem radicalmente sinceras.

A mentira é socialmente reconhecida, e alguém como eu não pode mudar isso. Mas introduzi em meu pequeno universo algo que chamo de *sinceridade respeitosa*. Todas as mentiras egoístas, puxa-saquismos falsos e ofensas desagradáveis sumiram da minha vida. Tento dizer às pessoas a verdade de forma respeitosa – e, caso eu tenha de usar uma mentira, então o princípio para ela será o respeito pelos outros. Você pode usar o conceito e introduzir a sinceridade respeitosa em sua vida. Isso me deixaria bem feliz.

Contudo, o aprendizado mais importante sobre o tema da sinceridade respeitosa – com relação àquilo que vivi na Quaresma – quem me trouxe foi meu filhinho. Sim, ele nasceu nesse meio-tempo, e, embora sua capacidade de engatinhar e tocar tamborim seja extraordinária e eu o tenha declarado cidadão de Lake Wobegon como criança prodígio, ele não consegue mentir, como todas as crianças menores de 4 anos. E meu filho ainda é o membro mais amado da minha família, e talvez até da minha cidade. E isso não só porque é incrivelmente lindo. Esse pequenino é como eu gostaria de ser.

Acabei de ler a bula do remédio que preciso dar a ele hoje. É um *spray* de nariz exclusivamente para bebês. Está escrito que o paciente não deve operar nenhuma máquina pesada e ser cuidadoso no trânsito. Decidi que vou levar a sério esse alerta e hoje vou proibi-lo de dirigir e controlar seu treino com halteres pesados.

Resolvi que vou imitá-lo. Ele me ensinou coisas que, com relação ao meu projeto sinceridade, de fato se tornaram regras universais para minha vida. Anotei as quinze mais belas e tento viver de acordo com elas:

- Quando alguém sorrir para você, sorria de volta!
- Quando estiver com fome, diga.
- Quando o gosto de algo não lhe agradar, exija outra coisa.
- Se ninguém se interessar por você, chame atenção.
- Se não quiser usar roupas, simplesmente as tire.
- Não se deixe influenciar: se estiver bem-humorado, sorria; se estiver mal-humorado, também mostre a todo mundo.
- Ninguém precisa de luxo para ser feliz. Um cobertorzinho, pessoas queridas e um pouco de comida são suficientes.
- Sem falsidade: se algo o pressiona ou incomoda, solte os cachorros.
- Se alguém aborrece você, vire as costas e ocupe-se de algo mais interessante. A vida é muito curta para se ocupar com os chatos.

- Se você não gosta de alguém, não precisa ofendê-lo. Não prestar atenção já basta.
- Quando você sorri, ninguém liga para a sua camiseta emporcalhada.
- Seja legal com seus pais e melhores amigos.
- Quando o mundo quiser ferrar você, deixe-o fazer isso.
- Ao conhecer alguém, sorria ao menos uma vez para ele.
- Se algo parece difícil demais, não significa que mesmo assim não se deva tentar.
- E uma regra adicional: se puder pegar num peito sem ser castigado, pegue sem vergonha nenhuma.

Os pais precisam aprender com seus filhos, acima de tudo no que se refere à verdade e à sinceridade. Apenas observe as crianças e tente agir por uns dias com a sinceridade e a franqueza delas. Vai fazer bem.

A mentira pode ser o lubrificante da sociedade, mas a sinceridade e a honestidade ainda são o seu motor. Mentiras são um mal necessário, no entanto o indivíduo só experimenta a verdadeira felicidade quando é sincero do fundo do coração. Essa é a minha sincera opinião.

Não, o domingo de Páscoa não foi como aquele em que eu pude voltar a comer chocolate. A primeira mentira não foi um momento grandioso do qual me lembrarei por anos a fio – e não só porque não existem "mentiras em barra". Eu esqueci para quem foi que menti primeiro, em que oportunidade e o que disse exatamente. Tanto faz. O importante mesmo é que há muitas pessoas às quais eu conto poucas mentiras.

Impresso no Brasil pelo
Sistema Cameron da Divisão Gráfica da
DISTRIBUIDORA RECORD DE SERVIÇOS DE IMPRENSA S.A.
Rua Argentina 171 – Rio de Janeiro, RJ – 20921-380 – Tel.: 2585-2000